江苏省重要矿产资源潜力评价成果系列丛书

是集体劳动的成果！

江苏省重要矿产资源潜力评价成果系列丛书

是集体智慧的结晶！

谨以此书献给

长期耕耘在江苏地质勘查、科学研究及

教育岗位上的广大地质工作者！

中国地质调查成果 CGS2017-017
江苏省重要矿产资源潜力评价成果系列丛书
江苏省地质调查研究院

江苏省重要矿产资源遥感资料应用研究

JIANGSUSHENG ZHONGYAO KUANGCHAN ZIYUAN YAOGAN ZILIAO YINGYONG YANJIU

苏一鸣　詹雅婷　等著

内容简介

江苏省重要矿产资源潜力评价是利用近几十年来开展的地质矿产勘查所获取的资料,以现代信息技术及综合的手段,对全省重要矿产资源潜力进行预测。应用遥感技术进行矿产资源预测是地学综合研究的重要手段,也是矿产资源预测评价的辅助依据。

本书以 Landsat ETM$^+$ 等遥感数据源为基础,在江苏省开展以铁、铜、铅、锌、金、磷、银、钼、硫铁矿、萤石 10 种矿产资源评价为目的,提取与预测矿种密切相关的线、环、色、带、块遥感五要素和羟基、铁染遥感异常信息,编制成果图件,建立矿产资源潜力评价遥感数据库。研究成果为矿产资源潜力评价、省级矿产远景调查选区提供了遥感信息。

图书在版编目(CIP)数据

江苏省重要矿产资源遥感资料应用研究/苏一鸣、詹雅婷等著. —武汉:中国地质大学出版社,2017.4
(江苏省重要矿产资源潜力评价成果系列丛书)
ISBN 978-7-5625-3987-2

Ⅰ.①江…

Ⅱ.①苏…

Ⅲ.①矿产资源-资源潜力-资源评价-研究-江苏 ②遥感技术-应用-矿产资源-资源潜力-资源评价-研究-江苏

Ⅳ.①F426.1

中国版本图书馆 CIP 数据核字(2017)第 099890 号

江苏省重要矿产资源遥感资料应用研究		苏一鸣　詹雅婷　**等著**	
责任编辑:马　严	选题策划:毕克成　刘桂涛　赵颖弘		责任校对:徐蕾蕾
出版发行:中国地质大学出版社(武汉市洪山区鲁磨路388号)			邮编:430074
电　　话:(027)67883511	传　　真:(027)67883580		E-mail:cbb@cug.edu.cn
经　　销:全国新华书店			Http://www.cugp.cug.edu.cn
开本:880 毫米×1230 毫米　1/16		字数:290 千字	印张:9
版次:2017 年 4 月第 1 版		印次:2017 年 4 月第 1 次印刷	
印刷:武汉中远印务有限公司		印数:1—1500 册	
ISBN 978-7-5625-3987-2			定价:238.00 元

如有印装质量问题请与印刷厂联系调换

江苏省重要矿产资源潜力评价领导小组
（第一阶段：2006—2010 年）

组　　长：陶培荣　江苏省国土资源厅党组书记　厅长
副 组 长：刘　聪　江苏省国土资源厅副厅长
　　　　　孙大亮　江苏省地质矿产勘查局副局长
　　　　　潘树仁　江苏煤炭地质局副局长
　　　　　许建荣　江苏省有色金属华东地质勘查局副局长
　　　　　毛凤鸣　中石化江苏石油勘探局副总经理
成　　员：郑锡泉　江苏省国土资源厅勘查处处长
　　　　　向绍荷　江苏省国土资源厅财务处处长
　　　　　崔德庚　江苏省国土资源厅储量处处长
　　　　　钱智敏　江苏省国土资源厅科技处处长
　　　　　李如海　江苏省国土资源厅规划处处长
　　　　　袁晓军　江苏省地质调查研究院院长

项目办公室成员

主　　任：刘　聪
成　　员：郑锡泉　陈火根　刘　勇　刘沈衡　张新华　王传礼　夏　延　陈汉永

江苏省重要矿产资源潜力评价领导小组
（第二阶段：2010—2013 年）

组　　长：夏　鸣　江苏省国土资源厅党组书记　厅长
副 组 长：祖耀升　江苏省国土资源厅副厅长
　　　　　孙大亮　江苏省地质矿产勘查局巡视员
　　　　　潘树仁　江苏煤炭地质局副局长
　　　　　许建荣　江苏省有色金属华东地质勘查局副局长
　　　　　毛凤鸣　中石化江苏石油勘探局副总经理
成　　员：顾迅建　江苏省国土资源厅规划处处长
　　　　　黄克蓉　江苏省国土资源厅勘查处处长
　　　　　王黎明　江苏省国土资源厅资源处处长
　　　　　崔　娟　江苏省国土资源厅科技处处长
　　　　　孙卫东　江苏省国土资源厅财务处处长
　　　　　朱锦旗　江苏省地质调查研究院院长

项目办公室成员

主　　任：祖耀升
成　　员：黄克蓉　陈火根　吴加和　刘沈衡　张新华　夏　延　邱祖林　郑锡泉

《江苏省重要矿产资源潜力评价成果系列丛书》编辑委员会

主　　任：袁晓军　朱锦旗

副 主 任：陈火根　张登明　王传礼

主　　编：黄建平　黄　震

编　　委：（以姓氏笔画为序）

　　　　　王海欧　王丽娟　朱静苹　苏一鸣　杨用彪　来又东

　　　　　肖书明　金永念　贾　根　黄顺生　魏邦顺　魏　芳

《江苏省重要矿产资源遥感资料应用研究》

著　　者：苏一鸣　詹雅婷　陈　晨　朱叶飞　崔艳梅　陈焕惠

　　　　　顾金声　朱静苹

序

江苏省位于中国东部沿海，长江、淮河下游，是我国重要的金融、航运、贸易、经济、文化、教育中心，在我国的国民经济建设中占有举足轻重的地位。

江苏省被称为"中国地质工作的摇篮"，地质矿产调查工作开展得较早，早在1924年刘季辰、赵汝钧等就对江苏全境进行了区域调查，著有《江苏地质志》。尔后，李毓尧、朱森、李捷、李四光、谢家荣、程裕淇、孙健初、陈恺等老一辈地质学家先后在本区地质矿产各个领域开展了调查，积累了大量资料。新中国成立后为了社会经济建设发展的需要，本区地质工作也迅速开展，地质、冶金、石油、煤炭、建材等系统在本区开展了大量地质普查找矿和勘探工作，先后发现了一批具工业价值的矿产，为本区工业发展提供了矿产资源和能源保障。

随着地方经济建设的高速发展，对矿物原料的需求逐年上升，人均资源占有量严重不足，供需矛盾十分突出。为贯彻落实《国务院关于加强地质工作的决定》中提出的"积极开展矿产远景调查和综合研究，科学评估区域矿产资源潜力，为科学部署矿产资源勘查提供依据"的要求和精神，国土资源部部署了全国矿产资源潜力评价工作，并将该项工作纳入国土资源大调查。

江苏省矿产资源潜力评价由江苏省地质调查研究院组织实施，江苏长江地质勘查院、华东有色地质矿产勘查开发院、江苏省地质矿产调查研究所、江苏省地质资料馆等单位协作。项目总体目标任务是全面开展江苏省矿产资源潜力预测评价，在现有工作程度的基础上基本摸清江苏省矿产资源的"家底"，为矿产资源保障能力和勘查部署决策提供依据。

自2007年6月正式启动以来，项目的各项工作严格按国土资源部、中国地质调查局的技术要求和统一部署进行。根据本区已有地质工作程度、成矿地质背景条件、矿产分布特征，选择煤炭、铁、铜、铅、锌、金、磷、钼、银、硫铁矿、萤石11个矿种开展资源潜力评价工作，累计完成各类图件编制2007张、图件数据库建设1623个，编写图件说明书1623份，编制各类成果报告49份，全面完成了预期的目标任务，取得了丰硕成果。

（1）首次以板块构造理论为基础，编制了江苏省大地构造图，为区域成矿地质作用研究和矿产预测奠定了坚实的地质基础和依据，进一步提高了江苏省区域地质研究程度。

（2）首次系统地利用地质、矿产、物探、化探、遥感、自然重砂等多学科资料，针对铁、铜、金等10个矿种及不同矿床类型，系统地建立了全省35个典型矿床的成矿模式、综合找矿模型和41个预测工作区区域成矿模式及区域找矿模型，丰富和发展了省内区域成矿理论，提升了综合信息矿产预测技术水平。

（3）系统总结了利用重磁组合异常直接判别铁矿异常、金铜多金属矿的控矿要素评价解释方法；利用磁法、化探资料开展了全省铁矿、铜矿的定量预测与研究；利用典型岩石剖面测量成果，采用面积、厚度加权方法获得了全省及三大地质构造单元元素丰度值；采用地质衬值法，编制了全省39个元素地球化学衬值异常图，极大地丰富了金、铜、铅锌、钼等多金属矿找矿信息。

（4）系统地利用地质、物探、化探、遥感、自然重砂等综合信息，全程应用GIS技术进行了全省重要矿产资源潜力评价与预测研究,估算了资源量,圈定了一批重要找矿预测区。

（5）系统对江苏省聚煤规律进行了科学总结,以煤田地质理论为指导,深入开展了全省煤炭资源禀赋规律研究,建立了典型煤田成煤模式;以构造控煤作用研究为核心,揭示不同构造背景煤炭资源的聚集和赋存规律,对指导深部找矿发挥了重要作用。

（6）首次系统建立了江苏省完整的地学数据库,实现了矿产资源潜力预测研究全程信息化、工作手段计算机化,为江苏省矿产资源总体规划和专项规划、找矿突破战略行动以及国土资源"一张图"工程打下了坚实的基础。

江苏省矿产资源潜力评价在基础地质、典型矿床与成矿规律研究、预测方法、数据库建设中取得了一系列创新性成果,总体达到国际先进水平。项目成果是制订江苏省国民经济中长期发展规划,研究制定矿产资源战略,加强宏观调控的重要依据;是科学规划合理部署、努力实现找矿重大新突破、缓解资源瓶颈的基础工作;是发展和推广利用成矿新理论、勘查新技术新方法,促进科研与调查密切结合的重要举措。该项成果的及时转化应用,必将为江苏省社会经济发展、地学研究和地质找矿实现新突破发挥重要作用。

中国工程院院士

2017 年 2 月 20 日

前 言

为贯彻执行《国务院关于加强地质工作的决定》中提出的"积极开展矿产远景调查和综合研究,科学评估区域矿产资源潜力,为科学部署矿产资源勘查提供依据"的精神要求,国土资源部于 2006 年设立"全国重要矿产资源潜力预测评价及综合"工作项目,2007 年 1 月该项工作做出重大调整,被列入国土资源部重点工作,项目名称变更为"全国矿产资源潜力评价"。遥感专题隶属于"江苏省及上海市矿产资源潜力评价"中的"江苏省及上海市物化探遥感自然重砂综合信息研究"课题之一。专题的主要任务是通过对遥感资料的系统分析和信息挖掘,获取直接或间接的找矿信息,为区域地质背景、成矿规律和矿产资源预测提供遥感技术支持。

我国的遥感地质工作始于 20 世纪 70 年代初,是在五六十年代航空地质调查工作的基础上和 70 年代引进国外遥感技术发展起来的;经过 80 年代大力推广应用和研究,目前已成为地质调查的重要技术手段,被广泛应用于地质矿产研究领域。特别是最近 10 年间,随着遥感卫星与信息提取技术的迅猛发展,遥感地质应用正焕发出新的活力。一是以 ETM^+、ASTER 为代表的大量中、高分辨率遥感数据的方便获取,为开展大区域、多尺度遥感地质研究提供了强大的数据支持;二是特征主分量法、光谱角法等遥感信息提取技术应用的推广,大大提高了矿化蚀变信息提取的种类和精度;三是"线、带、环、块、色"五要素遥感找矿技术的发展,为开展遥感地质信息分析和综合找矿预测提供了很好的技术支持。"江苏省及上海市矿产资源潜力评价遥感资料应用研究"专题在全国和华东大区两级矿产资源潜力评价项目办公室的统一部署和指导下,以遥感地质理论为基础,利用 ETM^+、ASTER 等多种遥感数据为信息源,开展了铁、铜、铅、锌、金、磷、银、钼、硫铁矿、萤石 10 个矿种的遥感资料研究,全面系统地编制了江苏省及上海市 1∶25 万标准分幅遥感影像图、遥感羟基异常图、遥感铁染异常图和以"线、带、环、块、色"五要素为主体的遥感地质特征解译图,编制了江苏省及上海市 1∶50 万遥感影像图、遥感异常组合图和遥感构造解译图,分矿种、预测区编制了一系列大比例尺遥感专题图件。

本书作为"江苏省及上海市矿产资源潜力评价遥感资料应用研究"专题的重要研究成果,系统地介绍了研究的技术路线、技术方法,分章节叙述了遥感地质研究和遥感找矿成果。建立了线性构造、环形构造和赋矿岩层等遥感解译标志,分析了区内重要的大型断裂的遥感特征;利用遥感矿化蚀变信息提取技术,首次全面完成了全区羟基、铁染蚀变异常提取工作,并对遥感矿化蚀变信息的分布、异常组合作了规律性总结。在找矿预测方面,集合成矿规律,分析研究了遥感要素致矿性与矿化关系,将获取的以线、带、环、块、色、羟基、铁染遥感要素为主体的多层次遥感找矿信息较好地应用到了找矿预测中。

本书的编写工作分工如下:第一章由苏一鸣、詹雅婷、朱静苹执笔;第二章由詹雅婷、顾金声执笔;第三章由苏一鸣、詹雅婷、陈晨、朱叶飞执笔;第四章和第五章由詹雅婷、苏一鸣、陈焕惠、崔艳梅执笔;第六章由苏一鸣、詹雅婷执笔。全书由苏一鸣负责统稿,詹雅婷负责校对。马秋斌、翟辉、狄群、聂瑛、王晓燕、王宽彪、徐蓉等参加了计算机制图、建库工作。

遥感专题及本书的顺利完成,离不开集体的努力,自 2007 年以来,项目各级领导和专家学者对本专题给予了悉心的指导。研究过程中得到了中国国土资源遥感中心于学政研究员、唐文周教授级高级工程师,南京市地质调查中心张洁高级工程师的学术指导和技术帮助。

在此,向所有参与和关心此书出版的各位专家和同仁表示衷心的感谢。由于笔者水平有限,书中难免存在不足之处,敬请各位专家、读者批评指正。

著 者

2016 年 12 月

目 录

第一章 概 述 …………………………………………………………………………………… (1)
  第一节 目的、任务 …………………………………………………………………………… (1)
  第二节 完成的主要工作量 …………………………………………………………………… (2)
  第三节 主要研究成果 ………………………………………………………………………… (3)

第二章 自然地理、地质矿产概况及前人工作情况 …………………………………………… (6)
  第一节 区域自然地理特征 …………………………………………………………………… (6)
  第二节 区域地质、矿产概况 ………………………………………………………………… (9)
  第三节 区域遥感特征 ………………………………………………………………………… (12)
  第四节 前人研究程度 ………………………………………………………………………… (17)

第三章 遥感资料应用工作内容与工作方法 …………………………………………………… (20)
  第一节 遥感资料收集 ………………………………………………………………………… (20)
  第二节 遥感影像制图 ………………………………………………………………………… (22)
  第三节 遥感地质解译与编图 ………………………………………………………………… (25)
  第四节 遥感异常提取 ………………………………………………………………………… (28)
  第五节 遥感数据库建立 ……………………………………………………………………… (34)

第四章 遥感地质构造解译与研究 ……………………………………………………………… (36)
  第一节 重大地质构造形迹遥感分析 ………………………………………………………… (36)
  第二节 遥感异常组合与构造意义 …………………………………………………………… (48)
  第三节 遥感地质构造分析 …………………………………………………………………… (49)

第五章 江苏省及上海市遥感资料矿产资源潜力预测与评价 ………………………………… (54)
  第一节 Ⅲ-64-①鲁西金、铁、铝土矿、煤、金刚石成矿亚带 …………………………… (56)
  第二节 Ⅲ-67-③苏鲁金、铁成矿亚带 ……………………………………………………… (64)
  第三节 Ⅲ-69-①庐江-滁州铜、金、铁、钼、铅、锌、银、硫成矿亚带 ………………… (73)
  第四节 Ⅲ-69-②沿江铜、铁、金、多金属、硫成矿亚带 ………………………………… (78)
  第五节 Ⅲ-69-③宣州-苏州铜、钼、金、银、铅、锌成矿亚带 …………………………… (109)
  第六节 Ⅲ-71-⑤天目山-金山铜、铅、锌、银、金、钨、锡、铌、钽、铁、萤石成矿亚带 …… (127)

第六章 结 论 …………………………………………………………………………………… (130)

主要参考文献 ……………………………………………………………………………………… (132)

第一章 概 述

第一节 目的、任务

一、任务来源

为了贯彻落实《国务院关于加强地质工作的决定》中提出的"积极开展矿产远景调查和综合研究,科学评估区域矿产资源潜力,为科学部署矿产资源勘查提供依据"的要求和精神,国土资源部于2007年部署了全国矿产资源潜力评价工作。项目实施单位为中国地质调查局,业务支撑单位为中国地质科学院矿产资源研究所、中国地质调查局发展研究中心,参加单位为各科研所、院校和各省地质调查院。全国矿产资源潜力评价工作要求在江苏省及上海市开展省级矿产资源潜力评价工作,项目由江苏省地质调查研究院承担,遥感专题作为"江苏省及上海市矿产资源潜力评价"项目中的一部分,主要为全省非油气矿产勘查工作部署提供遥感参量,为成矿预测提供遥感依据。

二、目的

以遥感技术为工作手段,在江苏省及上海市开展铁、铜、铅、锌、金、磷、银、钼、硫铁矿、萤石10种矿产资源评价,提取与预测矿种密切相关的"线、环、色、带、块"遥感五要素和羟基、铁染异常信息,编制成果图件,建立矿产资源潜力评价遥感数据库,为矿产资源潜力评价提供遥感信息。

三、任务

(1)全面收集和总结江苏省以往遥感地质调查成果资料,进行全省1:25万标准分幅"五要素"解译图、羟基异常图、铁染异常图的编图工作以及1:25万遥感影像图数据库的维护。开展1:50万江苏省遥感构造解译图、遥感影像图、遥感异常组合图编图工作。

(2)开展全省铁、铜、铅、锌、金、磷、银、钼、硫铁矿、萤石10个矿种矿产资源潜力评价预测工作区遥感工作,编制与预测底图相同比例尺遥感影像图、遥感矿产地质特征与近矿找矿标志解译图、遥感羟基异常图、遥感铁染异常图。

(3)开展全省铁、铜、铅、锌、金、磷、银、钼、硫铁矿、萤石10个矿种的典型矿床遥感研究工作,编制

1∶2000～1∶1万比例尺遥感影像图、遥感矿产地质特征与近矿找矿标志解译图、遥感羟基异常图、遥感铁染异常图。

（4）建立全省1∶50万遥感构造解译图、1∶50万遥感铁染羟基异常组合图、1∶25万标准分幅遥感地质特征解译图（"线、环、色、带、块"五要素）、1∶25万标准分幅羟基和铁染异常图数据库，为今后开展矿产勘查的规划部署研究奠定扎实的信息基础。

（5）建立全省铁、铜、铅、锌、金、磷、银、钼、硫铁矿、萤石10个矿种矿产资源潜力评价预测工作区遥感地质特征与近矿找矿标志解译图、遥感羟基异常图、遥感铁染异常图数据库，为矿产预测工作提供信息。

（6）建立全省铁、铜、铅、锌、金、磷、银、钼、硫铁矿、萤石10个矿种典型矿床遥感地质特征与近矿找矿标志解译图、遥感羟基异常图、遥感铁染异常图数据库，为矿产预测工作提供信息。

（7）编写全省遥感一图一说明书、一图一库元数据和基础编图工作报告，以及铁、铜、铅、锌、金、磷、银、钼、硫铁矿、萤石单矿种预测工作报告。

第二节　完成的主要工作量

一、收集的遥感数据

（1）Landsat-7 ETM$^+$影像数据11景。
（2）1∶25万标准分幅遥感影像图17幅。
（3）ASTER影像数据54景。
（4）部分典型矿床范围的GEOEYE-1遥感数据。

二、省级基础研究

编制1∶50万江苏省及上海市遥感影像图、江苏省及上海市遥感构造解译图、江苏省及上海市遥感异常组合图3张；完成1∶25万标准分幅影像图制作、遥感地质解译和矿化异常信息提取，编图44幅。上述图件包含遥感数据库、遥感编图说明书以及各图件元数据。

三、重要预测矿种资源潜力评价预测工作区、典型矿床研究

1. 预测工作区遥感图件

完成36个1∶5万预测工作区影像图制作、遥感地质解译和矿化异常信息提取，编图119张。

2. 典型矿床遥感图件

完成13个典型矿床影像图制作、遥感地质解译和矿化异常信息提取，编图15张。

四、数据库建库

按照一图一库的原则,共建立遥感成果入库数据 181 个,内容包括影像图、遥感矿产地质特征与近矿找矿标志解译图、遥感异常分布图、元数据和文本库。遥感影像数据提交 GeoTIFF、TIF 和 MSI 三种数据格式,文本库包括成果报告、编图说明书、成果质量检查记录表等。

五、提交的主要成果

1. 纸质成果

(1)江苏省及上海市矿产资源潜力评价遥感资料应用专题成果报告。
(2)江苏省及上海市 1:50 万省级遥感构造解译和异常组合图。

2. 电子档成果

(1)江苏省及上海市矿产资源潜力评价遥感资料应用成果专题报告。
(2)江苏省及上海市遥感专题图册。
(3)江苏省及上海市遥感专题成果数据库。

第三节 主要研究成果

一、遥感工作方法上取得的成果

1. 多种遥感数据源的应用

工作区收集采用的主要遥感信息源为 Landsat-7 ETM$^+$ 数据、ASTER 数据及 GEOEYE-1 数据。编制完成江苏省及上海市遥感影像图 61 幅。

针对矿产资源潜力评价有关遥感资料应用技术要求,结合工作任务和预测工作区、典型矿床不同比例尺精度要求来进行遥感地质解译、异常提取和影像图编制。典型矿床编图资料主要使用 1m 分辨率的 GEOEYE-1 卫星数据。预测工作区编图资料主要使用 15m 分辨率的 ASTER 卫星数据,部分预测工作区选用 30m 分辨率的 ETM$^+$ 卫星数据。图像精度与预测工作区或典型矿床的比例尺精度相一致,符合技术要求。

2. 遥感地质特征针对性解译

首次利用"遥感找矿五要素"对江苏省及上海市进行了地质特征针对性解译。"遥感找矿五要素"把遥感影像中的"线、带、环、块、色"赋予了丰富的地质内涵,解译地质图斑细致、信息量大,构造划分较细、层次丰富,与找矿目标紧密联系起来,对找矿线索更具有直接指示矿化或蚀变存在的意义,是遥感技术与地质找矿有机结合的一项理论与技术创新。无论从遥感还是从传统的找矿角度看,"线、带、环、色、块"同时出现在某一局部地段,都标志着该部位构造、岩浆岩、矿源层、矿化蚀变和成矿部位同处于最佳组合状态下,是寻找矿产最理想的地段或靶区所在。证明运用遥感地质解译成果,结合地质、矿产、物探、化探成果的综合解释方法,在当前地表矿化露头越来越少,找矿难度越来越大的情况下,进行成矿预测、指导找矿,是一种行之有效的方法。

3. 遥感异常信息提取技术的全面推广

首次建立了遥感异常信息提取流程,建立了遥感蚀变异常提取的主要模型。利用遥感图像处理技术,首次采用ETM$^+$遥感数据,通过PCI软件提取遥感羟基、铁染异常,直接从遥感图像数据中提取反映金属矿化蚀变的信息,为进一步找矿勘查提供依据。江苏省及上海市一共提取羟基异常图斑1161个、铁染异常图斑26 818个、羟基+铁染异常组合图斑1272个。编制完成江苏省及上海市遥感铁染异常分布图和羟基异常分布图各35幅,异常组合图1幅。

4. 遥感最小预测区的圈定

首次提出圈定遥感最小预测区。以遥感要素为依据,结合区域地质和矿产资料,圈定多个找矿最小预测区。江苏省共圈定了44个最小预测区,其中金矿6个,铜矿20个,铅锌矿17个,磷矿1个。这些最小预测区具有清晰的影像标志,处在成矿有利地带,并有良好的矿化显示,可信度高。遥感最小预测区是基于现代地质成矿理论,在遥感技术范畴内,利用地质矿产解译和羟基+铁染异常相互印证成果圈定出最小范围的目标矿种成矿容矿有利部位。通过"五要素"解译和研究,反演成矿过程,推断矿化蚀变特性,预测矿产地,是遥感找矿实施区段(靶区、远景区)预测的重要途径。

二、遥感构造研究方面取得的成果

首次对江苏省及上海市进行全面系统的遥感构造解译,共解译出断裂767条,其中大型断裂27条,中型断裂183条,小型断裂557条;脆韧性变形构造带15条;逆冲推覆构造71条;环形构造12个。编制完成江苏省及上海市构造解译图51幅。通过遥感分析,结合地质资料,按断裂延伸的方向,可将江苏境内断裂分为4组:一般北北东向—北东向最为发育,往往成为构造单元的分界线或不同级别构造的分级界线,主要断裂有郯庐断裂、响水口-淮阴断裂、江南断裂、湖苏断裂等;其次为近东西向弧形断裂系或近东西向断裂,常常成为控制中新生代断陷盆地的边界;北西向断裂一般发生较晚,常切割、错断北北东向、北东向或南北向构造;南北向断裂不发育,多见于苏南地区。

研究加深了对全省构造的认识,对重要的断裂构造、环形构造进行了描述,建立了解译标志,分析、总结了遥感要素致矿性与矿化的关系,为金属矿产预测、潜力评价提供了遥感依据。当然,由于遥感解译的局限性,以上认识需要地球物理以及地质勘查数据的支持与辅助,才能获得较为准确的结论,因此还需要进一步进行深入研究工作。

三、遥感找矿方面取得的成果

省级构造与矿点之间有直接关联,矿点大多分布在省级断裂附近,数条断裂带交界位置,另有一些分布在省级断裂带与环形构造的交界处附近。在一些大型线性构造、相变带(等沉积断层)的交叉部位或旁侧多是成矿的有利部位。大型线性构造或断裂往往控制着沉积环境,也是热液运移通道和导矿构造,加强构造分析,有利于研究构造与矿的成生关系。

四、数据库成果

本次工作首次初步建立了江苏省及上海市中大比例尺遥感数据库。按照《全国矿产资源潜力评价数据模型规范》要求，以 MapGIS 软件为平台，在 GeoMAG 软件下对全部图件进行规范化处理和数据库建设，为矿产资源潜力评价工作提供了规范的遥感数据，提交遥感成果入库数据181个。

五、报告成果

本次工作编写了江苏省及上海市铁矿资源潜力评价遥感应用成果报告、江苏省及上海市铜、铅、锌、金、磷矿资源潜力评价遥感应用成果报告、江苏省及上海市钼、银、硫铁、萤石矿资源潜力评价遥感应用成果报告、江苏省及上海市遥感预测专题成果报告以及江苏省及上海市矿产资源潜力评价遥感资料应用成果报告。这些报告系江苏省遥感工作成果的汇编，较好地反映了江苏省30年以来所开展的遥感工作程度及取得的成果，为江苏省今后开展遥感工作提供了参考。

第二章　自然地理、地质矿产概况及前人工作情况

第一节　区域自然地理特征

一、自然地理位置

江苏省及上海市位于中国东部沿海,长江、淮河下游,地理坐标:东经116°22′—121°55′,北纬30°46′—35°07′。面积 $10.894 \times 10^4 \mathrm{km}^2$。其东临黄海、东海,南临杭州湾与浙江省,西邻安徽省,北接山东省,自然地理条件优越。区内京沪铁路贯穿南北,陇海铁路横贯东西,高等级公路四通八达,长江水系和京杭大运河构成主要的内河航运通道,上海正当我国南北弧形海岸线中部,是一个良好的江海港口,与南通、连云港等海港共同构成本区的海路运输体系。各省辖市均有航空港,水陆空交通极为便利(图2-1)。

二、行政区划

其行政区划包括江苏省和上海市。江苏省现设13个省辖市,下辖106个县(市、区),其中27个县级市,25个县,54个市辖区。共有1243个乡镇,其中建制镇1117个,行政村19 896个。

上海市共辖16个区、1个县,共108个镇,2个乡,99个街道办事处,3742个居民委员会和1702个村民委员会。

三、地形地貌特点

江苏省及上海市工作区地处长江、淮河下游,地形以冲积堆积平原为主,以低山丘岗和岗地为辅;平原广布是工作区地貌特色,地形北东、西南部高,中部低。工作区是全国地势最低平的区域,地面高程在45m以下的平原低地占总面积的85%,其中,建湖—射阳及常熟—苏州一带,地面高程在2m以下,约占国土面积的19.4%;沿海、沿江及太湖周边地面高程2~5m,约占国土面积的28.9%,仅在北部及西南部分布有不连续的低山丘陵,北部低山丘陵区由相山山地、马陵山(沂蒙山余脉)、云台山等组成,主要有连云港云台山(625m)、赣榆大吴山(364m)、徐州大洞山(361m)等;西南部低山丘陵区由宁镇山脉、茅山山脉、宜溧山地、老山等组成,全区地形总体轮廓呈现出三面环山、一面临海,环抱平原,面向大海的地貌景观。

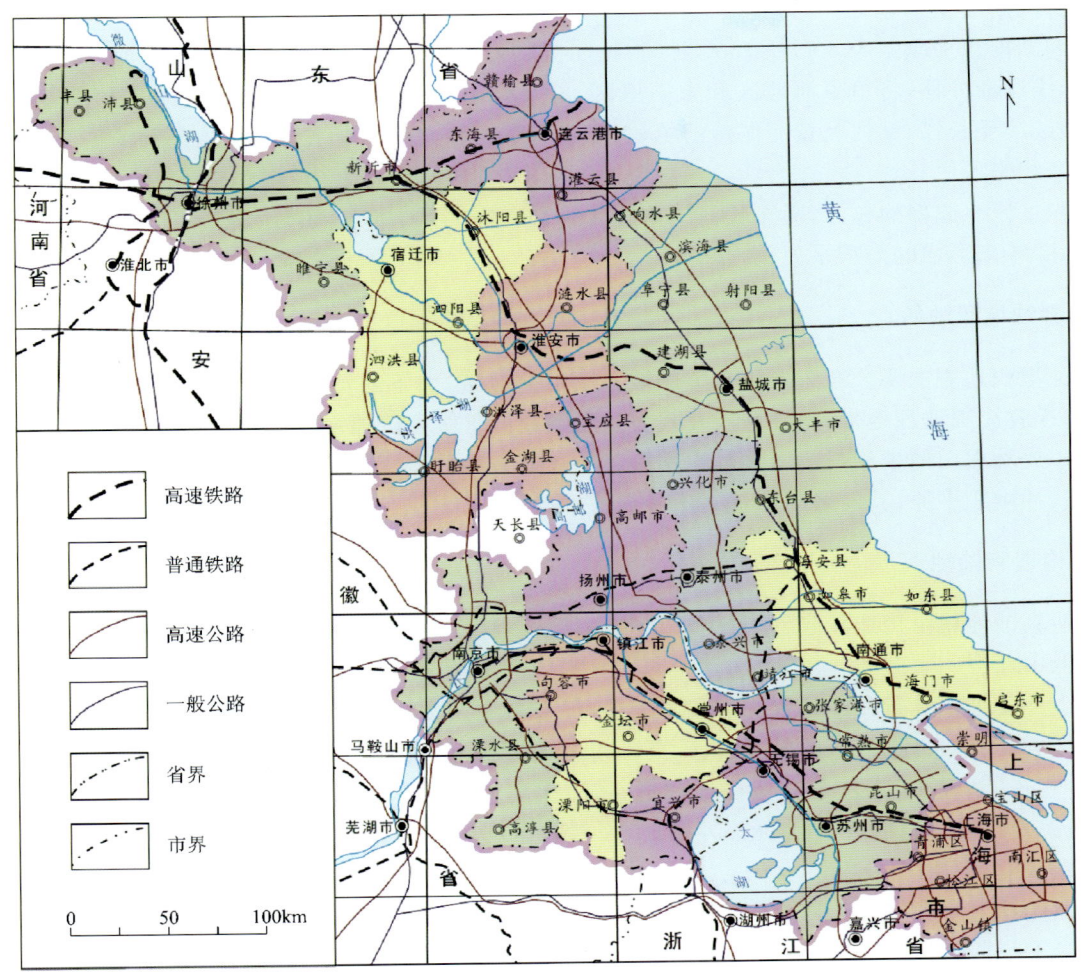

图 2-1 江苏省及上海市交通位置图

(一)地貌类型

全省按地貌成因特点可分为堆积地貌、剥蚀堆积地貌和构造剥蚀地貌。堆积地貌是江苏地貌的主体,据堆积环境分为河流泛滥及冲积平原、三角洲堆积平原、古潟湖堆积平原和海积平原;剥蚀堆积地貌主要分布于低山丘陵的坡麓及山间谷地中,地形由山前向平原区呈倾斜波状起伏,冲沟发育;构造剥蚀地貌由构造隆起、岩浆侵入和喷发、后经剥蚀作用所形成,按其形态特点划分为低山丘陵、剥蚀低山、剥蚀残丘、玄武岩台地(方山)及古火山口。

1. 堆积地貌

1)河流泛滥及冲积平原

河流泛滥及冲积平原由黄河和淮河泛滥堆积、长江沿岸堆积及滁河、秦淮河等山间河谷冲积而成。主要分布在苏北灌溉总渠以北的徐淮平原,西南部宁镇、六合丘陵山间河谷地带及沿江地带。

2)三角洲堆积平原

三角洲堆积平原主要指南京市六合区划子口以东,由长江下游冲积而成的广大平原。进一步分为:新三角洲平原,是近 2000 年来长江冲积堆积而成;老三角洲平原,分布于新三角洲平原南、北两侧,大约在距今 6000~7000 年间,由长江冲积物堆积而成。

3) 古潟湖堆积平原

古潟湖堆积平原距今 6000～7000 年间，长江、淮河及 1194 年黄河南徙携带大量泥沙入海，逐渐淤积，海岸线逐渐外移，将里下河地区和太湖地区，以及微山湖一带围封呈滨海潟湖，经大气降水逐渐淡化，并继续接受长江、淮河及黄河泥沙的填积，形成里下河和太湖洼地平原及微山湖湖滨平原。

4) 海积平原

海积平原北起赣榆柘汪，南至长江三角洲北缘，赣榆、响水、阜宁、东台、海安、如东、吕泗一线以东，为近 2000 年来形成的海积平原。

2. 剥蚀堆积地貌

剥蚀堆积地貌主要分布于低山丘陵的坡麓及山前地带，由下蜀黄土和网纹红土组成的 I～II 级阶地；西南丘陵周围坡麓地带，由砂砾层及残坡积物组成的 III 级高阶地；北部丘陵的山前地带，由变质岩风化剥蚀碎屑物在山前堆积形成诸多洪积扇叠置相连而成的倾斜平原；沂沭河下游山前倾斜平原前缘地带的波状冲洪积平原，其前缘与黄泛平原和海湾平原相接。

3. 构造剥蚀地貌

构造剥蚀地貌由构造隆起、岩浆侵入和喷发，后经剥蚀作用所形成，按其形态特点划分如下。

1) 低山丘陵

低山丘陵主要分布在江苏省北部和西南部，黄淮平原及太湖地区亦有零星的散布。北部低山丘陵由碳酸盐岩类、煤系地层、变质岩、红色砂页岩和火山岩系组成；西南低山丘陵区地层发育较全，岩性复杂，谷岭相连，与安徽、浙江的丘陵山地连成一片；太湖周围的苏州、无锡一带，零星分布着一些孤立低山，多由泥盆纪砂岩组成，标高 300m 左右。

2) 剥蚀低丘

剥蚀低丘主要分布于徐州附近及铜山区、睢宁县、邳州市等地，以及东海、赣榆境内低山丘陵的边缘地带。由于长期隆起，经受剥蚀和流水的侵蚀切割，形成低缓的山丘与谷地。

3) 剥蚀残丘

在江苏省东北部的连云港市以南的灌云县境内，散布着一系列的变质岩小山丘；江苏省西北部的铜山区、睢宁县、邳州市等地，在沂沭河冲洪积平原和黄泛平原上，零星散布着石灰岩残丘。

南部长江下游，太湖地区，天目山向东北延伸的余脉，在第四纪地壳沉陷过程中，亦沦为海中孤岛。在长江三角洲的发育成长过程中，成为凸起在平原之上的残丘，标高都在 100～200m 间，少数孤峰在 300m 左右。

4) 玄武岩台地（方山）及古火山口

第三纪（古近纪＋新近纪）以来，江苏省西南部的盱眙、六合、仪征、江浦、江宁一带多次发生玄武岩喷发和溢流，并伴随间歇性活动，形成玄武岩地形，如玄武岩台地，或称方山，象六合区的方山、古火山口，并在六合区四合乡桂子山发现了形状奇特、壮观的石柱林等。

（二）地貌分区

据地貌的成因、形态及其区域特征，全省可分为沂沭丘陵平原区、徐淮黄泛平原区、里下河浅洼平原区、滨海平原区、长江下游冲积平原区、太湖水网平原区、宁镇扬丘陵岗地区七大地貌单元。

1. 沂沭丘陵平原区

沂沭丘陵平原区地貌上属于山东沂蒙山地的南缘部分，该区地貌具有低山丘陵—剥蚀低丘—山前倾斜平原—波状冲洪积平原呈带状分布的规律。

2. 徐淮黄泛平原区

徐淮黄泛平原区位于沂沭丘陵平原以西、以南和苏北灌溉总渠以北的广大地区。中部黄河古道为沂沭河和淮河的分水岭。徐州及铜山区、睢宁县、邳州市境内,在平原上散布一些石灰岩低山丘陵及残丘。

3. 里下河浅洼平原区

里下河浅洼平原区位于江苏省中部,长江三角洲以北淮河下游地区,是江苏著名的湖荡洼地之一,地势四周高中间低,形成以射阳湖为中心的蝶形洼地。

4. 滨海平原区

滨海平原区位于东部沿海的狭长地带,中部为废黄河口三角洲所分隔,北部为海湾堆积平原,南部为滨海堆积平原。西部断续分布有三四道贝壳砂堤,是苏北海岸变迁的重要标志。在北部海湾堆积平原上,变质岩低山丘陵及剥蚀残丘孤峰凸起。东部近岸地带为现代海滩,部分开辟为盐田。

5. 长江中下游冲积平原区

长江中下游冲积平原区是长江三角洲的主体部分。沿江两岸分布一系列古河口沙嘴和天然堤,且北岸保存较好,地势较高,南岸则为黄土堆积的高亢平原,二者都是老三角洲的部分。南京以东,江中还散布着数十个江心洲,属新三角洲部分。三角洲平原上还零星散布一些残丘。

6. 太湖水网平原区

太湖水网平原区位于江苏省东南部,北与长江三角洲平原相接,西部直抵宁镇及宜溧丘陵山地的前缘,是由长江南岸沙嘴与长江口南侧沿海沙坝围封而成的古潟湖堆积平原。区内地势平坦、湖荡水网稠密,素有"水乡泽国"之称。平原上耸立一系列侵蚀残山或孤丘。

7. 宁镇扬丘陵岗地

宁镇扬丘陵岗地位于江苏省的西南部,区内山岭绵延,山岗起伏,地貌类型复杂多样。有低山丘陵、黄土岗地、玄武岩台地等,以低山丘陵及阶地垄岗为主。区内主要有宁镇山脉、茅山及宜溧山地等。

第二节 区域地质、矿产概况

一、区域地质概况

（一）大地构造特点

江苏省及上海市地跨华北陆块区、秦祁昆造山系、扬子陆块区三大地质构造单元,构造运动频繁,多旋回的构造运动导致区内褶皱、断裂十分发育,且多次叠加,形成了区域上错综复杂的构造格架。

(二) 地层

全区分为华北地层大区、苏鲁造山带地层大区、扬子地层区,各区发育地层分述如下。

1. 华北地层大区

江苏省西北部以郯庐断裂带为界,属华北地层大区,区内地层发育较完整,出露较齐全,中—新太古界泰山(岩)群组成基底,缺失古—中元古界,新元古界—古生界(缺上奥陶统—下石炭统)组成盖层沉积,与基底呈不整合接触,中—新生界主要为断陷盆地沉积,各时代地层间呈整合或假整合关系,在徐州—铜山—邳州—睢宁一带构成低山丘陵。

2. 苏鲁造山带地层大区

苏鲁造山带位于郯庐断裂带与响淮断裂之间,区内地层发育具一老一新的特点,主要由新太古代—元古宙变质地层和中新生代地层组成。变质地层主要由新太古界—古元古界东海岩群,中元古界锦屏岩群、张八岭岩群,中新元古界云台岩群、震旦系石桥岩组组成,共同组成区内变质基底;区内缺失古生代至侏罗纪地层,局部断陷盆地中自白垩纪开始沉积有中新生代地层。

3. 扬子地层区

扬子地层区以湖苏断裂为界,分为下扬子地层分区和江南地层分区,其中以下扬子地层分区地层发育较齐全,保存较好。区内最老地层为中元古界埤城岩群,为一套以变中基性火山岩系为主的地层,上溪岩群主要为一套千枚状泥砂质浅变质岩系,金山岩群为一套绿片岩—大理岩夹斜长角闪岩变质建造,它们共同组成了扬子板块的浅变质基底;震旦系—下三叠统为以浅海相碎屑岩与碳酸盐岩相间为主组成的沉积盖层,厚度万米以上;中三叠世—中侏罗世在陆相湖盆中沉积了碎屑岩夹含煤层;晚侏罗世至白垩纪山间断陷型盆地发育,沉积了杂色碎屑岩—火山岩—红色碎屑岩;古近纪—新近纪主要于断坳盆地内沉积了大量红色碎屑岩夹火山岩。

(三) 岩浆岩

江苏省及上海市岩浆岩分布广泛,岩浆岩种类齐全。区域岩浆活动具有延续时间长、活动期次多、波及范围广、活动形式多样并与多种矿产关系密切的特点。

省内岩浆岩分布虽广,但由于第四系覆盖,出露面积仅 4000 km² 左右。岩浆活动形式既有岩体的侵入,也有火山喷发,形成的岩石类型包括超基性岩、基性岩、中性岩、酸性岩、碱性岩及各种过渡岩石类型。岩浆活动大致经历了古元古代吕梁期、中—新元古代晋宁期、古生代加里东期—海西期、中生代印支期—燕山期、新生代喜马拉雅期,与之有关的矿产涉及铁铜、铅锌、金银等金属矿产和凹凸棒石、膨润土、蓝宝石等矿产。

(四) 变质岩

区内三大地质构造单元内均有变质岩存在,从太古宙到新元古代均存在不同程度不同类型的变质作用,其中以新太古代—中元古代的变质作用最强烈,新太古界—新元古界均已变质。变质作用类型主要有区域变质、接触变质、动力变质等,以区域变质作用为主,区域变质岩广泛分布于苏鲁造山带中,动力变质岩、接触变质岩仅限于局部地区。形成的变质岩种类繁多,主要有片麻岩、变粒岩、片岩、角岩、大理岩、矽卡岩、糜棱岩等。

此外,在宁镇山脉东段覆盖层下,钻孔揭露出埤城群变质岩系,属低绿片岩相-绿帘角闪岩相,主要由斜长变粒岩和浅粒岩、阳起片岩、绿泥片岩、黑云片岩、斜长角闪岩组成。

(五)构造

江苏省及上海市地跨三大地质构造单元,构造运动频繁,多旋回的构造运动导致区内褶皱、断裂十分发育,且多次叠加,形成了区域上错综复杂的构造格架。区内构造演化经历了新太古代的陆壳形成和增生、古元古代拼合固结、中新元古代伸展及古生代陆表海盆地演化阶段,自海西运动以来,开始了由中亚—特提斯构造域向滨太平洋构造域转化阶段(陆相盆地伸展发育与造山),中、新生代是区内滨太平洋构造体系强烈活动阶段(亦称大陆边缘活化阶段),致使发生地幔置换作用与中、新生代岩石圈减薄。同时华北陆块区与扬子陆块区夹持下的秦-祁-昆洋盆消亡碰撞造山,在这一大的构造背景下,江苏省及上海市大型构造发育,包括大型韧性变形构造、大型断裂构造、大型褶皱构造,及上叠中、新生代构造盆地等。

二、区域矿产特征

经过广大地质工作者的辛勤劳动,江苏省及上海市已发现矿种133种,包括黑色金属、有色金属、贵金属、非金属和特种非金属、能源矿产及稀散元素与放射性元素等,品种较为齐全,其分布格局具成群、成带相对集中出现的特点。省内矿产主要分布于徐州、连云港、盱眙—六合、淮阴—扬州、南京(宁)—镇江(镇)、宜兴(宜)—溧水溧阳(溧)、苏州—无锡等地区。

徐州地区是江苏煤炭基地和富铁矿产地;连云港地区有磷矿、水晶、蓝晶石、金红石、石榴红宝石和蛇纹石等矿产资源;盱眙—六合地区有冶山铁矿、凹凸棒石黏土和蓝宝石矿等;淮阴—扬州地区主要有石油天然气和盐类矿产;宁芜地区主要有铁、铜、金及硫铁矿等矿产;宁镇地区主要有铁、铜、铅锌银矿以及伴生的金银矿产和部分非金属矿产;宜溧地区主要有锶矿、陶土、膨润土矿等矿产;苏州—无锡地区主要有铅锌银、高岭土等金属和非金属矿产。

全省金属矿产成因类型分为六大类9个亚类,其中以接触交代型、热液型、火山-次火山岩型最重要。铁矿以火山-次火山岩型最为重要,其次为接触交代型。铜(钼)、铅锌多金属等有火山-次火山热液型、接触交代型及中低温热液型等,均占重要地位。

第三节　区域遥感特征

一、区域遥感特征与解译程度分区

江苏省及上海市地处长江、淮河、老黄河及沂河等水系的下游,东临黄海,因此地势坦荡,平原辽阔,有85%的面积属于平原区,海拔大多在10m以下,一般为2～5m。地势总体上属于西高东低,北高南低,根据影像特征(图2-2),大体可分如下6个影像区。

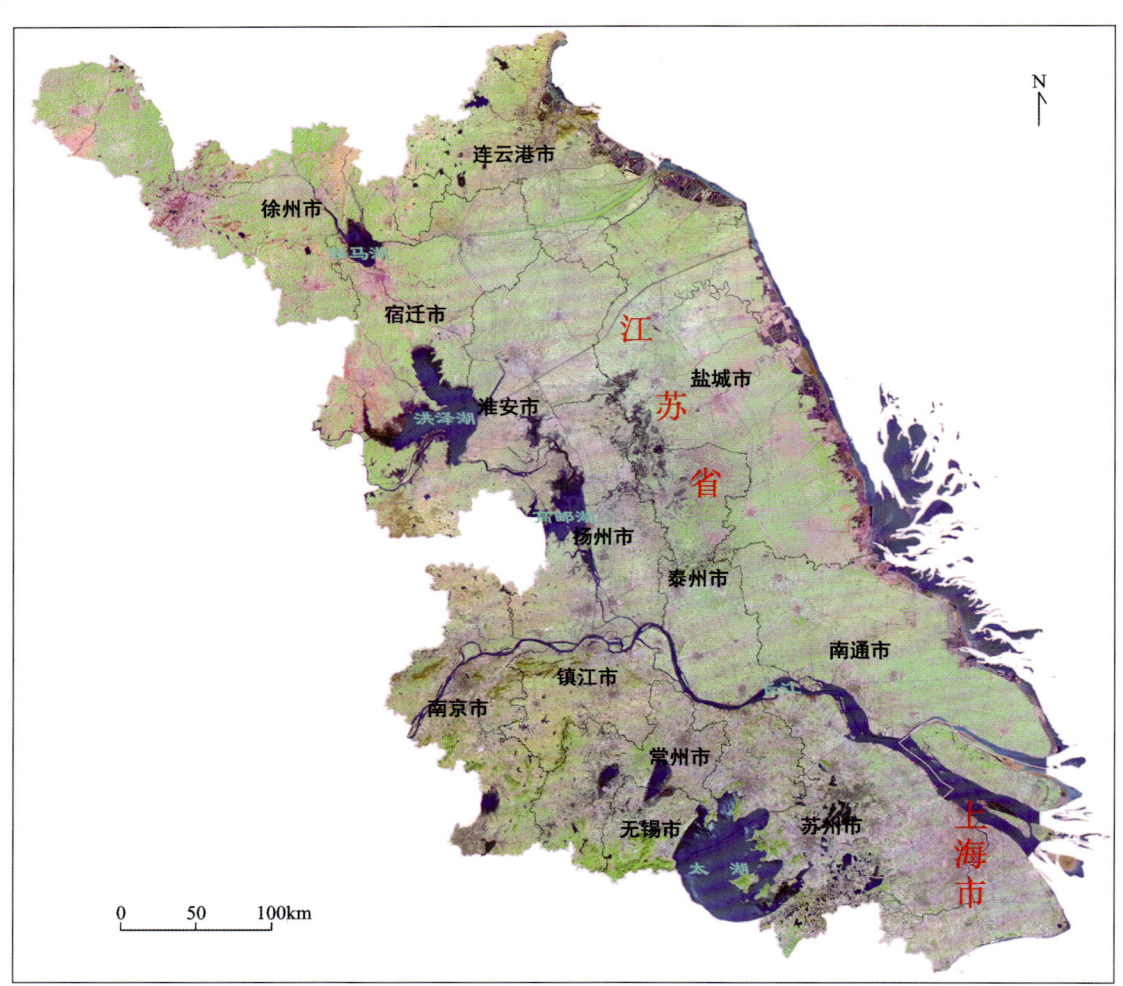

图2-2　江苏省及上海市遥感影像

1. 西部低山丘陵影像区

该区主要包括徐州、连云港、盱眙、镇江至苏州、无锡、常州一线以西区域,江苏境内较古老的造山带(苏鲁造山带)、徐宿、宁镇弧形构造带,盱眙、茅山等线性构造带,苏锡旋扭型构造带及宜溧、连云港云台山等断块山地皆分布在此区域中。除苏鲁造山带呈团絮状、宜溧、连云港云台山呈断块式山体影像特征外,其他山系的线性和弧形影像特征也尤为醒目。

2. 冲积平原影像区

分布于低山丘陵之间和冲海积平原以西区域,该区域地势平坦、幅员辽阔、湖泊众多、河流纵横,是江苏广袤的粮仓。它在影像上主要呈绿色,但颜色偏杂。

3. 冲海积平原影像区

该区大致分布在赣榆、沭阳、阜宁、盐城、东台、海安一线,主要是随着黄河夺淮及长江的东进在数百年间淤长起来的,由此为江苏提供了数万平方千米的土地,已经形成的潮间带海涂,也是现在江苏主要的后备土地资源。在影像上表现为翠绿色。

4. 长江三角洲影像区

该区大致分布在东台、泰州、扬州、镇江、郯孟隆起的北部、江阴、张家港、太仓至松江一线,是随着长江口东进和南摆而形成的一个向东逐渐扩张的喇叭口形的区域。如果以现在的长江水道为轴线,长江自北南摆而淤长出来的面积则达该影像区的 90% 左右。在遥感影像上,除了最后淤长出来的启东地区外,其他区域均呈较纯的翠绿色。

5. 碟形洼地影像区

在长江三角洲影像区的两侧,分别分布着以太湖和古射阳湖为中心的两大碟形洼地:一是苏南的太湖、淀山湖、澄湖、阳澄湖、漏湖、沼湖;二是苏北的射阳湖、大纵湖、蜈蚣湖等。它们的海拔高度皆在 1~2m 之间,地势极其低洼。除上述的这些湖泊外,还有不计其数、规模较小的湖泊集中分布在这两个区域中。从地质历史演变角度来看,它们皆属古潟湖的残留部分。该区在遥感影像上除太湖大部呈浅蓝色调外,其他湖泊皆呈黑色调,包括苏州、无锡紧邻太湖的水域。

6. 黄泛平原影像区

古黄河自西向东经徐州、邳州、宿迁,在淮安一带夺淮后,经涟水、滨海一线入海,沿途多处决口,形成黄泛平原区,在遥感影像上表现为一条弯弯曲曲的白色条带,经过人类活动改造的大大小小的决口扇清晰可见。

二、地表覆盖类型及其遥感特点

工作区地表覆盖类型极其简单,约 70% 的区域为第四系全新统覆盖,更新统大部分布在山麓、丘陵岗地地带,山麓地带如徐州地区、宁镇地区、茅山构造隆起带两侧、苏锡及宜溧地区南部、宁芜及溧水地区等,丘陵岗地地带如新沂—宿迁—泗洪地区、盱眙、六合—仪征—扬州北部地区为上更新统主要分布区;中、下更新统的分布更为局限,仅在山麓带上部海拔更高处有所分布。全新统和更新统在遥感方面的特点主要反映在两个方面。

一是在空间分布上,全新统主要是分布在地势坦荡的平原区,更新统主要是分布在地势有起伏的山麓带和丘陵岗地地区。在线性隆起带的山麓地带,更新统平行山麓带呈带状分布,往往形成Ⅱ级、Ⅲ级阶地,如茅山东部、江浦老山等;在丘陵岗地地区更新统则呈面状分布。

二是在色调上,全新统色调较匀称,差异不大。而更新统由于分布海拔稍高些,物质的成分和粒度都有所不同,因此色调不如全新统均匀,在不同地区色调甚至有较大的差异。当然,这种分析仅仅是理论上的,由于江苏植被覆盖率高,所以并不代表第四系覆盖层本身真实的光谱特征。下面具体分析一下工作区地表覆盖类型及其遥感特征。

1. 耕地

耕地的方形、矩形、四边形形态和网格状结构特征是相对稳定的,但在图像上(图2-3)所呈现的颜色则因当时种植农作物的种类和长势而不断变化,但不至于影响一级类型的判读和解译。而二级类型的判读与解译则较复杂,江苏海岸带地域大多为一年两熟或两年三熟的耕作制度,不同季节的遥感图像常表现出不同的颜色,如冬春季麦田皆为红色、休耕地为蓝色和蓝灰色,都和是否水田或旱地无关,夏、秋季各种农作物都在旺盛生长,图像上一片红色,水田和旱地亦不好区分。故二级分类的界定需参考非遥感资料。

2. 林地

林地在TM数据合成的影像上(图2-4)呈绿色和浅绿色,如果仔细判断有可能区分林木和草地,一级类型解译标志较好,林地在图像上呈深绿色、暗绿色或浅绿色,颜色的变化常与树种相关,如针叶树颜色深而浓,阔叶树色泽较鲜艳,因此山区林地和海滨林场分布的范围都较易界定。

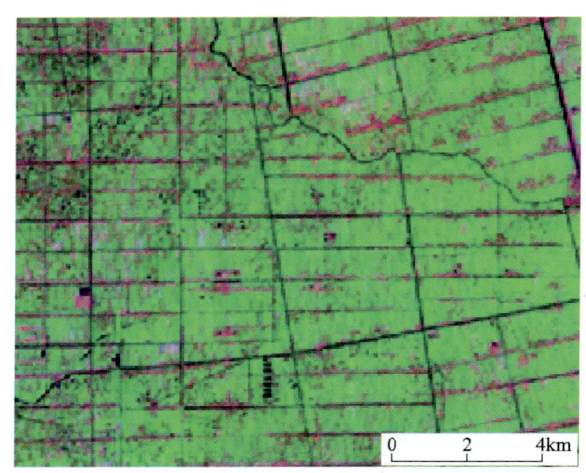
图2-3 耕地遥感影像特征

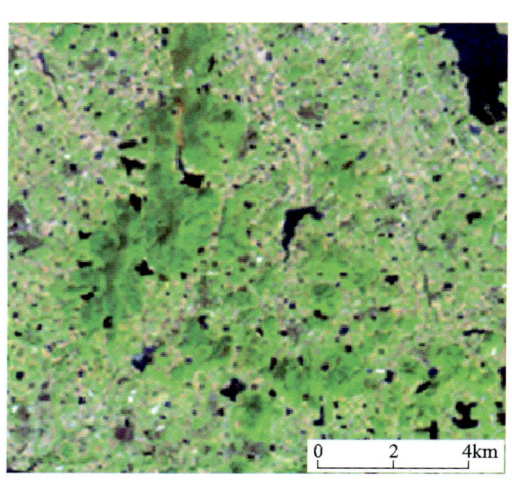
图2-4 林地遥感影像特征

3. 山地

根据山地影像(图2-5)色调变化可以解译出山顶的形状、山脊的位置和山谷的形态。若向阳面呈三角形、突出在阴影之中,表示尖山顶,三角形顶点即为山顶;若山顶色调变化不太明显,表示受光面浑圆,为圆面山顶。两斜坡色调深浅交界处为山脊,其背阳坡的色调浅时表示坡缓,深或者有阴影时表示山坡陡峻。两山脊之间的低洼部分为山谷,若山谷两侧坡度非常陡峻,其底部常被阴影遮盖,则影像色调深且多为黑色,为峡谷,而宽谷底部较平坦,常有缓流、农田和居民地分布其间。

4. 居民点及工矿用地

城镇与居民点在影像上(图2-6)一般为蓝色、灰蓝色、蓝灰色,呈较规则形状,内部结构复杂,色彩深浅斑杂,可见街道网络、水体和城市绿地,但城郊结合部与耕地常呈穿插过渡现象,因而界线不是十分清晰明确。独立工矿用地在本区域内主要为砖瓦场,颜色与居民点类似,但外形不规则,内部常有积水而呈较蓝色调。不同深浅的蓝色网格与大片的蓝色海水库相间分布,且外部有海堤圈围,极易界定。特殊用地因使用目的不同,图像的颜色和内部结构各异,如军事国防用地特征与居民点或耕地相同;名胜古迹、风景旅游区特征与林地或居民点相同;自然保护区特征与林地、苇地、滩涂相同等,故需参考非遥感资料才能界定。

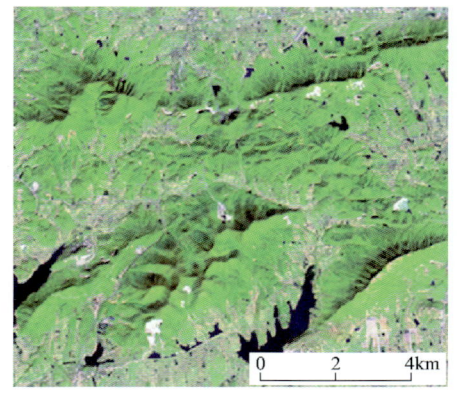

图 2-5 山地遥感影像特征

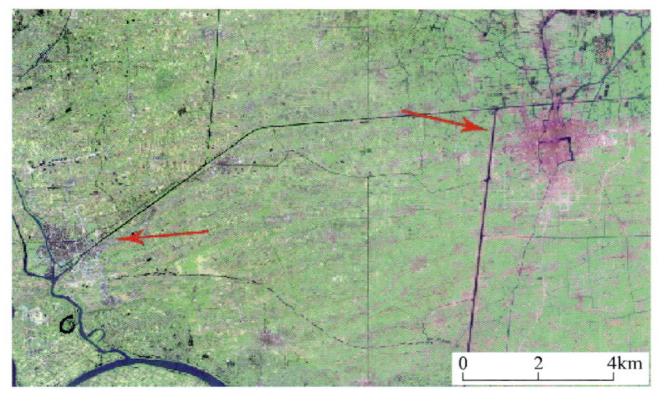

图 2-6 居民点及工矿用地遥感影像特征

5. 交通用地

铁路公路在图像(图 2-7)上为浅灰色线状体,易界定。码头分布于海港城市临海一侧,且形态规则较易识别。

6. 水域

水域在图像(图 2-8)上呈不同深浅的蓝色,且色调均匀,极易界定。二级类型各具特殊形态,如天然河流的自然弯曲,人工渠道的直线网状分布,鱼塘的格状、栅状形态,堤坝的线状分布等都较易区分。

图 2-7 交通用地遥感影像特征

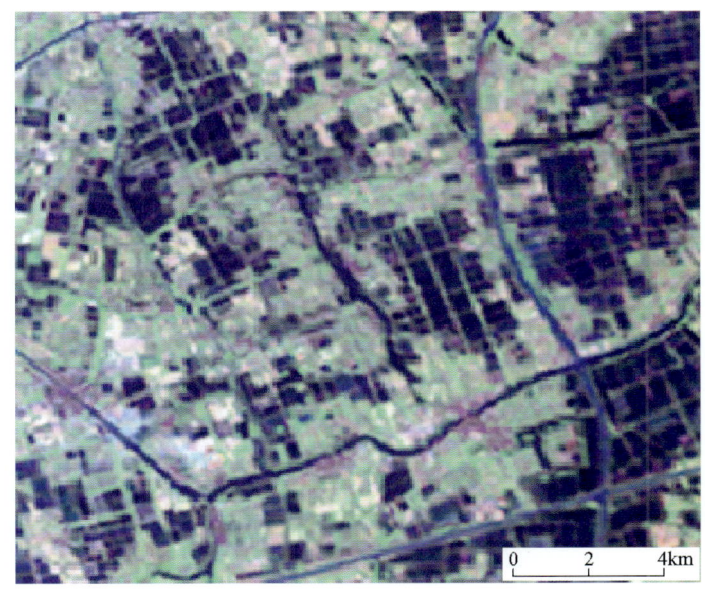

图 2-8 水域遥感影像特征

7. 海岸带滩涂

海岸带滩涂分布于大潮高潮位和平均低潮位之间,外侧与海水面为界,呈带状延伸。因沉积物性质不同、是否有植被、植被种类不同而呈现不同的色带,较易界定。遥感影像特征如图 2-9。

综上所述,可见图像上的颜色、形态和结构等特征和土地利用类型并不存在简单的对应关系,因此,

图 2-9　海岸带滩涂遥感影像特征

运用解译标志界定各类型的分布和边界时既要慎重又要灵活,而充分运用非图像资料的补充验证更是保证解译成果真实可靠的重要条件。

三、不同类型岩石的区域分布特点及其遥感特征

前已述及,江苏省 85% 的面积是平原区,且 15% 的低山丘陵区植被覆盖率又很高,因此,若要直接从遥感影像上提取岩石信息是相当困难的,仅能从岩石大类的空间展布特征上作些概述。

1. 沉积岩类

江苏省的沉积岩类岩石区域分布特点主要表现为呈线性体和弧线性体展布,构造线的区域方向十分明确,如徐(州)-宿(州)和宁(南京)-镇(江)弧形构造隆起带(包括江浦老山的构造隆起)、苏(州)-锡(无锡)旋扭构造隆起、盱眙和茅山北北东向线性构造隆起带等。由该类岩石形成的断块山地除宜(兴)溧(水)南部空间范围较大外,其他区域则呈规模较小的断隆断凸分布。

2. 变质岩类

该岩类主要分布在江苏北部东海—赣榆地区,是华北板块与扬子板块碰撞带的主要组成部分,也是超高压变质带的主要分布区。该类岩石主要为片岩、片麻岩或糜棱片麻岩类,分布区的遥感影像特征主要表现为团絮状,无明显的线性特点,地貌上主要反映为垄岗形态。除此之外,该岩类多呈零星的断块残丘分布于苏北平原区之上。

3. 火山岩类

该岩类主要分布在宁(南京)芜(芜湖)和茅山西部溧水地区,主要由中、基性岩类组成的丘陵岗地,在区域地貌特征上无明显的展布规律,较为杂乱。该岩类在宜溧南部地区也有分布。

四、区域地质构造特点及其遥感特征

遥感影像的区域构造信息提取着重于区域构造带的延展、区域性断裂以及环形构造3个方面。江苏省地跨华北陆块区、秦祁昆造山系大别-苏鲁造山带、扬子陆块区三大构造单元,构造形迹复杂,可划分为5个构造体系。

1. 东西向构造

东西向构造零散分布于北纬30°50′—35°10′之间。其主要特点是以断裂与断裂之间隆起、坳陷为主,褶皱次之。断裂规模大,延伸长。性质以压性为主,并伴有扭动。

2. 北东向构造

北东向构造形迹主要由一系列北东向褶皱、压性或压扭性断裂以及相对隆起与坳陷组成,由于受后期其他构造体系的叠加、复合、改造显得残缺不全。其中规模较大的断裂带有三条,即响水口-淮阴断裂带、金坛-如皋断裂带和湖州-苏州断裂带。

3. 北北东向构造

北北东向构造形迹遍及全省,由断裂、褶皱以及断褶隆起和大型坳陷带构成。主要构造带有郯庐(新沂-泗洪段)断裂带、海洲-泗阳断裂带、茅山断褶带、宁芜断褶凹陷带、盱眙断褶隆起带、泰州-金坛凹陷带等。根据区内北北东向构造在不同时期的活动特点,大体可分为早期、晚期及挽近3期。早期的北北东向构造主要活动于侏罗纪—早白垩世,导致大规模的火山喷发和岩浆侵入活动;晚期的北北东向构造主要活动于晚白垩世—古近纪,控制着该时期的坳陷带和盆地的成生发展;挽近时期的北北东向构造主要活动于新近纪—第四纪,形成大量玄武岩喷发,并产生规模较大的断裂构造。

4. 弧形构造

弧形构造主要由徐州-宿县弧形构造和盱眙-建湖弧形构造组成。徐州-宿县弧形构造是由古生界组成的一系列复式背斜、向斜及压扭性断裂,大致呈北东向。断裂分两组:一组与褶皱轴向平行,多为压扭性;一组为北西向,以张性断裂为主,是徐州市附近主要地下水富水带。

5. 南北向构造

南北向构造在江苏省不发育,仅在徐州地区见有踪迹。

第四节 前人研究程度

一、前人遥感工作程度

自20世纪70年代末期遥感技术开始在我国应用以来,江苏省的地质工作者们就结合当时的地质工作任务和专题地质研究课题开始了遥感地质信息提取工作。30多年来共完成部级、省级遥感项目数十项,主要有不同精度的区域地质调查中地质构造解译及地质生态环境调查、长江中下游(江苏段)河道演变研究、长江中下游遥感地质编图及区域矿产研究、海岸带资源及岸线变迁研究、太湖围垦调查、地质灾害调查、城市土地资源及环境地质调查等(表2-1)。

表2-1 江苏省及上海市遥感地质调查工作程度表

编号	报告名称	工作单位	完成年份
1	《苏南地区卫星像片地质构造解译报告》	江苏省地质矿产局地质综合研究所	1981
2	《太湖流域围湖遥感调查报告[1∶20万]》	江苏省地质矿产局地质矿产研究所	1986
3	《长江下游(南京—长江口)河道演变遥感调查报告》	江苏省地质矿产局地质矿产研究所	1986
4	《上海经济区海岸带遥感调查报告》	浙江省地质矿产局遥感地质站	1987
5	《连云港遥感综合调查成果报告》	地质矿产部地质遥感中心	1988
6	《江苏省海岸带地貌及海岸线演变遥感解译报告》	江苏省地质矿产局地质矿产研究所	1989
7	《宁镇地区遥感地质找矿研究》	江苏省地质矿产局遥感站	1990
8	《江苏省苏、锡、常土地利用变化调查报告》	江苏省地质矿产局遥感站	1990
9	《长江中下游地区遥感地质编图及区域矿产研究报告》	地质矿产部航空物探遥感中心	1990
10	《长江中下游地区矿田及矿区地质构造遥感专题研究报告》	地质矿产部航空物探遥感中心	1990
11	《长江中下游地区区域地质矿产遥感—岩浆热动力构造理论找矿专题研究报告》	地质矿产部航空物探遥感中心	1990
12	《江苏省遥感研究程度图》	江苏省地质矿产信息研究所	1998
13	《江苏省国土资源遥感综合调查》	江苏省计划经济委员会国土处	2001
14	《江苏省海岸带地质生态环境遥感调查报告》	江苏省地质调查研究院	2005
15	《长三角地区1∶25万基础地质遥感解译报告》	江苏省地质调查研究院	2006

上海市自20世纪80年代先后利用美国Landsat卫星图像、TM图像及1∶2万彩色红外摄影图像对长江河道演变、太湖湖围及区域构造,地貌、第四纪地层等均做了较系统的解释工作。

20多年来,江苏省在遥感技术应用方面越来越广泛,对土地资源调查、地质矿山勘查、农田水利、气象预报、森林调查、海洋预报、生态环境保护、灾害监测,以及城市规划、动态监测等方面的应用越来越重视,同时在地热、地质灾害和环境保护以及湿地资源调查等方面也广泛地应用了遥感技术。大部分已完成的1∶25万、1∶20万、1∶5万区域地质调查工作均有遥感技术配合,工作目的主要以解译地质构造为主,单独进行遥感矿产资源调查工作的较少。

遥感异常蚀变信息研究对于植被覆盖地区一般不宜使用,其他地质体与构造的信息提取在高覆盖区也有一定的难度,因此还需要使用传统的间接解译推断找矿信息。

二、工作程度评述

在过去诸多涉及到江苏省、上海市的遥感成果中,特别在遥感地质(矿产)研究方面,虽然针对构造、矿产、靶区预测等内容做了大量的数据处理、信息提取及分析研究,但仍觉得不够深入,在很多情况下对所提取的遥感信息的科学性难以确定,上述遥感调查工作为本次矿产资源潜力评价工作提供了基础资料,但也存在不足,体现在以下几个方面:

(1)江苏省以往的矿产资源遥感工作基本以研究成矿条件为主,直接应用在找矿方面的工作未能开展。20世纪90年代以来,资源卫星传感器识别精度有了较大幅度的提高,矿产资源波谱研究有了新进展,其中遥感找矿异常信息提取显示出在找矿领域的巨大应用潜力。随着计算机技术的快速发展及我国在西部地区利用遥感图像提取矿化蚀变信息的成功,在全省矿产资源调查中开展该项工作已经是迫在眉睫。

(2)综合利用物化遥(物探、化探、遥感)技术进行矿产资源潜力评价一直是我国矿产资源研究中的重点之一,GIS技术的飞速发展为实现这个方法提供了良好的平台,需要解决的是不同数据源的数据格式统一问题,建立标准的资源潜力评价系统很有必要。

(3)遥感工作的研究离不开实地的信息采集,在开展图像矿化蚀变信息的同时,一定要开展对应地区的地表蚀变信息的波谱信息的采集工作,这是开展矿化蚀变信息提取的基础,建议在江苏省及上海市重点成矿区(带)开展系统的地物波谱采集工作。

第三章　遥感资料应用工作内容与工作方法

第一节　遥感资料收集

一、遥感数据及其投影位置示意图、数据质量描述

(一)遥感数据源

工作区收集采用的主要遥感信息源为 ETM$^+$ 数据、ASTER 数据及 GEOEYE-1 数据。ETM$^+$ 数据具有单景数据覆盖面积大、空间和光谱分辨率较高等特点，数据投影位置示意图如图 3-1 所示。ASTER 是 Terra 卫星上的一种高级光学传感器，包括了从可见光到热红外共 14 个光谱通道，可以为多个相关的地球环境资源研究领域提供科学、实用的卫星数据。ASTER 传感器分成 3 个独立的子系统，分别处于可见光/近红外、短波红外、热红外波段。ASTER 影像的第一至第三波段位于可见光/近红外部分，空间分辨率为 15m；第四至第九波段位于短波红外部分，空间分辨率为 30m；第十至第十四波段位于热红外部分，地面分辨率为 90m，无论在可见光/近红外、短波红外还是在热红外部分，ASTER 的光谱分辨率都高于后者，数据投影位置示意图如图 3-2 所示。项目收集的 GEOEYE-1 卫星数据分辨率为 1m，主要分布在宁镇预测工作区范围。

(二)遥感数据质量评述

遥感图像用于地质解译较为理想。1∶25 万、1∶5 万、1∶50 万 3 种尺度图像层次丰富、纹理清晰、色调均匀、反差适中、色彩协调，影像接边色彩过渡自然，无明显接边痕迹，图像云量覆盖小于 5%，符合技术要求。

二、主要技术流程

遥感工作重点在遥感数据处理、遥感矿产地质特征解译与编图，主要数据源为不同分辨率的遥感卫星数据，其次是收集的相应工作区的地质资料及前人工作成果，通过对资料的处理及应用，编制了铜铅锌金磷预测工作区遥感影像图、铜铅锌金磷预测工作区遥感矿产地质特征及近矿找矿标志解译图、典型

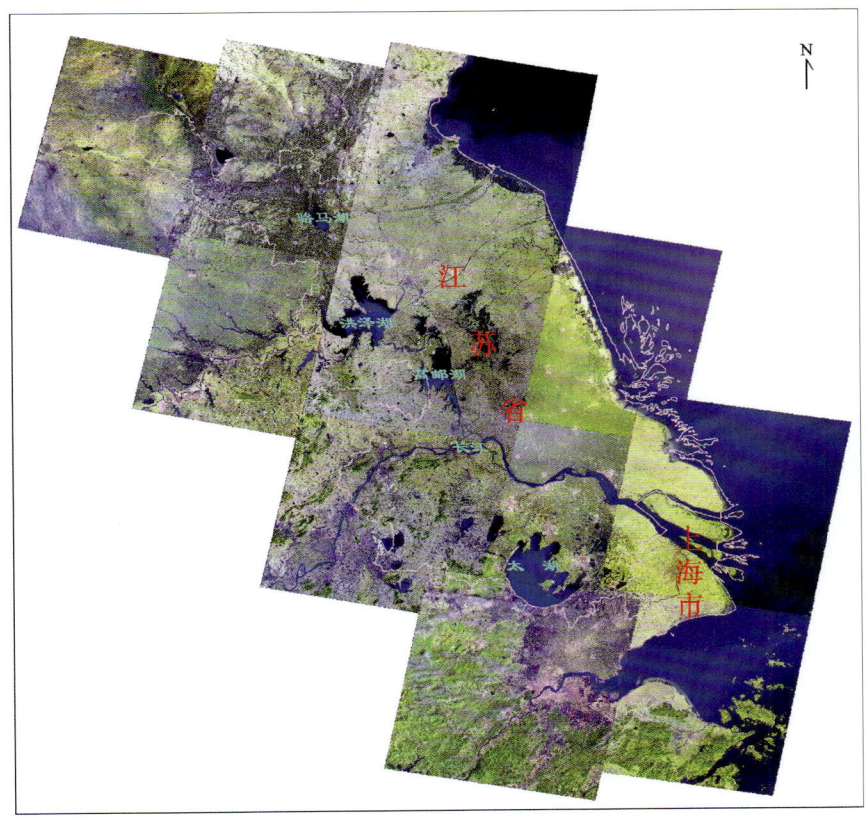

图 3-1 江苏省及上海市 ETM$^+$ 数据投影位置示意图

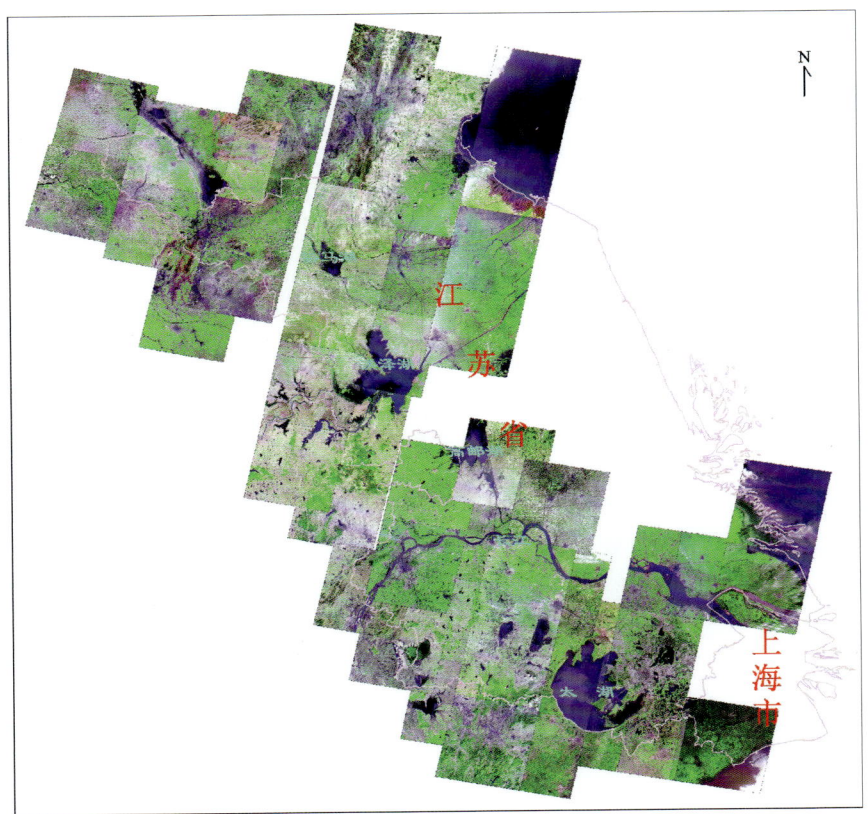

图 3-2 江苏省及上海市 ASTER 数据投影位置示意图

矿床工作区遥感影像图、典型矿床工作区遥感矿产地质特征及近矿找矿标志解译图。主要技术流程见图3-3,流程中遥感矿致异常提取仅在省级基础性图件及铁、铜、铅锌矿预测工作区图件中应用。

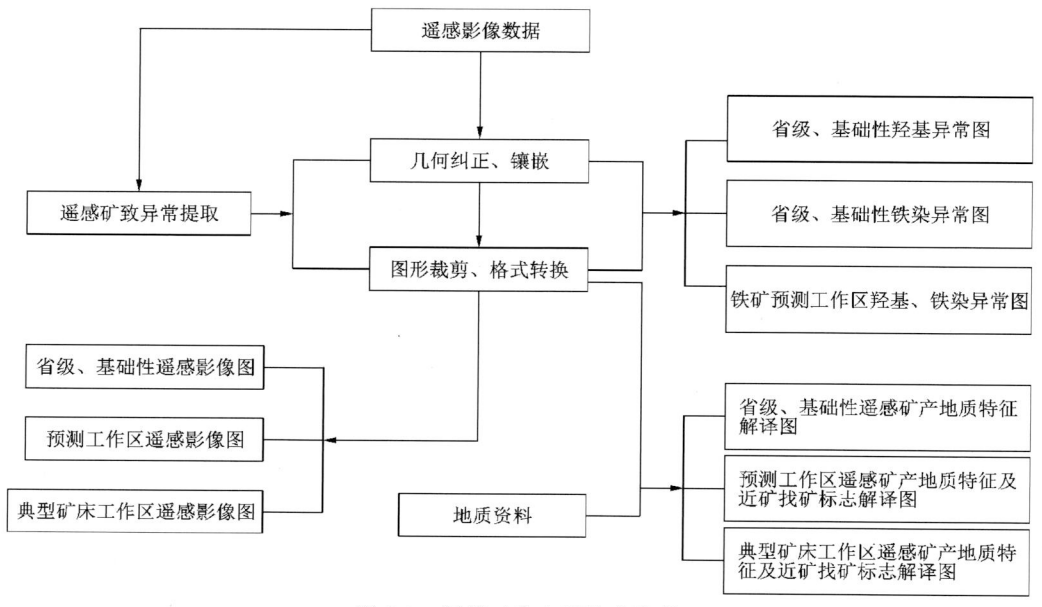

图3-3 遥感工作主要技术流程

第二节 遥感影像制图

一、遥感影像图的类型

(1)按比例尺划分。包括1:50万省级、1:25万标准分幅、预测工作区和典型矿床4种尺度图件。
(2)按格式划分。包括3类:TIF格式的成果图件、GeoTIFF影像、MSI影像。

二、遥感影像图的制作方法

为了提高遥感数据应用效果、改善图像数据质量,以及选择质量最好的部分用于影像图制作,首先对收集到的遥感数据进行检查与预处理,使编制的多波段合成影像图能够满足矿产地质特征解译的要求。

在进行遥感影像图制作前,对遥感数据进行几何校正、图像之间的配准、图像融合、图像镶嵌等预处理工作,以消除各种影响(图3-4)。

遥感影像图坐标系采用1954北京坐标系,高斯-克吕格投影。每景图像均采用多项式纠正法的原理进行纠正,双线性法重采样。为保证精度,Landsat-7 ETM$^+$图像数据所有控制点在1:10万或1:5万地形图上选取,每景ETM$^+$影像控制点个数大于10个,并保证每幅图像控制点中误差小于1个像元;ASTER图像数据所有控制点均在1:5万地形图上选取,每景ASTER影像控制点个数大于10个,并

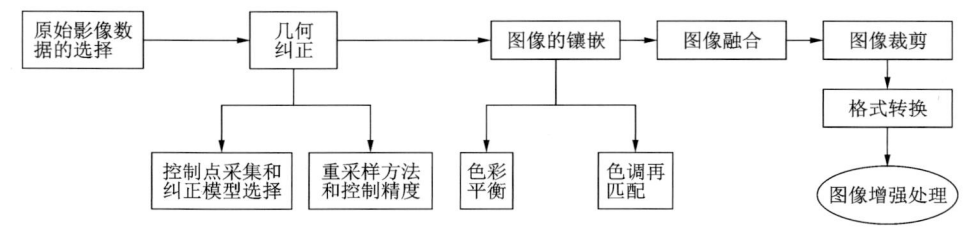

图 3-4 遥感影像的处理过程

保证每幅图像控制点中误差小于 1 个像元;GEOEYE-1 图像数据采用 DEM 及 RPC 参数正射纠正,控制点在 1∶5 万地形图上选取,控制点个数在 5 个左右,控制点中误差在 3 左右,受地形图比例尺所限,大比例尺典型矿床影像纠正精度无法提高。

(一)遥感图像数字预处理

在进行遥感影像制图时需要对其进行无缝数字镶嵌。遥感镶嵌图像应具备 3 个基本条件:信息丰富、色调和谐、镶嵌的几何精度高。为满足这些条件,需要对镶嵌前的不同时相遥感图像进行以下几点操作。

1. 波段组合选取

为获取整个工作区信息丰富、可读性强、实景性的基础图像,波段组合的选取是区域性、基础性影像的制作重点之一。通过相关性、离散度等统计分析方法,优选出 ETM$^+$ Band7、Band4、Band1 波段为最佳波段组合。对于 ASTER 数据,G:Band2、G:Band1、B:(3 * Band1 + Band3)/波段组合。合成图像接近自然色彩,信息丰富、易于地物识别。

2. 几何配准

在相邻图像的重叠区内选择相同地物作为控制点,在采集同名点时,其配准精度均控制在 1 个像元以内,并以其中一幅图像为基准图像,另一幅图像为参考图像,采用双线性插值法对参考图像进行重采样,达到图像间几何配准的目的。

3. 色调匹配

在相邻图像之间进行直方图匹配,以一景图像像元灰度的均值和方差为参考标准,变换另一景图像像元的灰度值,使它的均值和方差与参考图像的均值和方差接近。

4. 影像融合

将 ETM$^+$ Band1、Band5、Band7 波段(多光谱波段,图 3-5)30m 数据与第八波段(全色波段,如图 3-6)15m 数据与进行融合处理,融合后的图像(图 3-7)色彩丰富,影纹清晰,分辨率为 15m,满足 1∶5 万预测工作区遥感地质解译精度要求。

5. 图像剪裁

对配准后的镶嵌图像按各类型图件要求范围进行剪裁,分别生成省级图件、标准分幅图件及预测工作区图件,作为后续工作的基础图件。

图 3-5　ETM⁺ 多光谱波段影像

图 3-6　ETM⁺ 全色波段影像

图 3-7　ETM⁺ 融合后的影像

6. 格式转换

将制作的标准遥感影像平面图存储为 *.TIF 格式,然后转换为 MapGIS 内部图像格式 *.MSI 格式,以便于人-机交互解译。

(二)遥感图像的增强处理

为了增强遥感图像上的矿产地质特征信息,需要对其进行数字图像增强处理,以便于肉眼识别遥感矿产地质特征中的色、块、线、带和环,并为后续的专题处理提供基础资料。常应用灰度拉伸、直方图调整、直方图均衡化、直方图匹配、线性或非线性扩展、RGB 假彩色合成等常规的数字图像增强处理技术。

三、遥感影像图的精度

在 MapGIS 软件中分别打开 1∶25 万、1∶5 万、1∶50 万影像图,叠加 1∶10 万或 1∶5 万地形图,分别检查等高线与地形、道路与线状地物的吻合程度。结果表明，影像图与地形图要素套合吻合，影像平面精度能满足遥感解译、编图要求。

第三节　遥感地质解译与编图

一、遥感地质解译基本原则

坚持以地质观察为基础，根据地质观察而获取的区域资料是地质构造研究的基础资料，所有多元信息研究都必须在此基础上进行补充、完善、延伸和修正；坚持以专业本身的科学理论原理为依据，避免把特定条件下的推断解释方法泛化为无条件下的推断解释，把推断解释工作简单化，造成违背本学科原理的错误论断；坚持实事求是的科学原则，首先按照本学科的原理进行推断地质解释，然后再进行跨学科的综合分析，予以取舍。

二、遥感地质矿产解译基本内容

（一）遥感区域构造形迹解译

遥感区域构造形迹解译主要采用线要素和环要素两种。

（二）遥感矿产地质特征及近矿找矿解译标志解译

1. 线要素

线要素主要包括断裂构造、脆-韧性变形构造、逆冲推覆构造、褶皱轴、线性构造蚀变带等基本构造类型。通过目视解译，判断断裂构造空间展布特征、性质等。解译的线要素在图面上要能起到支撑区域构造格架的作用。

2. 带要素

带要素主要包括赋矿地层、赋矿岩层相关的遥感信息。不同板块、不同地质构造单元、不同目的矿种的赋矿层位或矿源层位都不尽相同，因此带要素的具体含义亦不尽相同。带要素解译应根据赋矿岩层以带状影像体显示在图像上的标志特点，在参考地质资料的基础上，分析对比正常影像与异常影像间的差别，找出有利矿化的部位和岩段。确切地讲，遥感只解译发生在区域矿源层范围内或其附近地带的有可能矿化的具体部位。

带要素要按照实际解译的大小标绘，不得照抄地质图形态、大小和位置，可比照标准影像延伸解译或连图，以达到发现新矿源层或新线索的目的。遥感解译图上标绘的带要素是各自封闭的平面二维要素，不考虑上下层位及与相邻层位的叠置和接触关系。

3. 环要素

环要素是由岩浆岩侵入、火山喷发和构造旋扭等作用引起,遥感影像上显示出环状特征的地质体。类型包括与小岩株/斑岩体相关的环要素、与花岗岩侵入体或侵入作用相关的环要素、与火山机构或火山作用相关的环要素、与围岩蚀变相关的环形封闭状环要素、与构造活动相关的环要素、与沉积岩层,环状褶皱相关的穹隆构造等。地质意义清楚或与矿关系密切者,重点或夸大表示;地质意义不明确、影像似是而非者不做标绘。

4. 块要素

块要素由断裂相互切割、地质体相互挤压、拉裂、旋扭和剪切等引起,遥感影像上呈现方形、长方形、三角形、圆形、椭圆形、环带形、菱形、多边形等形态;是地质构造作用的薄弱位置,是成矿作用或找矿预测的线索部位,对找矿具有指示意义。

5. 色要素

在常规目视遥感解译中发现的有别于正常地质体的色调异常称为色要素。与矿相关的色要素主要指来源于地质体围岩热液蚀变、同化混染、物质的代入与代出以及矿化等引起的有别于环境地质体的部分,对金属矿床、矿化具有指示意义。

6. 遥感近矿找矿标志

遥感近矿找矿标志有脉岩类,包括石英脉、中酸性脉岩等,断裂构造破碎带、蚀变带、各种围岩蚀变带或矿化蚀变带、花岗岩等中酸性岩体与围岩内外接触带出现异常的部位。在大于1∶5万比例尺专题图件上尽可能详细标注遥感近矿线索解译成果,图斑较小者夸大表示。在1∶5万~1∶25万综合信息矿产预测解译中,重点识别具有诊断性意义的线、带、环、块、色五大类遥感地质信息;在预测有关矿产为直接目的大于1∶5万比例尺地质解译中,识别有一定找矿指示意义的遥感要素及遥感近矿找矿线索信息。

编图内容及要求见表3-1。

表3-1 遥感地质编图要求

图式	标准分幅遥感矿产地质特征解译图	遥感构造解译图	遥感矿产地质特征及近矿找矿标志解译图
比例尺	1∶25万	1∶50万	1∶5万及以上
图式	1∶25万标准分幅	自由分幅(省界)	自由分幅(预测区和典型矿床)
编图内容	线、环、色、带、块遥感要素	线、环遥感要素	线、环、色、带、块遥感要素及近矿找矿标志
图层设置	遥感带状要素 遥感色要素 遥感断层要素 遥感脆韧性变形构造带要素 遥感逆冲推覆滑脱构造要素 遥感环状要素 遥感块状要素	遥感断层要素 遥感脆韧性变形构造带要素 遥感逆冲推覆滑脱构造要素 遥感环状要素	遥感带状要素 遥感色要素 遥感断层要素 遥感脆韧性变形构造带要素 遥感逆冲推覆滑脱构造要素 遥感环状要素 遥感块状要素 近矿找矿标志
底图	简编地理底图		

三、遥感地质矿产解译编图方法

(一)遥感解译方法

目视解译法:主要根据解译标志从影像上判断地面目标或特征,通过影像单元和各种地物标志建立解译标志,根据肉眼对经过特定处理后的遥感图像的判别,进行地物类别区分和归并进而编图。遥感解译标志包括直接解译标志和间接解译标志。直接解译标志包括形状和大小、色调或颜色、阴影、纹理、位置等,间接解译标志是通过其他地物在影像上反映出来的直接标志间接判断地物的存在及其属性。

人机交互解译法:以 PCI 软件为工作平台,利用多种遥感数据影像为信息源,提取专题信息,利用 MapGIS 图形处理模块的编辑功能,圈定图斑。对解译的成果,添加地理信息内容(如经纬度、行政界线、交通、水系、注记等)。最后进行图面整饰,完成专题图件的解译编绘。

本次遥感解译以目视解译为主、人机交互解译和计算机解译为辅的方法进行,采用初步解译、详细解译和最终解译 3 级解译方式和"多级识别—逐步分解—横向对比—综合验证"的工作方法,本着从已知到未知,从整体到局部的原则,从遥感影像上客观、真实地提取遥感"五要素"特征和与成矿有关的遥感信息。以 PCI、ArcGIS、MapGIS 等软件为工作平台,解译成果最终格式为 MapGIS 的点、线、面文件,并在 GeoMAG 软件中实现属性挂接。

(二)解译精度

1. 线要素

当图像中线状要素长度大于或等于 10cm(规定比例尺的成果图上),并认为与成控矿断裂可能相关时,均应予以提取标出。

2. 带要素

带要素若有条件应解译到岩性层。凡宽度大于或等于 600m 的带要素均应加以标示,重要的带要素宽度小于 600m 时应夸大表示。

3. 环要素

在规定比例尺的成果图上,解译环状影像短轴长度大于或等于 1cm,均应予以标示,意义重大或与成矿关系密切的环形影像应夸大表示。

4. 块要素

遥感图像中经解译认为可能与成控矿有关的块状地质体,当长轴小于或等于 10cm(规定比例尺的成果图上)时,均可整体提取。当长轴大于 10cm 时,可重点圈定可能与控矿密切相关部分。

5. 色要素

遥感图像中经解译认为可能与成控矿有关的色彩异常体应加以提取,当色要素短边长度在图上小于 5mm 时,可放大表示。

(三)遥感地质解译侧重点

遥感地质解译的基本内容属于地质学范畴,尤其是地质构造与矿床学内容,全部源于在各种遥感图像上的地质观察、判读和解释的结果。在工作比例尺为1:25万地质构造解译中,图面基本内容包括线性构造和环形构造两大类;在1:5万综合信息矿产预测解译中,重点识别具有诊断性意义的线、带、环、块、色五大类遥感地质信息;在预测有关矿产为直接目的大于1:5万比例尺地质解译中,除识别有一定找矿指示意义遥感要素外,注意发现蚀变带等遥感近矿找矿线索信息。

第四节 遥感异常提取

一、遥感异常提取基本单位

遥感异常提取技术统一采用比较成熟的克罗斯塔技术和光谱角监督分类技术,一次性异常提取,以"景"为单位。

二、异常提取对象

省级遥感专题提取羟基和铁染两种异常。

三、遥感异常提取方法

(一)异常信息提取原理

岩石中常见的蚀变类型在研究区主要成矿区(带)上均有出露,如绿泥石化、绢云母化、高岭土化、褐铁矿化、黄铁矿化等。从理论上说,上述蚀变类型均含有 Fe^{2+}、Fe^{3+} 离子或 OH^-、CO_3^{2-} 离子。与这些基团构成的岩石矿物与硅、铝、镁和氧形成的主要造岩矿物相比,在美国 Landsat-5/7 号陆地卫星 TM/ETM$^+$ Band1、Band2、Band3、Band4、Band5 和 Band7($0.45 \sim 2.35 \mu m$)波段上存在明显的特征谱带(表3-2)。

表3-2 对岩石矿物反射光谱起主导作用的离子和基团的重要吸收谱带

离子或基团	特征吸收波谱中心(μm)	对应的TM波段(μm)	异常提取依据	典型矿物及分子式
二价铁离子(Fe^{2+})	$1.1 \sim 2.4$,因矿物不同而异			

续表 3-2

离子或基团	特征吸收波谱中心（μm）	对应的 TM 波段（μm）	异常提取依据	典型矿物及分子式
三价铁离子（Fe^{3+}）	0.45、0.55、0.85、0.90、0.94	TM1(0.45~0.52) TM2(0.52~0.62) TM4(0.76~0.90)	TM3(0.63~0.69)亮度值偏高，而 TM1、TM2、TM4 亮度值偏低	赤铁矿 Fe_2O_3 针铁矿 $FeO(OH)$ 黄钾铁矾 $KFe_3(OH)_6(SO_4)_2$
羟基（OH^-）	2.20 2.30	TM7(2.08~2.35)	TM5(1.55~1.75)亮度值高于 TM7 亮度值	高岭石 $Al_4(Si_4O_{10})(OH)_8$ 叶蜡石 $Al_2(Si_4O_{10})(OH)_2$ 白云母 $KAl_2(AlSi_3O_{10})(OH)_2$ 滑石 $Mg_3(Si_4O_{10})(OH)_2$ 蛇纹石 $Mg_6(Si_4O_{10})(OH)_8$
碳酸根离子（CO_3^{2-}）	1.90、2.00、2.16、2.35、2.55	TM7(2.08~2.35)		方解石 $CaCO_3$ 白云石 $CaMg(CO_3)_2$

其中，铁化和泥化是蚀变信息提取的主要目标。一般认为，铁化（褐铁矿化）具有独特的颜色（褐红色、黄褐色），在波谱曲线上有两个明显的吸收带（图 3-8a），第一个吸收带位于 0.4~0.5μm（相当于 TM1 波段）处，第二个吸收带位于 0.8~1.0μm（相当于 TM4 波段）处，在 0.63~0.69μm（相当于 TM3 波段）附近反射相对较高，因此含有 Fe^{3+} 矿物的岩石，可使其在 TM4、TM1 及 TM2 图像上亮度值降低，而使其在 TM3 图像上相对呈高值。与热液作用有关的泥化蚀变如高岭土化、绿泥石化、绿帘石化、绢云母化等在 2.08~2.35μm（相当于 TM7 波段）附近有一个较强的光谱吸收带，在 1.55~1.75μm（相当于 TM5 波段）附近存在较高的反射率（图 3-8b）。

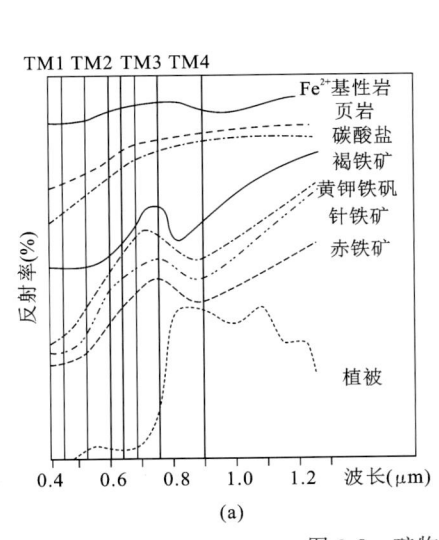 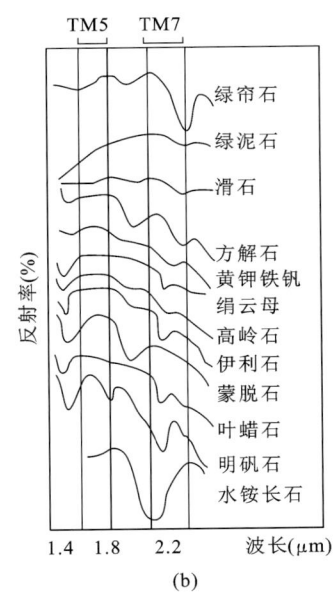

图 3-8 矿物的反射光谱特征图

1. 羟基异常提取原理

用 TM1、TM4、TM5、TM7 波段做掩模主成分分析（Masking Principle Component Analysis），以均值 $\pm 3\sigma$（标准离差）作为主分量输出的动态范围，获得蚀变遥感异常（HAA，Hydrothermal Alteration

Anomaly)主分量。异常主分量的本征向量应具特点是 TM7 和 TM4 的贡献系数与 TM5 的贡献系数符号相反,而且 TM7 与 TM5 越高越好,如果 TM7 贡献率符号为正应取反。

利用 TM1、TM4、TM5、TM7 做主成分分析,提取出的羟基异常(或称泥化异常)经野外验证表明,较好地反映了该蚀变带的分带情况,蚀变主要以绿泥石化、绿帘石化和绢云母化为主,蚀变较强烈的部分正是羟基一级异常的分布位置。

2. 铁染异常提取原理

用 TM1、TM3、TM4、TM5 波段做掩模主分量分析,同样以均值±3σ 作为主分量输出的动态范围。异常主分量的本征向量应具特点是 TM1 和 TM4 的贡献系数与 TM3 的贡献系数符号相反,而且 TM1 与 TM3 贡献系数越大越好,TM1 贡献系数符号如果为正号应取反。

(二)异常信息提取方法

遥感图像各波段间存有一定的相关性,为了减少相关性对分类的影响,常使用主分量分析法去相关。主分量分析基于变量之间的相互关系,在信息总量守恒的前提下,利用线性变换的方法来实现去相关性。由于所获各主分量之间不相关,故各主分量之间信息没有重复或冗余。

主分量分析的这一基本性质在蚀变异常信息提取中被充分利用。TM 多波段数据通过 PCA 所获每一主分量常常代表一定的地质意义,且互不重复,即各主分量的地质意义有其独特性。用 TM1、TM4、TM5、TM7 四个波段进行 PCA,对代表羟基化物主分量的判断准则是构成该主分量的本征向量,其 TM5 系数应与 TM7 及 TM4 的系数符号相反,TM1 一般与 TM5 系数符号相同。依据有关地物的波谱特征,羟基信息包含于符合这一判断准则的主分量内,故此主分量可称为羟基异常主分量。

用 TM1、TM3、TM4、TM5 四个波段进行 PCA,对代表铁染物主分量的判断准则是构成该主分量的本征向量,其 TM3 系数应与 TM1 及 TM4 的系数符号相反,TM3 一般与 TM5 系数相同,同理,可将该主分量称为铁染异常主分量。

(三)遥感异常提取的工作流程

本项目采用统一要求的 PCI 软件进行遥感异常信息提取(图 3-9),依据由航遥中心张玉君教授主编的《遥感异常提取方法技术推广》教材以及全国矿产资源潜力评价项目中规定的数据库属性内容为标准,为顺利完成该试验区遥感异常信息提取以及异常信息数据库的建设提供了有利的基础。

1. 软件平台的选择

遥感异常信息增强和提取处理方法工作流程如图 3-9 所示。归纳为:选择基础图像→主成分分析→统计分析→异常提取。

2. 数据预处理

1)TM/ETM$^+$ 数据的检查评价

遥感异常提取对 TM/ETM$^+$ 数据质量要求较高,因此在进行异常提取工作的初始阶段,必须对要使用的 TM/ETM$^+$ 数据进行严格的检查筛选。为了更多地获得与矿化蚀变有关的信息,一般要求 TM/ETM$^+$ 数据的时相尽可能地选择在植被不发育、冰雪较少的季节,同时获取的数据云量要少。

2)去边框

TM 各波段数据在全景中起止列数不一致,TM1 起始列数最左,TM5 终止列数最右。为了获得精确的统计性和处理结果,应把东、西两头数据不齐的像素去除,使之不参与 PCA 处理,这是处理全景图

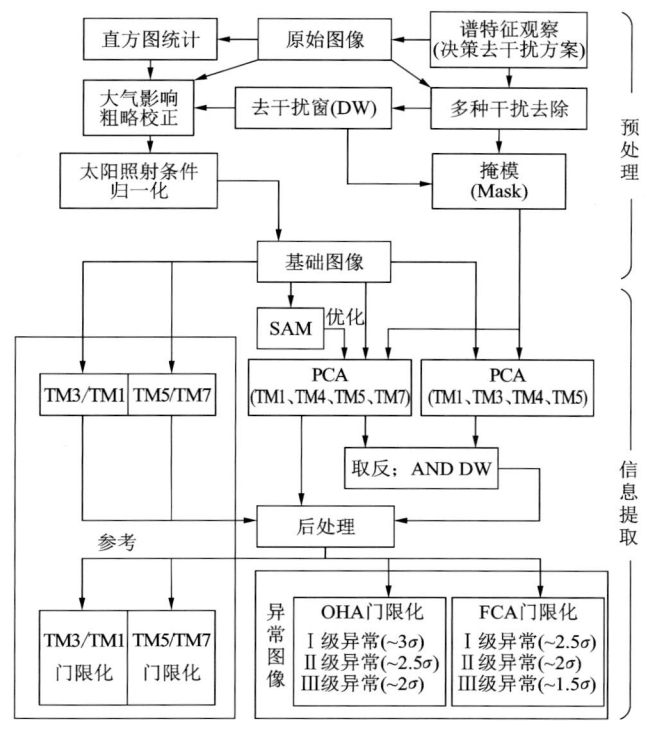

图 3-9 基于 PCI 软件系统进行遥感异常信息增强和提取处理方法工作流程图

时遇到的第一个与局部图像处理不同的问题。具体做法是通过乘法(TM1×TM5)形成边框二值图像：$(\text{Lut} \frac{\text{Min}=0}{\text{Max}\geqslant 1}) \rightarrow (\text{Lut} \frac{\text{Min}=0}{\text{Max}=255})$，即从运算后的 Min＝0，Max≥1 拉伸为边框二值图像的 Min＝0，Max＝255。

3）无损失拉伸

《多元分析》一书中明确指出主分量分析有一个明显的特点，这就是分量依赖于测量初始变量所用的尺度，并指出可将初始变量标准化来改善。为此并考虑到充分利用图像处理中数据的动态范围，经过去干扰各波段数据在进行主分量分析之前，还要被拉伸，但这种拉伸应是无损失的，也就是说，高低端不做压缩；这种拉伸还必须是线性的，因为主分量分析是一种线性变换，做非线性（如直方图均衡化）拉伸便无法得到正确的主分量分析结果。

无损失拉伸目的：消除大气程辐射(path radiance)影响及探测线路的偏置(offset)；扩大各波段动态范围。其方法是将去扰后的各波段用概率密度分布功能(histogram)统计出各波段亮度的最小值、最大值，并在最小值、最大值之间进行线性拉伸，形成基础图像。经过无损失拉伸的 TM 波段数据的直方图有一定改善，各波段直方图的中心位置及动态范围比较一致。此外低端天空光的影响大部分也自动消除。

3. 去干扰处理

在进行异常提取时，一景 TM/ETM$^+$ 数据覆盖范围内的干扰地物，如白泥地、干河道、冲积扇、雪、云、结冰的湖水、雪域周边湿地、河道两侧的湿地、沼泽以及阴影等经常产生干扰异常或伪异常。

去干扰工作的目的是通过波谱特征观察，灵活选用不同的数学方法（比值分析、高端切割和低端切割等方法），将非目标图区及非目标地物经数字处理归入干扰窗，以便获得基础图像；形成掩模，以便进行掩模主分量分析，尽可能地减少干扰物（水体、植被、云、盐碱地、阴影等）对异常提取工作产生的影响。

1）阴影区

地形起伏常常遮挡阳光的照射，形成阴影区，阴影区可分为全阴影区和半阴影区，其间可有临界阴影区。根据阴影区的反射光谱特征,可以用(TM1/TM7)>1作为判据消除其影响,即将(TM1/TM7)>1的像素划入干扰窗。一般(TM1/TM7)>1是消除干扰的很好的判据,但如果图面上有需要保护不受伤害的暗色岩,则此比值不适用,改用TM7独立处理(低亮度值切割)。

2)植被

植被是矿致遥感异常提取过程中的常见干扰因素。绿色植物的叶子是由上表皮、叶绿素颗粒组成的栅栏组织和多孔薄壁细胞组成的,入射到叶子上的太阳辐射透过上表皮,蓝、红光波段的光辐射被叶绿素全部吸收而进行光合作用;绿光的大部分也被吸收,但仍有一部分被反射,所以叶子呈绿色;而近红外波段(TM4波段的波长为 $0.76\sim0.90\mu m$,属近红外波段)可以穿透叶绿素,被多孔薄壁细胞组织所反射,因此,在近红外波段上形成强反射,所以对绿色植被来讲,它们在可见光蓝、绿、红及近红外波段处的反射率是不同的。

一般采用(TM4/TM3)>1来去除植被干扰。该方法的缺点是,将植被覆盖区整体去除了,没有考虑到部分植被稀疏地区的光谱信息中可能隐藏着矿致遥感异常信息。在TM5($1.55\sim1.75\mu m$)及TM7($2.08\sim2.35\mu m$)波段植被反射的特点:在TM5波段反射率高于在TM1、TM2、TM3波段的反射率;在TM5波段反射率应低于在TM4波段的反射率;在TM7波段反射率接近TM1、TM2、TM3波段的反射率。即如果没有其他因素,仅仅是植被的反射,TM4应超过TM5,亦即只有当除了植被外尚有其他地物的作用下,TM5才能超出TM4。因此,提出以(TM5/TM4)为判据。当TM5/TM4≤1,视为植被全覆盖区;当TM5/TM4>1,视为植被半覆盖区。

以(TM5/TM4)≤1消除植被干扰,较之(TM4/TM3)>1的优点是保留了半覆盖区;缺点是可能伤害部分暗色岩,但未伤及异常。(TM4/TM3)>1处理不伤暗色岩,后者所获异常无一受损。

3)云

由于遥感影像数据的获取手段,每一景TM/ETM$^+$数据中均或多或少地含有可产生干扰异常的云。根据图像采样统计结果,云的反射光谱特征表现为TM1、TM2、TM3的灰度值相对较高,TM5、TM7的灰度值相对较低。根据试验,我们采用了TM1高端切割的方式来产生消除云干扰的去干扰窗。实践表明,该方法不仅可以有效消除由云产生的伪矿致遥感异常,而且可以帮助消除部分由盐碱地产生的伪异常。

4)水体

水体的反射光谱特征表现为,在陆地一侧,TM7>TM1;在水体一侧,TM7<TM1,且TM7的灰度值在岸线附近发生急剧变化,由陆地一侧的相对高亮度值变化为水体一侧的低亮度值。因此,可以选用TM7的低端切割来产生消除水体干扰的去干扰窗;也可以用TM7/TM1作为判据。但后者需要注意是否伤害暗色岩。

5)盐碱地

盐碱地的反射光谱特征一般表现为TM3的灰度值相对较高,其次依次为TM5、TM7、(TM4)、TM2、TM1;在潮湿的情况下,TM5、TM7的灰度值降低。试验表明,可以用TM3或TM4的高端切割,生成消除盐碱地的去干扰窗。

此外,还可以利用高端切割的方法来消除雪、冰等的干扰;用比值切割的办法来消除湖泊、湿地等的干扰。

4. 主成分分析

主成分分析是统计决策法的一种。统计决策法是用统计的方法推得识别标准,并根据它来判断类别的方法。是将离散系数转变成非相关系数的变换,将连续数据转变成非相关系数集合的类似变换,主成分分析又称为K-L变换或霍特林变换。K-L变换的方法是以最小均方差为准则,将原特征向量作变换后压缩维数的方法。

提取羟基异常:对数据作准归一化处理并对各景数据Band1、Band4、Band5、Band7波段掩膜后进行主成分分析(Masking Principal Component Analysis),以±4σ(标准离差)作为特征向量输出的动态范围,以0～255为拉伸后的数据集合范围,获得蚀变异常特征主分量。特征向量应具有的特点是:Band5与Band7的符号相反,且Band5的绝对值较大,符合这类矿物在Band5波段高反射,Band7波段强吸收的光谱特征。若所得特征向量文件中Band5的符号为正,Band7的符号为负,则该特征向量可直接输出为特征主分量;若所选特征向量的波段符号与之前所述相反,则输出前应将特征向量所属波段文件进行变换符号的计算。

提取铁染异常:对数据作准归一化处理并对各景数据Band1、Band3、Band4、Band5波段掩膜后进行主成分分析(Masking Principal Component Analysis),以±4σ(标准离差)作为特征向量输出的动态范围,以0～255为拉伸后的数据集合范围,获得蚀变异常特征主分量。特征向量应具有的特点是Band3与Band1的符号相反,且Band3的绝对值较大,符合这类矿物在Band3波段高反射,Band1波段强吸收的光谱特征。若所得特征向量文件中Band3的符号为正,Band1的符号为负,则该特征向量可直接输出为特征主分量;若所选特征向量的波段符号与之前所述相反,则输出前应将特征向量所属波段文件进行变换符号的计算。

5. 遥感异常分级

对经过数据拉伸的特征主分量文件进行分级操作,遥感异常由高到低可分为3级,每级间的$K\sigma$值相差0.5,$K\sigma$值最大的为一级,次之为二级,最小的为三级。异常的分级利用标准离差的倍数$K\sigma$,采用不同的$K\sigma$得到的异常范围就不同。本次异常提取分级操作是根据$K\sigma$与灰度值的对应关系确定的,一至三级每级间的$K\sigma$值相差0.5,各景影像异常提取采用的$K\sigma$值为3.0、2.5、2.0,将异常分为3级,从一级异常到三级异常表现为从强至弱。将异常用感兴趣区分级,然后保存为分类文件。

标准离差的灰度值范围如表3-3所示:

表3-3 标准离差的灰度值范围表

标准离差倍数($K\sigma$)	切割水平值		异常级别(强或弱)
	低值	高值	铁染异常
3.0	224	255	一级
2.5	208	223	二级
2.0	192	207	三级

6. 拼合异常

在PCI中将各级别的异常分类以其所属进行拼合,便于对异常的整体处理,同时便于后期根据标准图幅范围进行裁剪。

7. 文件转换

利用PCI的栅格转矢量功能将提取的三级异常类文件分别转换为矢量文件(Shapefile格式 *.shp),然后运用MapGIS6.7的文件转换功能将异常Shapefile文件转换为MapGIS通用的 *.WP格式。

8. 拓扑处理

将异常信息文件运用MapGIS进行拓扑分析,使所得三级异常合并以后具有正确完整的拓扑关系。

9. 投影裁剪

运用 MapGIS 的投影变换和裁剪等功能，将所获得的异常信息进行投影变换，根据本工作区范围，裁切出工作区标准图幅异常图，图框依然使用 MapGIS 的投影变换功能自动生成。本图采用的矢量库、字库的是项目组提供的 GeoMAG 软件所带的 Slib 矢量库和 Clib 字库。

10. 建库成图

使用项目组统一配发的 GeoMAG 软件对裁剪后的分幅异常进行属性挂接，同时添加标准结构的辅助要素，最终建库成图。

第五节 遥感数据库建立

一、遥感数据库的概述

1. 原则

依照《全国矿产资源潜力评价数据模型规范》，对江苏省及上海市矿产资源潜力评价遥感专题解译调查编制的各类影像图件、基础图件、综合图件等，按照一图一库原则分别建立遥感专题数据库。采用全国矿产资源潜力评价综合信息集成组提供的 GeoMAG V3.10 为本项目的专用软件，进行江苏省及上海市矿产资源潜力评价遥感专题解译数据库的建设。

2. 数据模型与属性

针对本专业不同层面、不同比例尺度的成果进行建库模型《全国矿产资源潜力评价数据模型——遥感分册》。包括：专业谱系特征分类代码、图件及图层命名清单、库及属性表清单等内容。

3. 软件系统

本项目的软件平台为 MapGIS 地理信息系统软件和其平台上二次开发的 GeoMAG 模型软件。

二、原始遥感资料数据库

原始遥感资料是由全国项目办提供的 Landsat-7 ETM$^+$ 影像数据，11 景数据，数据格式为 FST。原始数据已进行数据编码，已符合入库要求。

三、遥感成果数据库

1. 遥感影像图数据库

（1）遥感影像图数据库，包含 *.Geotiff、*.msi 和 *.tif 三种格式的遥感图像。

(2)1:25万标准分幅遥感影像图数据库。对11幅1:25万标准分幅遥感影像图分别建库,每幅影像图数据库均包含*.Geotiff、*.msi和*.tif三种格式的遥感图像。

(3)预测工作区遥感影像图数据库。对10个矿种预测工作区分别建立遥感影像数据库,各预测工作区遥感影像图数据库均包含*.Geotiff、*.msi和*.tif三种格式的遥感图像。

2. 遥感解译图数据库

1)1:50万遥感构造解译图数据库

遥感构造解译图除地理信息外,遥感解译内容包括遥感解译的断层、脆韧性变形构造带以及遥感解译的环形构造3项内容。

2)1:25万标准分幅遥感矿产地质特征解译图数据库

1:25万遥感矿产地质特征解译图除地理信息外,遥感解译内容包括遥感解译的断层、脆韧性变形构造带、遥感解译的环形构造、遥感解译块要素、遥感解译色要素及遥感解译带要素6项内容,前3项属性结构与1:50万遥感构造解译图3项遥感解译内容属性结构一致。

3)预测工作区遥感矿产地质特征与近矿找矿标志解译图数据库

预测工作区遥感矿产地质特征与近矿找矿标志解译图数据库是在MapGIS 6.7平台上,给各图层建立属性结构并赋属性,然后利用GeoMAG软件进行规范,形成各预测工作区遥感矿产地质特征与近矿找矿标志解译图数据库成果。

各预测工作区均采用1954北京坐标系,高斯-克吕格投影方式,6度分带,比例变形因子1.00,投影原点纬度00°00′00″,假东偏移500 000m,假北偏移0.00m;宁芜、溧水、宁镇、徐州-利国、宜溧5个预测工作区投影原点经度为117°00′00″,成图比例尺为1:5万;东海-新沂预测工作区投影原点经度为117°00′00″,成图比例尺为1:10万;苏州西部预测工作区投影原点经度为123°00′00″,成图比例尺为1:5万;连云港-泗洪预测工作区投影原点经度为117°00′00″,成图比例尺为1:25万。

属性图层包括遥感断层要素、遥感脆韧性变形构造带要素、遥感逆冲推覆滑脱构造要素、遥感环状要素、遥感块状要素、遥感色要素、遥感带状要素、遥感近矿找矿标志要素及遥感最小预测工作区要素。各图层属性数据项严格按照《全国矿产资源潜力评价数据模型—遥感分册》中对应的数据表执行。

3. 遥感信息异常图数据库

(1)遥感异常组合图数据库。遥感异常组合图除地理信息部分外,遥感信息只有遥感异常组合一个图层。

(2)1:25万标准分幅遥感羟基异常分布图数据库。1:25万遥感羟基异常分布图除地理信息外,所有图幅均为遥感羟基异常一个遥感信息图层。

(3)1:25万标准分幅遥感铁染异常分布图数据库。各1:25万遥感铁染异常分布图除地理信息外,所有图幅均为遥感铁染异常一个遥感信息图层。

(4)江苏省及上海市10个矿种预测工作区遥感羟基(铁染)异常分布图数据库。江苏省及上海市10个矿种预测工作区遥感羟基(铁染)异常分布图数据库属性项内容与江苏省及上海市1:25万遥感羟基(铁染)异常分布图相同,以此方法实现属性挂接后,完成江苏省及上海市10个矿种预测工作区遥感羟基异常分布图及遥感铁染异常分布图属性库建设。

第四章 遥感地质构造解译与研究

第一节 重大地质构造形迹遥感分析

江苏省境内断裂构造具有多期活动的特点,许多深大断裂处于长期活动状态,经多次构造运动叠加改造,不同时代、不同性质、不同方向的断裂构造相互交错和切割,从而构成了错综复杂的断裂系统。按断裂延伸的方向,可将境内断裂分为4组,北北东向和北东向最为发育,往往成为构造单元的分界线,主要断裂有郯庐断裂、响水口-淮阴断裂、江南断裂、湖苏断裂等;其次为近东西向弧形断裂系和近东西向断裂,常常成为控制中新生代断陷盆地的边界;北西向断裂一般发生较晚,常切割、错断北北东向、北东向或近东西向构造。

一、北北东向和北东向断裂组

北北东向和北东向断裂组是区内规模最大、活动时间最长、分布最广、影响最大的一组断裂。多为主干断裂,规模一般几十千米至百余千米,断距可达千米以上。

1. 郯庐断裂带

郯庐断裂带是中国东部的巨型断裂带,纵贯鲁、苏、皖三省,是华北板块与苏鲁造山带、扬子板块的分界断裂,推测深度大于20km,可达上地幔,其活动时间长,一般认为中生代是强烈活动期。早期大幅度平移,累计距离可达数百千米。后期扩张,成为岩浆通道,新生代仍有活动。在江苏境内该断裂称为新沂-泗洪段,长约180km,宽20~30km。由4条大致平行的主干断裂组成,其中纪集-王集断裂和山左口-泗洪断裂分别控制了断裂带的西界和东界,为最具影响的断裂。整个断裂带被数十条后期北西向断裂切割、错开。断裂被第四系覆盖,为隐伏断裂。

从遥感影像(图4-1)上看,该断裂狭长状线性影像不十分清楚,过骆马湖更为模糊,总体走向为北北东,东侧有零星出露,西侧被第四系所掩盖,图像处理后,可见断续暗色隐纹。

郯庐断裂在安徽和山东境内出露良好,在遥感影像上特征明显,易于识别。从安徽和山东境内断裂的影像特征分析能够推测出江苏境内断裂的大致走向。

在安徽境内,遥感影像(图4-2)上显示为条带状、直线状深、浅色块分界面,或是细、长直线状深、浅色线。线形构造十分醒目。可见线形构造切割了不同的块体。主干断裂由北北东—北东向主干深或深大断裂带组成,有众多呈北北西、北东—北东东,北西—北西西向展布的伴生构造。同时在主干旁侧有大型弧形、线性密集断裂构造(如鲁西构造带、大别山构造带)以及与主断裂组成"人"字形的低序次断裂。郯庐断裂主干自南向北可分为郯城以南、新沂-五河、嘉山-庐江、庐江以北。

由遥感影像(图4-3)可知,在山东境内的断裂线性构造十分明显,断裂两侧为不同地貌单元,色调差

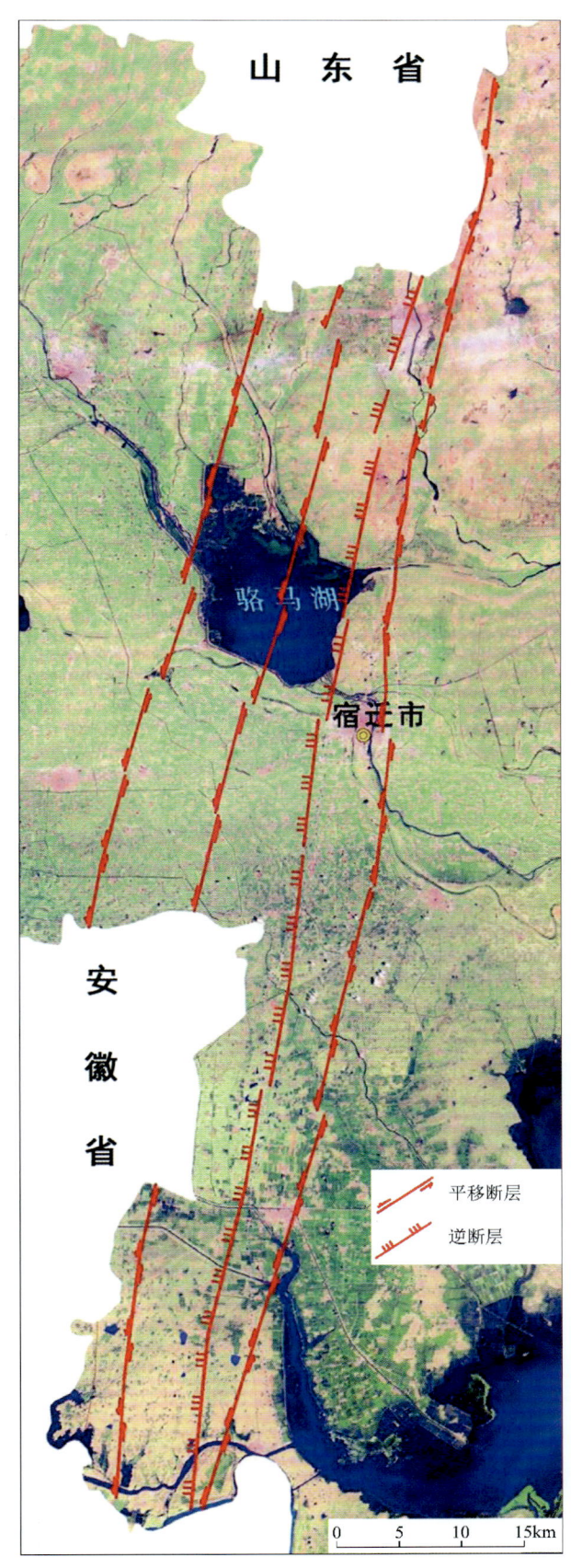

图 4-1 郯庐断裂在江苏境内遥感影像

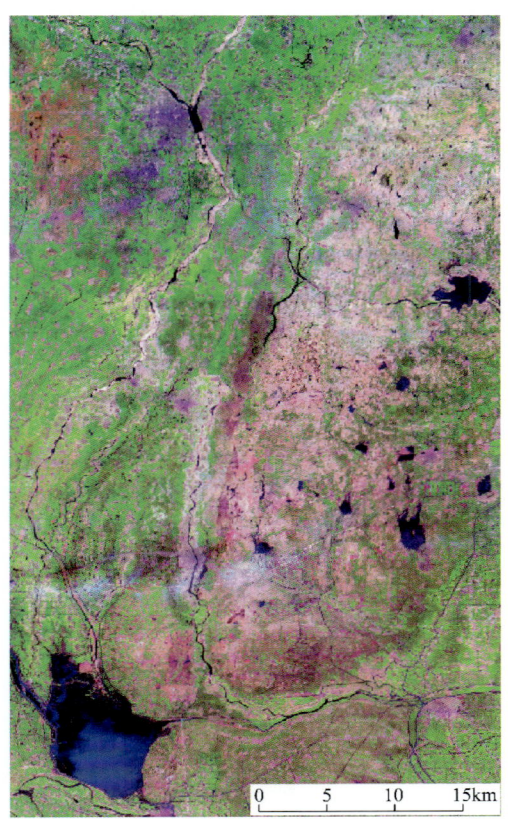

图 4-2 郯庐断裂在安徽境内遥感影像

图 4-3 郯庐断裂在山东境内遥感影像

异很大。在主干断裂东侧主要有泗洪-响水断裂带和五莲断裂带,前者是在位于苏鲁造山带和苏皖盆地之间,后者处于苏鲁造山带和胶南盆地之间,存在大型断裂的可能性。在主干断裂西侧比较明显地在鲁西和大别山两个区域弧形、线性构造密集发育。

2. 响水口-淮阴断裂

响水口-淮阴断裂是苏鲁造山带与扬子板块的分界构造,也是苏北坳陷区的北界。大致位于盱眙—淮阴—响水口—燕尾港一线,呈北东方向延伸。断层向南东陡倾,具有先压后张的力学性质。其形成时代早,并长期活动,新近纪以来仍有活动,表现为北西侧上升,南东侧下降。为一切割深达莫霍面的隐伏大断裂,因此在遥感影像(图4-4)上并无明显特征。

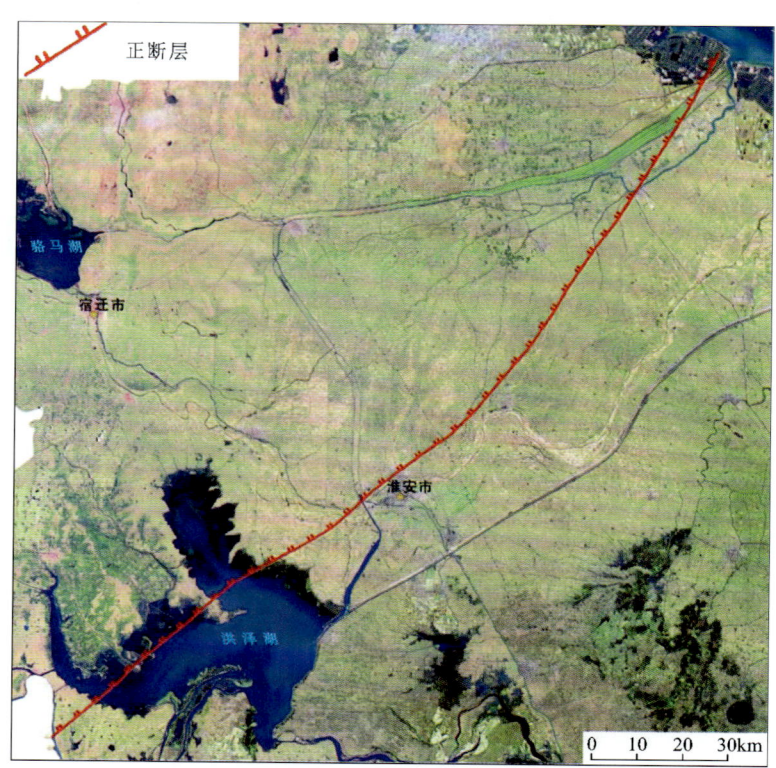

图 4-4 响水口-淮阴断裂遥感影像

3. 金坛-如皋断裂

金坛-如皋断裂区域上称江南断裂带,大致沿安徽宣城—金坛—靖江—如皋一线分布,呈北东方向延伸,是下扬子台褶带与江南台褶带的分界断裂。该断裂主要是根据物探资料推测的隐伏断裂,因此在遥感影像(图4-5)上也表现得不明显。

4. 海州-泗阳断裂

海州-泗阳断裂北起赣榆海州湾,向南经海州西部,沭阳韩山、泗阳、洪泽湖西,到苏皖边境。该断裂带走向北北东,倾角70°左右。断裂带宽约30km,具挤压性质。该断裂形成时代较早,局部控制中生代红盆沉积。属一切割莫霍面的隐伏深大断裂,在遥感影像(图4-6)上断裂形迹不明。

5. 邵店-板浦断裂

邵店-板浦断裂自宿迁,经新沂邵店、沭阳桑墟、灌云板浦至板桥入海,走向北东,倾向南东,倾角较

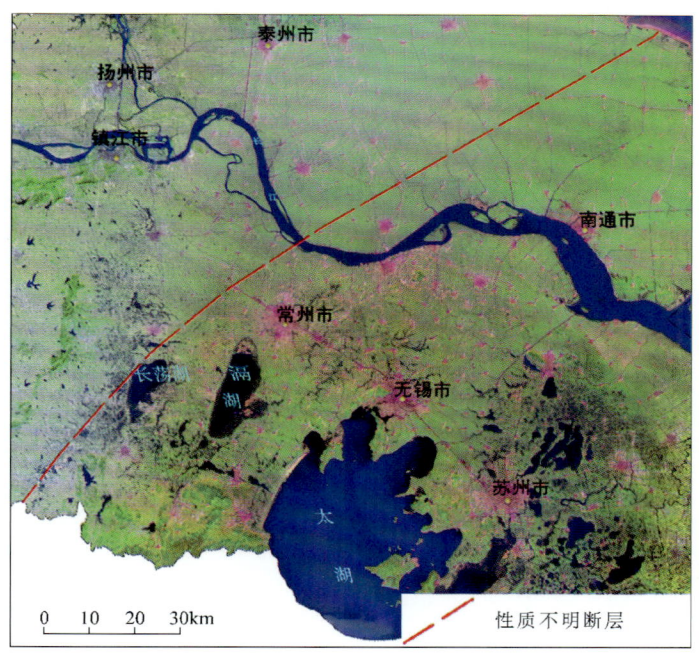

图 4-5　金坛-如皋断裂遥感影像

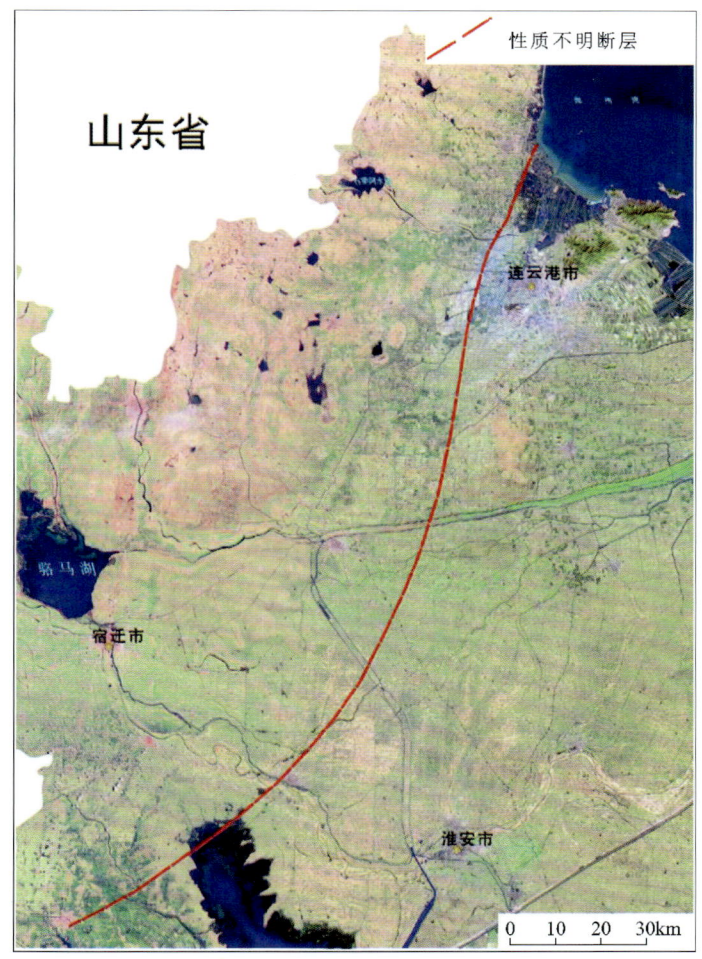

图 4-6　海州-泗阳断裂遥感影像

陡,北西侧上升,出露东海群变质岩,南东侧下降,沉积了厚达数千米的中、新生代地层。因形成时代较早,具先压后张、长期活动的特征,燕山晚期断裂南西段活动强烈,成为沭阳凹陷的北界。为一隐伏断裂,在遥感影像(图4-7)上断裂形迹不明显。

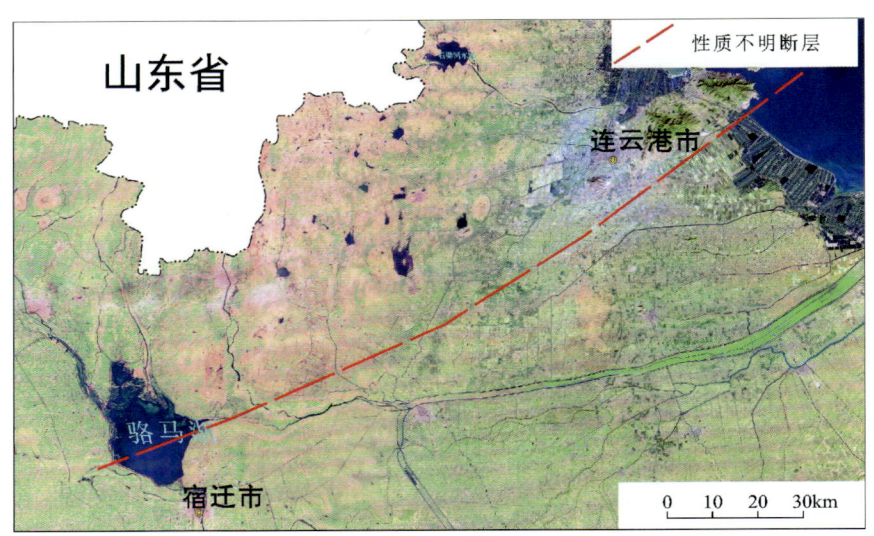

图 4-7　邵店-板浦断裂遥感影像

6. 茅山断裂带

茅山断裂带展布于茅山地区,总体走向北北东,倾向南东,倾角有缓有陡。断续长约百余千米,宽 4~8km,沿断裂多处可见挤压破碎带、构造透镜体、糜棱岩等。主要由茅西和茅东两断裂组成,中生代形成,挽近活动剧烈。为第四系所掩盖,遥感影像(图4-8)上断裂形迹不明。

7. 吴江-吕四断裂

吴江-吕四断裂是湖州-苏州断裂的江苏段。经吴江,过阳澄湖、沙溪,穿崇明,至吕四港入海,总体沿北东方向延伸。其活动时期长,具先压后张的力学性质。主活动期为燕山期和喜马拉雅早期,该断裂控制苏锡和上海地区古生代沉积。该断裂系根据物探异常推测的隐伏断裂,钻孔揭示见断层角砾岩。在遥感影像(图4-9)上线性特征不明显。

二、弧形断裂组

江苏省境内具有一定规模的弧形断裂,主要有徐州、宁镇、盱眙、扬州4处。前两处地表有断续出露,后两处为推测的隐伏断裂。它们往往由两条以上的断裂组成,形成具一定宽度的、向某一方向凸出的断裂带。

1. 徐州-贾汪弧形断裂带

徐州-贾汪弧形断裂带为徐宿弧形断裂江苏段,经徐州、利国、贾汪至邳州一带,由10余条断裂组成。断裂走向由北东转北东东至近东西向,构成一向北西凸出的弧形,断面波状起伏,一般倾向南东,倾角变化大,断裂具压扭性,沿断裂片理化带、构造透镜体、挤压破碎带发育,多处可见"飞来峰"和"构造窗"。一般规模不大,长度多小于20km。为第四系所掩盖,遥感影像(图4-10)上断裂形迹不明。

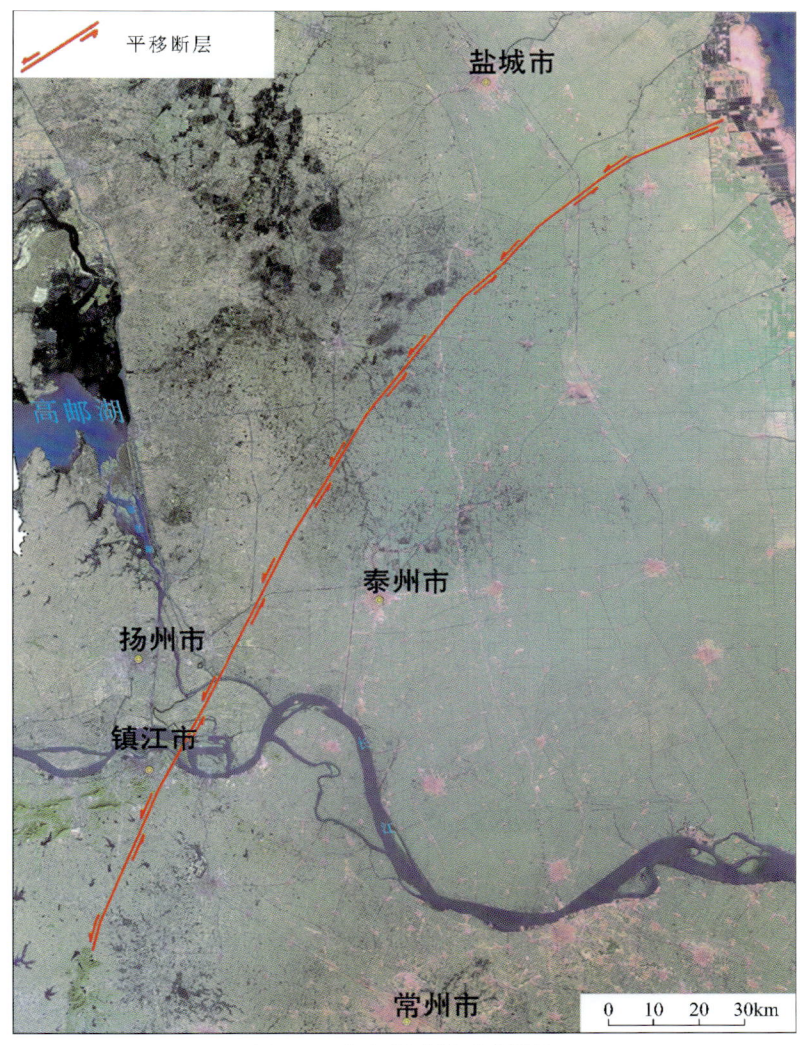

图 4-8 茅山断裂带遥感影像

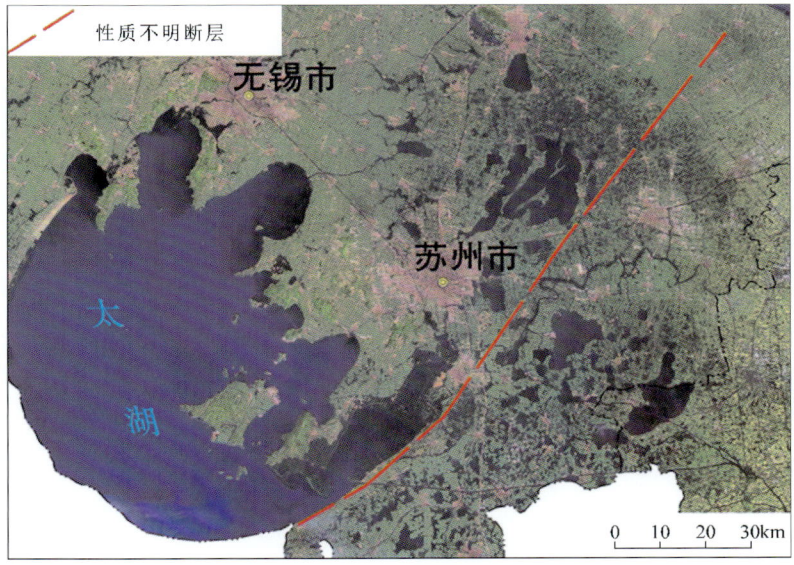

图 4-9 吴江-吕四断裂遥感影像

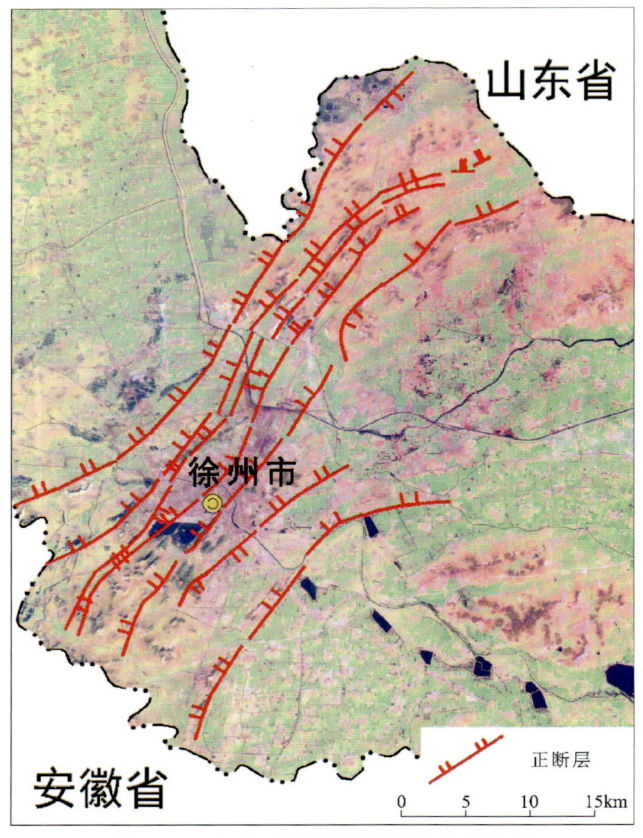

图 4-10　徐州-贾汪弧形断裂带遥感影像

2. 盱眙-建湖弧形断裂带

盱眙-建湖弧形断裂带中规模较大的是构成弧形隆起南、北界的两条断裂。

1）洪泽-流均沟断裂

洪泽-流均沟断裂为弧形隆起的北界断裂。自洪泽至淮安流均沟一线，断续长约 70km。走向由北东转为近东西，倾向北西。为同沉积断裂，控制了中、新生代盆地沉积。为第四系所掩盖，遥感影像上（图 4-11）断裂形迹不明。

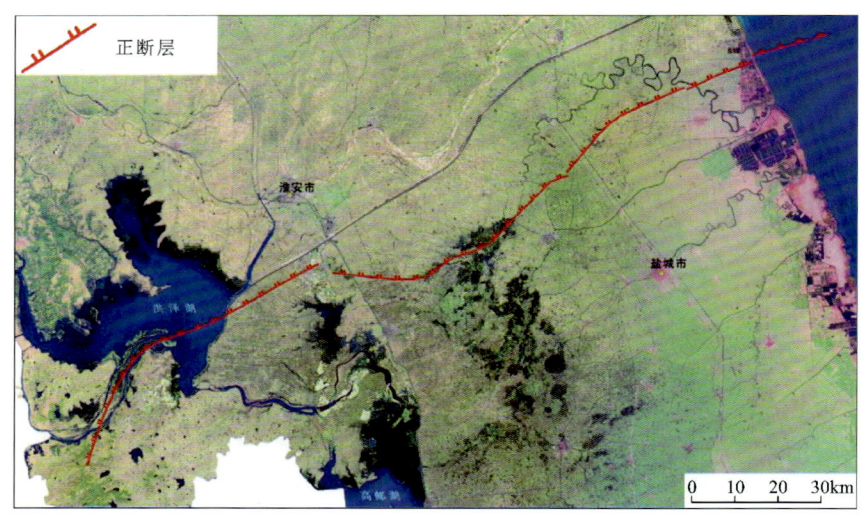

图 4-11　洪泽-流均沟断裂遥感影像

2) 高桥-孟庄断裂

高桥-孟庄断裂为弧形隆起的南界断裂。自盱眙高桥延至建湖孟庄,长约110km,呈弧形展布,倾向南东,亦为晚白垩世以来的同沉积断裂。为第四系所掩盖,遥感影像上(图4-12)断裂形迹不明。

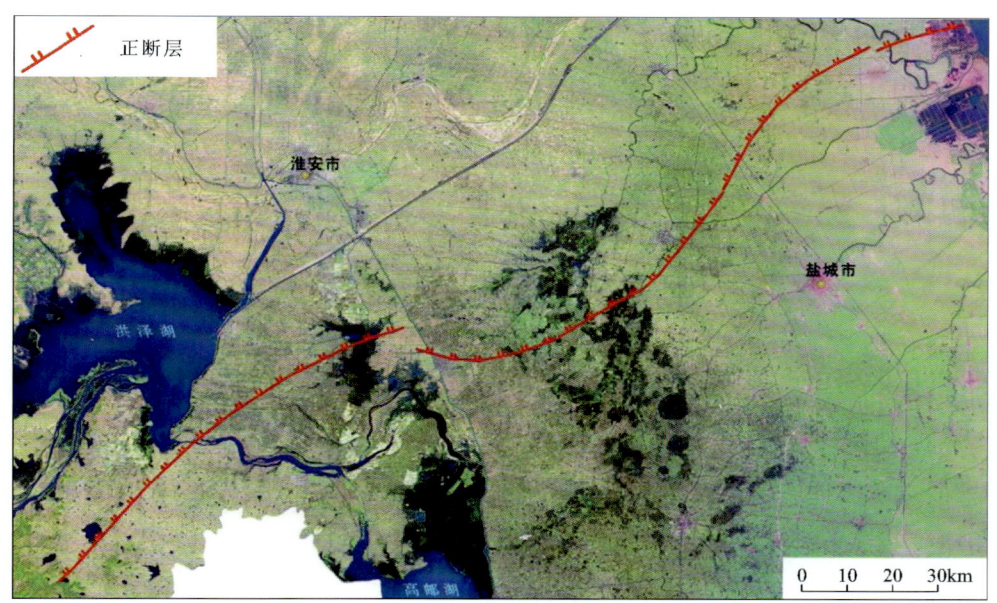

图4-12　高桥-孟庄断裂遥感影像

3. 宁镇弧形断裂

在宁镇山脉两侧,发育一系列向北凸出的弧形断裂,被后期北西向断裂错开,显得支离破碎。主要断裂由北往南有4条。

1) 沿江断裂

沿江断裂自南京幕府山北侧经下蜀北至镇江焦山,大致沿长江南岸展布,长约70km,为弧形断裂带北界。遥感影像(图4-13)上线性影纹清晰,为平原和山地的分界线。

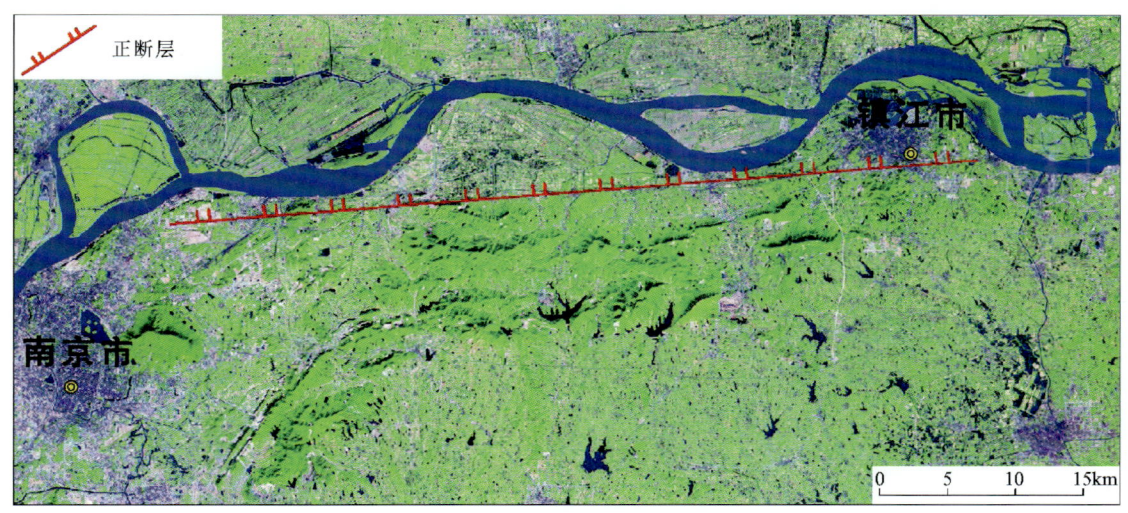

图4-13　沿江断裂遥感影像

2) 杨坊山-长林村断裂

杨坊山-长林村断裂位于南京红山—杨坊山—长林村—东阳一带,总长约70km。西段出露较好,呈北东东方向延伸,倾向南东。从遥感影像(图4-14)上可以看出该断裂位于两大地貌单元的分界处,北侧为河流平原,南侧为山地。两种地貌单元连接处为一断层。

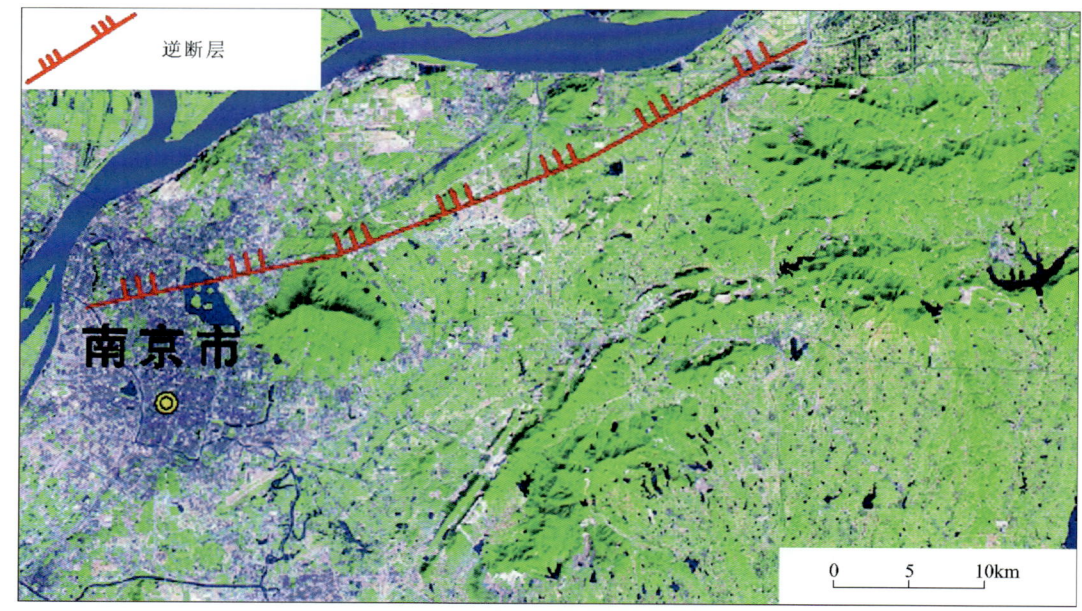

图4-14　杨坊山-长林村断裂遥感影像

3)徐家山-金子山断裂

徐家山-金子山断裂位于上坊镇—徐家山—湖山—金子山—仑山北坡一带,长60余千米,总体呈近东西向并向北西凸出的弧形展布。断层顺着岩脉走向延伸,断裂北侧山体较陡,南侧较缓,遥感影像(图4-15)线性特征明显。

图4-15　徐家山-金子山断裂遥感影像

4)汤山-东昌断裂

汤山-东昌断裂位于方山—汤山—东昌一线,是弧形构造南界,为推测隐伏断裂。物探重力呈一个向北凸出的弧形异常带,推测断面南倾,倾角陡。断层顺着岩脉走向延伸,遥感影像(图4-16)线性特征明显。

三、东西向断裂组

东西向断裂组是一组规模大、延伸长的断裂,往往构成中、新生代盆地的边界,控制着中新生代的隆

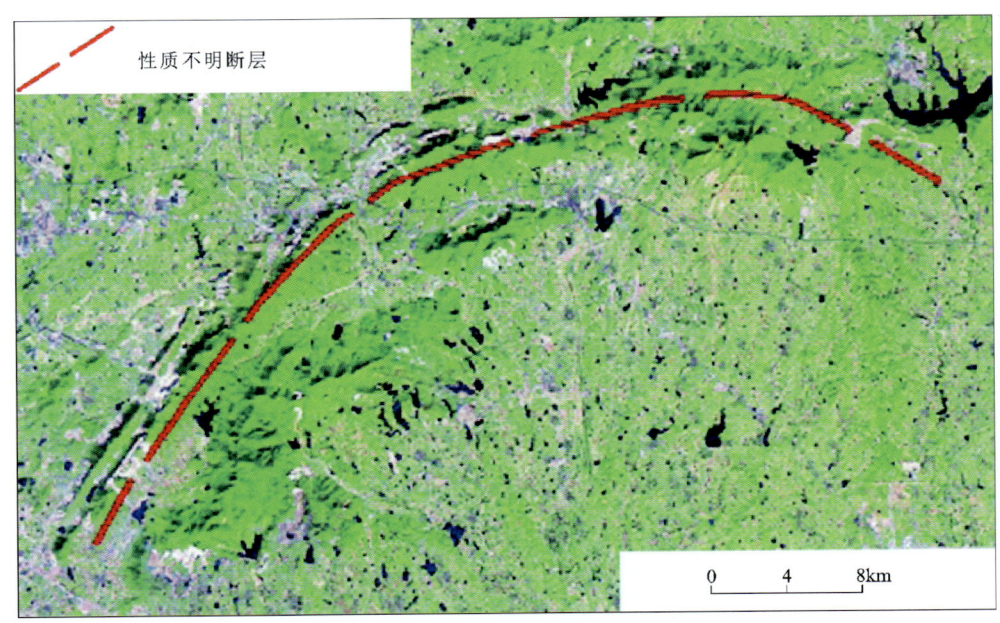

图 4-16 汤山-东昌断裂遥感影像

起和坳陷。

1) 蒋单楼-河口-四户断裂

蒋单楼-河口-四户断裂西起江苏单县龙王庙，经丰县蒋单楼、沛县河口，过微山湖、铁佛沟，到邳州四户北，大部分被覆盖，航磁有明显异常带。省内断续长 80km，总体呈近东西向延伸，断面南倾，形成较早，长期活动，构成敬安和四户凹陷的北界。为第四系所掩盖，遥感影像(图 4-17)上断裂形迹不明。

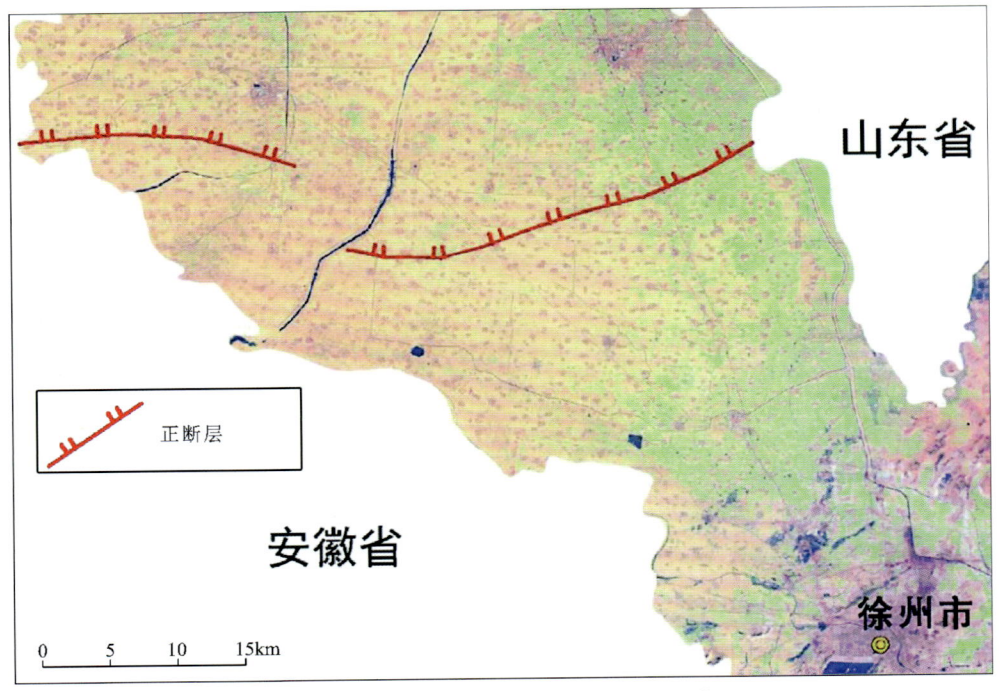

图 4-17 蒋单楼-河口-四户断裂遥感影像

2) 海安-南港断裂

海安-南港断裂位于海安东—丁所—如东栟茶河—南港一线，系据物探资料推测，钻孔验证的隐伏断裂。近东西向延伸,断面北倾,倾角陡,长约50km。属同沉积断裂,构成盆地南界。为第四系所掩盖,遥感影像(图4-18)上断裂形迹不明。

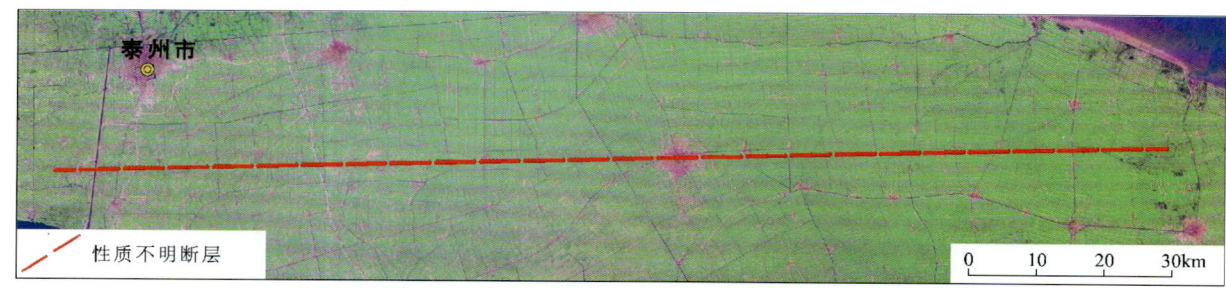

图 4-18　海安-南港断裂遥感影像

3) 望亭-太仓断裂

望亭-太仓断裂位于苏州北部,望亭—黄埭—巴城—太仓一线,呈近东西向延伸,系根据物探资料推测的隐伏断裂,形成较晚,错开北东向断裂。为第四系所掩盖,遥感影像(图4-19)上断裂形迹不明。

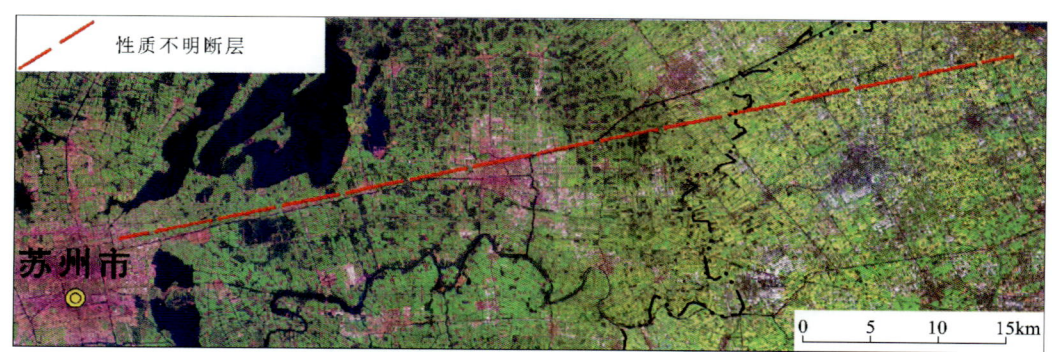

图 4-19　望亭-太仓断裂遥感影像

此外尚有一些规模较大的东西向断裂,在徐州、连云港、盐城市境内及宜溧、宁镇地区还分布着一些规模不大的东西向断裂,它们一般形成较晚,往往构成中新生代盆地的边界。

四、北西向断裂组

江苏省内北西向断裂极为发育,且常成群出现。一般生成较晚,多表现为平移性质,有时可将地层或早期形成的断裂错开数千米。

1. 徐州-睢宁断裂

徐州-睢宁断裂北自夹河寨,经苏山头、徐州市、梁堂、双沟北到睢宁,总体走向北西西,基本沿废黄河展开。错开徐州弧形构造形迹,具先张后扭性质。系推测隐伏断裂,遥感影像(图4-20)上没有明显线性特征。

2. 南京-溧阳断裂

南京-溧阳断裂北起安徽滁县,经南京、湖熟至溧阳东,江苏省内长约120km,走向北西,倾向南西,倾角陡,为宁芜凹陷的北界。具同沉积断层特点,挽近仍有活动。为第四系所掩盖,遥感影像(图4-21)上断裂形迹不明。

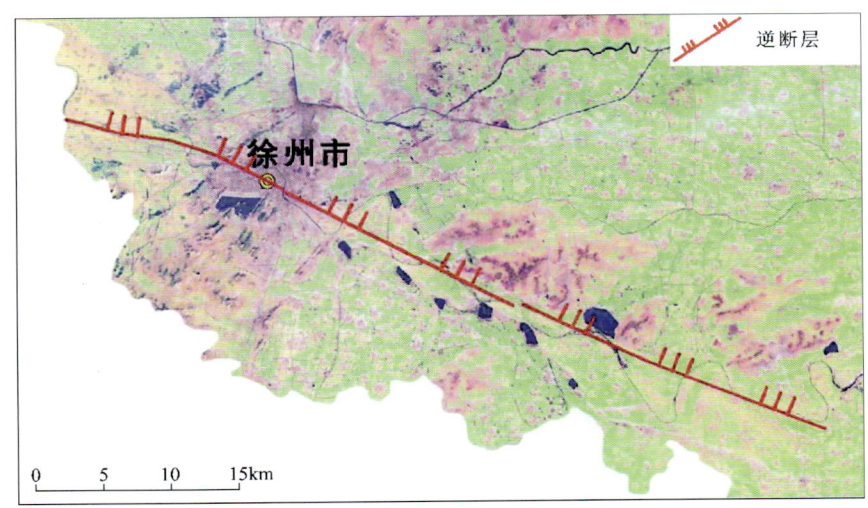

图 4-20 徐州-睢宁断裂遥感影像

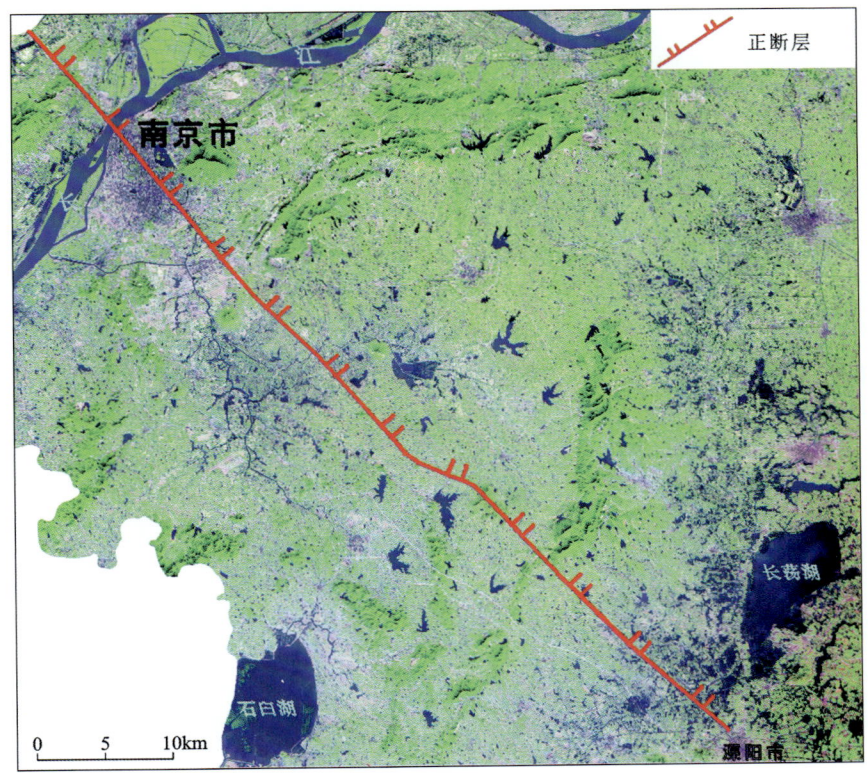

图 4-21 南京-溧阳断裂遥感影像

3. 巢凤山-伏牛山断裂

巢凤山-伏牛山断裂位于下蜀东—西砚山—巢凤江苏—石马—伏牛山一线，长约 80km。巢凤山一带出露较好，断面倾向南西，倾角较陡，可见破碎带、构造透镜体、糜棱岩等。主断裂两侧发育一系列平行断层。东南侧在遥感影像（图 4-22）上特征明显，可明显见到岩层错位现象，西北侧进入平原后，行迹不明显。

此外尚有一些规模较大的北西向断裂，在基岩出露区还分布着一些规模不大的北西向断裂，它们一般形成较晚，切割破坏了前期断裂构造。

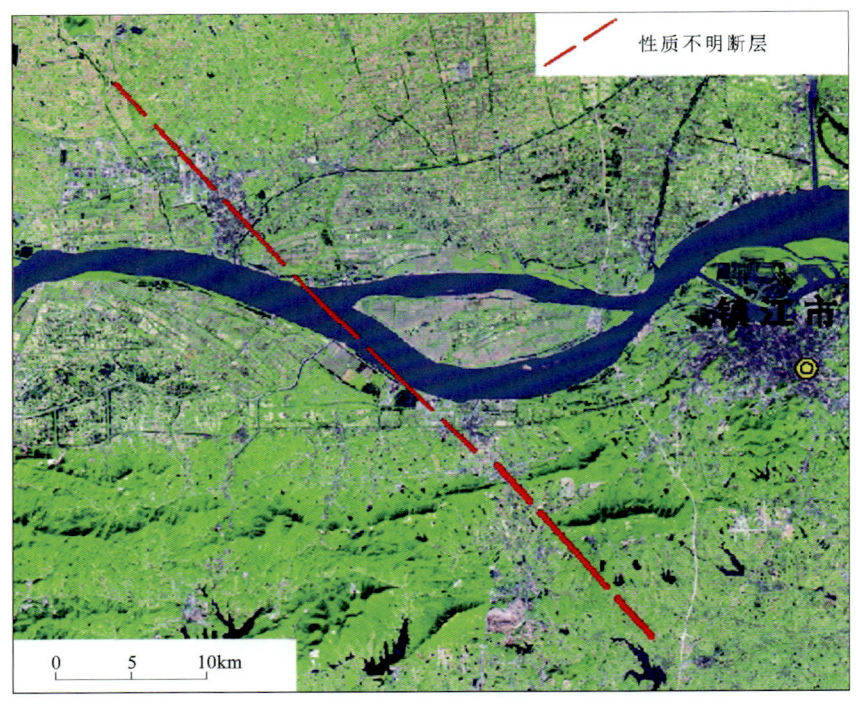

图 4-22 巢凤山-伏牛山断裂

江苏地处平原区，地表大多被第四系松散层覆盖，难以对构造进行解译。但是对于部分第四系小幅度隐伏构造，尽管地表为松散堆积物，仍然能够被卫星图像所反映，这是由于深部构造是在活动的，因处于同一构造层，深部构造的活动必然涉及浅表层，使局部构造上方水系分布、地形、微地貌及物质成分等与局部构造周围地带有差异。它们在遥感图像上分别以不同的色调、微地貌差异、特殊的影纹结构和图形反映出来。通过相关分析并与实际资料对照，排除了地表植被和人文活动等干扰因素，通过对遥感图像增强处理和解译分析来提取其构造信息。

第二节 遥感异常组合与构造意义

在遥感异常提取的基础上，此次编制完成了江苏省异常组合图。江苏省及上海市一共提取羟基异常图斑1161个、铁染异常图斑26 818个、羟基+铁染异常组合图斑1272个。

根据区域资料显示，预区内徐睢黄泛平原区，北东部以微山湖、郯庐断裂带为界，西南以废黄河、黄泛区至省界，南止于洪泽湖东南岸。异常分布于徐州市丰县—沛县一带，铜山县利国—班井一带，睢宁县寨山—炬山一带。主要为铁染异常展布，极个别异常重叠羟基异常。徐州市丰县—沛县异常主要有铁矿床、煤矿分布，铜山县利国—班井异常主要有铁矿床，水泥灰岩矿床，煤矿，铜、金矿点分布。蚀变主要有矽卡岩化、透辉石化、绿泥石化、钾长石化、钠长石化、碳酸盐化、绿帘石化、绿泥石化、矽卡岩化、大理岩化等。睢宁县寨山—炬山一带铁染异常沿废黄河断裂展布。

赣榆县黑林—夹山—石桥—海头—东海县禹山—桃林—新沂市—王庄—宿迁市城北一带，连云港市大桅尖山—锦屏山—房山—沭阳县韩山一带，泗洪县半城—盱眙县管镇—老子山—马坝—桂五—袁家大山一带异常位于郯庐断裂带两侧展布，有蛇纹石、金刚石矿床、磷矿床，且见铜、金矿化点分布。

六合冶山—扬州市城一带铁染异常位于扬子准地台下扬子台坳苏北之六合-天长隆起，异常区有冶山矽卡岩型磁铁矿床，矿床位于冶山复式背斜之冶山倒转背斜北翼及汤泉倒转向斜之间。冶山倒转背斜轴面倾向南南东,倾角约70°。矿体赋存于花岗闪长岩与下寒武统幕府山组白云岩接触带中。蚀变主要有钾长石化、透辉石化、绿泥石化、蛇纹石化、金云母化等,由外而内分为热接触变质亚带、接触交代变质亚带、透辉石钾长石混染岩带、钾长石化带,主矿体多赋存于绿泥石透辉石和金云母透辉石矽卡岩中。

南京市铜井—紫金山—栖霞山和镇江市—杨中市长江南岸一带羟基、铁染异常位于扬子准地台下扬子台坳宁芜中生代火山岩盆地、宁镇褶皱带,异常区内有陆相火山岩型梅山铁矿床、矽卡岩型韦岗铁矿床,安基山铜矿床、铜山铜钼矿床、栖霞山铅锌银矿、铜井铜金矿床、栖霞山矿区平山头银金矿床等。梅山铁矿床蚀变为硅化、高岭土化、碳酸盐化、绢云母化、叶蜡石化、绿泥石化和黄铁矿化等,以高岭土化、碳酸盐化、硅化最为明显。辉石闪长玢岩的蚀变有钠柱石化、钙铁榴石化、透辉石化、钠长石化、绿泥石化,以钙铁榴石化、透辉石化和碳酸盐化较为明显。韦岗磁铁矿床蚀变主要为绿帘石矽卡岩、绿帘石石榴石矽卡岩、石榴石矽卡岩、透辉石矽卡岩、透辉石角岩、大理岩等。围岩蚀变作用发生在接触变质作用之后或同时,主要为硅化、绢云母化、黝帘石化、高岭土化。矽卡岩中主要为绿帘石化、碳酸盐化、绿泥石化、透闪石化。

溧水县城—东岗一带羟基、铁染异常位于扬子准地台下扬子地层区,溧水中生代火山岩盆地北西缘。异常区有爱景山中—低温热液型锶矿床、石坝、东岗火山岩玢岩型铁矿床。蚀变主要为透辉石化、方柱石化、绿泥石化,次为钠长石化、高岭土化、绢云母化、硅化,再次为阳起石化、石榴石化、磷灰石化、绿帘石化、榍石化。上部绿色蚀变带:主要由绿泥石化、透辉石化、方柱石化组成。下部浅色蚀变带:主要由碳酸盐化、高岭土化、绢云母化、矽卡岩化组成。

溧阳周城—戴埠—张渚—丁蜀镇一带异常位于扬子准地台下扬子地层区,溧阳中生代火山岩盆地南缘。异常区有溧阳中巷铁矿床、松岭铁矿床,松岭、青山铅锌矿点,大贤岭、吉多卡金矿点,丁蜀陶瓷黏土矿床、煤矿等。溧阳中巷矽卡岩型磁铁矿床蚀变主要有矽卡岩化、绢云母化、高岭土化、黄铁矿化、绿帘石化、绿泥石化、钠长石化、方柱石化。浅色蚀变带、上部绿色蚀变带、暗色蚀变带、石榴石蚀变带、下部绿色蚀变带。上部为铁矿,下部为铜矿。

苏州市南阳山—光福—木渎—西山—东山一带异常位于扬子准地台下扬子地层区,湖州-苏州北北东向和苏州东部东西向断裂带交叉部位。与内生金属矿产有关的成矿围岩是:黄龙组灰岩,栖霞组灰岩,高骊山组及堰桥组砂、页岩;与内生非金属矿产有关的成矿围岩是长兴组、栖霞组灰岩及侏罗纪火山岩。异常区内有淡家桥铁矿床、迁里铜铅锌矿床、潭山、光福硫、铅锌多金属矿床(点)、阳山优质高岭土矿床、东山、西山煤矿等。蚀变主要有钠长石化、钾长石化、矽卡岩化、大理岩化、高岭土化、绿泥石化、矽卡岩化花岗岩,透辉石矽卡岩,石榴石、透辉石矽卡岩,石榴石矽卡岩,大理岩,大理岩化灰岩。

通过对区内异常的分带处理,结合已有的地质资料分析,上述异常均出露在基岩区,而且异常区内有矿床(点)分布,应对异常分布的地区进一步踏勘查证。

除上述异常外,其他异常广泛分布于大面积第四系覆盖区,可能为工业污染引起的各种假异常,对找矿无意义。

第三节 遥感地质构造分析

一、省级地质构造特征新认识

江苏省自喜马拉雅运动以来,主要表现为升降运动。中小比例尺遥感影像显示地貌地势特征为微山湖、骆马湖、洪泽湖、白马湖、高邮湖、太湖一线以西总体为低山丘陵,东部为平原区。山地丘陵区显现

第五章　江苏省及上海市遥感资料矿产资源潜力预测与评价

地质构造及其赋存的各类地下矿产资源，在地表均不同程度地遭受长期外动力地质作用，形成一定的地表地质特征。利用遥感图像识别地质构造、岩石类型、隐伏岩体及其所赋存的矿产资源等地质信息，具有以下几方面优势：①遥感影像范围广，能够宏观地展现出规模较大的构造形迹；②利用遥感数据的多光谱段特点对不同岩石类型以及不同矿物组合的光谱反射率差异，通过计算机处理，可提取与矿化相关的遥感异常信息；③将遥感信息、物探、化探与地质相结合，建立地质、物探化探、遥感综合找矿模式，可获取大量新的地质找矿信息。

本次成矿区（带）划分依据的基本资料为：《中国成矿区（带）划分方案》（徐志刚等，2008）；《中国成矿体系与区域成矿评价成果报告》（陈毓川等，2004）；江苏省"二轮"区划成果；江苏省及上海市资源潜力评价项目之成矿背景课题研究成果（建造构造、大地构造分区等）。

划分方法如下：

（1）以全国项目组 2008 年出版的《中国成矿区（带）划分方案》为基础，在全国成矿区（带）（Ⅲ级）划分方案的基础上，划分出成矿亚带（Ⅳ级），在成矿亚带内划分出成矿远景区（Ⅴ级）。均采用综合划分方法。

（2）单元界线不相跨越，Ⅳ级不跨越Ⅲ级，Ⅴ级不跨越Ⅳ级。

（3）Ⅳ级单元的面积总和，应等于研究区总面积；Ⅴ级单元相当于矿集区（或矿田），单元之间可留空白区域。

依照上述划分原则和方法，江苏省及上海市共划分Ⅲ级成矿区（带）5 个（划分与全国统一），Ⅳ级成矿亚带 7 个（划分与华东大区一致）。在Ⅳ级基础上，根据矿种（矿组）的矿田或矿集区所处构造环境及矿产地质特征，进一步划出与本次潜力评价矿种相关的成矿远景区（Ⅴ级）14 个。Ⅲ级、Ⅳ级采用全国统一的编号规则，Ⅴ级为省内连续编号 Ⅴ1～Ⅴ14（表 5-1）。

表 5-1　江苏省及上海市成矿区（带）划分一览表

Ⅱ级	Ⅲ级	Ⅳ级	Ⅴ级
Ⅱ-15 华北（陆块）成矿省	Ⅲ-64 鲁西（断隆、含淮北）金、铁、铝土矿、煤、金刚石成矿区（Ar_3；Pz；Pz_2；Ye）	Ⅲ-64-①鲁西金、铁、铝土矿、煤、金刚石成矿亚区	Ⅴ1 丰沛-四户铁、煤成矿区
			Ⅴ2 利国-班井铁、金、煤成矿区
			Ⅴ3 铜山张集-种羊场铁成矿区
Ⅱ-7 秦岭-大别成矿省（东段）	Ⅲ-67 桐柏-大别-苏鲁（造山带）金、银、铁、铅、锌、钼、金红石、萤石、珍珠岩成矿带	Ⅲ-67-③苏鲁金、铁成矿亚带	Ⅴ4 东海-新沂金、铅、锌、铜、铁成矿区
			Ⅴ5 连云港-泗洪磷成矿区

续表 5-1

Ⅱ级	Ⅲ级	Ⅳ级	Ⅴ级
Ⅱ-15A 下扬子成矿省	Ⅲ-68 苏北（断陷）油气-盐类成矿区	Ⅲ-68-① 苏北（断陷）油气、盐类成矿（亚）区	
	Ⅲ-69 长江中下游铜、金、铁、铅、锌、（锶、钨、钼、锑）-硫-石膏成矿带	Ⅲ-69-① 庐江-滁州铜、金、铁、钼、铅、锌、银、硫成矿亚带	Ⅴ6 盱眙铜、钼、铁成矿区
		Ⅲ-69-② 沿江铜、铁、金、多金属、硫成矿亚带	Ⅴ7 六合铁、铜成矿区
			Ⅴ8 宁镇铁、铜、钼、铅、锌、银、金、硫成矿区
			Ⅴ9 宁芜铁、铜、铅、锌、金、硫、磷成矿区
			Ⅴ10 溧水铁、铜、金、锶、铅、锌、硫成矿区
		Ⅲ-69-③ 宣州-苏州铜、钼、金、银、铅、锌成矿亚带	Ⅴ11 南通-启东铁成矿区
			Ⅴ12 宜兴-溧阳铁、铜、铅、锌、金成矿区
			Ⅴ13 苏锡铅、锌、银、铜、铁、硫、萤石成矿区
	Ⅲ-71 武功山-杭州湾铜、铅、锌、银、金、钨、锡、铌、钽、锰、海泡石、萤石、硅灰石成矿带（Pt$_{2-3}$;Z;∈;P$_1$;Ye;Yl）	Ⅲ-71-⑤ 天目山-金山铜、铅、锌、银、金、钨、锡、铌、钽、铁、萤石成矿亚带	Ⅴ14 金山铜多金属成矿区

此次工作以Ⅳ级成矿区（带）为纲，以6个成矿区（带）为研究单位，逐个详细分析其各个预测工作区的遥感特征及其矿产作用，见图5-1。

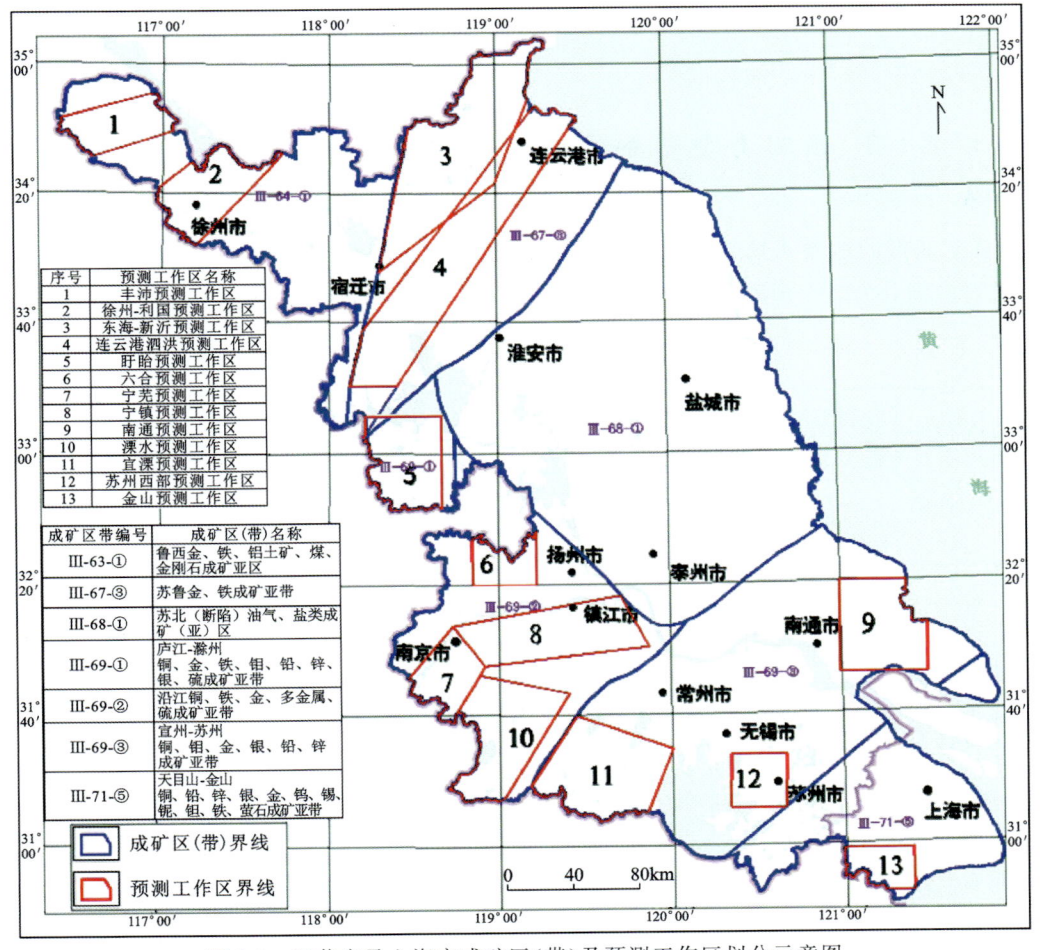

图 5-1 江苏省及上海市成矿区（带）及预测工作区划分示意图

第一节 Ⅲ-64-①鲁西金、铁、铝土矿、煤、金刚石成矿亚带

一、成矿区（带）地质背景

该成矿亚带内第四系覆盖广泛，结晶基底以新太古界—古元古界泰山岩群花岗质片麻岩为主，区内盖层地层以新元古代—早古生代沉积建造为主，发育良好，晚古生代—中生代沉积建造大部缺失，印支期构造运动强烈，褶皱与断裂构造发育，以巨大的徐淮弧形构造体系发育为特色，燕山期断块作用加剧，中生代岩浆侵入活动强烈，区域矿产主要以煤矿、铁矿、金刚石等为主。

二、成矿区（带）矿产分布概况

区内主要是江苏煤炭基地和富铁矿产地，其次在变质岩区相继发现多处石英脉型及蚀变破碎带型金矿点、矿化点。区内铁矿矿床成因类型主要是接触交代型，其次是沉积变质型。金矿矿床成因类型是破碎蚀变岩型。

三、成矿区（带）预测类型划分

根据本成矿亚带的地质背景、矿产特征以及矿产预测类型划分的原则，可将本地区划分为3个矿产预测类型，并对应划分为2个预测类型预测工作区。具体矿产预测类型划分见表5-2。遥感影像见图5-2。

表5-2 预测类型划分及分布范围一览表

矿产预测类型	预测工作区	面积(km²)	预测矿种	预测方法类型	典型矿床	成矿时代	预测底图
利国式矽卡岩型铁矿	徐州-利国预测工作区	1500	铁矿、金矿	侵入岩体型	蓦山铁矿床	燕山期	侵入岩浆构造图(1:5万)
焦家式破碎蚀变岩型金矿				复合内生型			综合建造构造图(1:5万)
利国式矽卡岩型铁矿	丰沛预测工作区	1200	铁矿	侵入岩体型		燕山期	侵入岩浆构造图(1:5万)
鞍山式沉积变质型铁矿				变质型		新太古代—古元古代	变质建造构造图(1:5万)

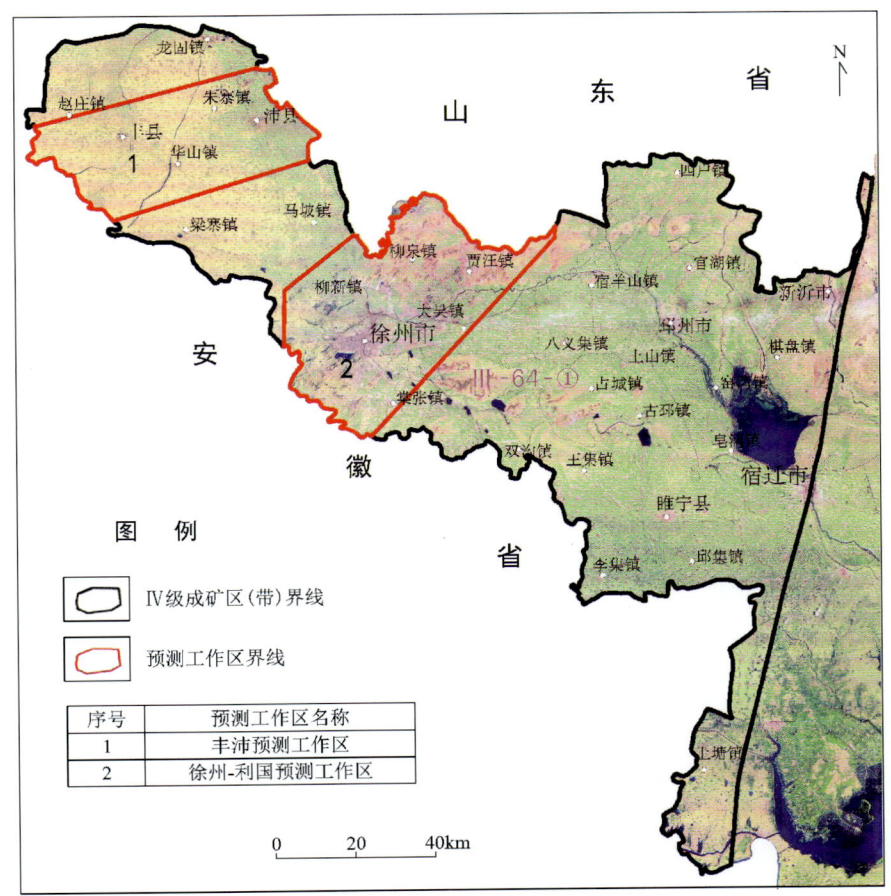

图 5-2 鲁西成矿区（带）ETM⁺遥感影像

四、徐州-利国预测工作区

（一）预测工作区地质概况

1. 地层

徐州-利国预测工作区位于华北陆块区南缘徐（州）-宿（县）弧形构造带的中北段。区内地层最老为新元古界青白口系土门群新兴组和震旦系淮河群，为一套滨浅海相碳酸盐岩-碎屑岩沉积建造；寒武纪和奥陶纪地层广泛分布，多呈北东—北北东向，向北西方向凸出的弧形展布；石炭系和二叠系为区域主要的含煤岩系，岩性为海陆交互相-滨海沼泽相的碳酸盐岩-含煤碎屑岩沉积建造；区内中生代地层发育不全，主要为一套河湖相-火山盆地沉积相的陆源碎屑-火山沉积建造，主要分布于大庙-潘塘等断陷沉积盆地之中，被第四系掩盖。

2. 岩浆岩

预测区内火成岩不甚发育，总体以侵入岩类为主，总体分布较为零星。其中以利国、班井为主的燕山早期的中酸性侵入岩体是区内铁、铜（金）矿成矿最有利的母岩。

3. 矿产预测类型

本区域包括两种预测类型,利国式矽卡岩型铁矿和焦家式破碎蚀变岩型金矿。区内火成岩不甚发育,总体以侵入岩类为主,分布较为零星。其中以利国、班井为主的燕山早期的中酸性侵入岩体是区内铁、铜(金)矿成矿最有利的母岩。

(二)预测工作区遥感分析

1∶5万江苏省徐州-利国预测工作区位于江苏省北部,行政区划属于江苏省徐州市铜山县,地理坐标为东经 117°00′—117°40′,北纬 34°03′—34°35′,遥感影像(图 5-3)采用 ASTER 15m 分辨率数据。

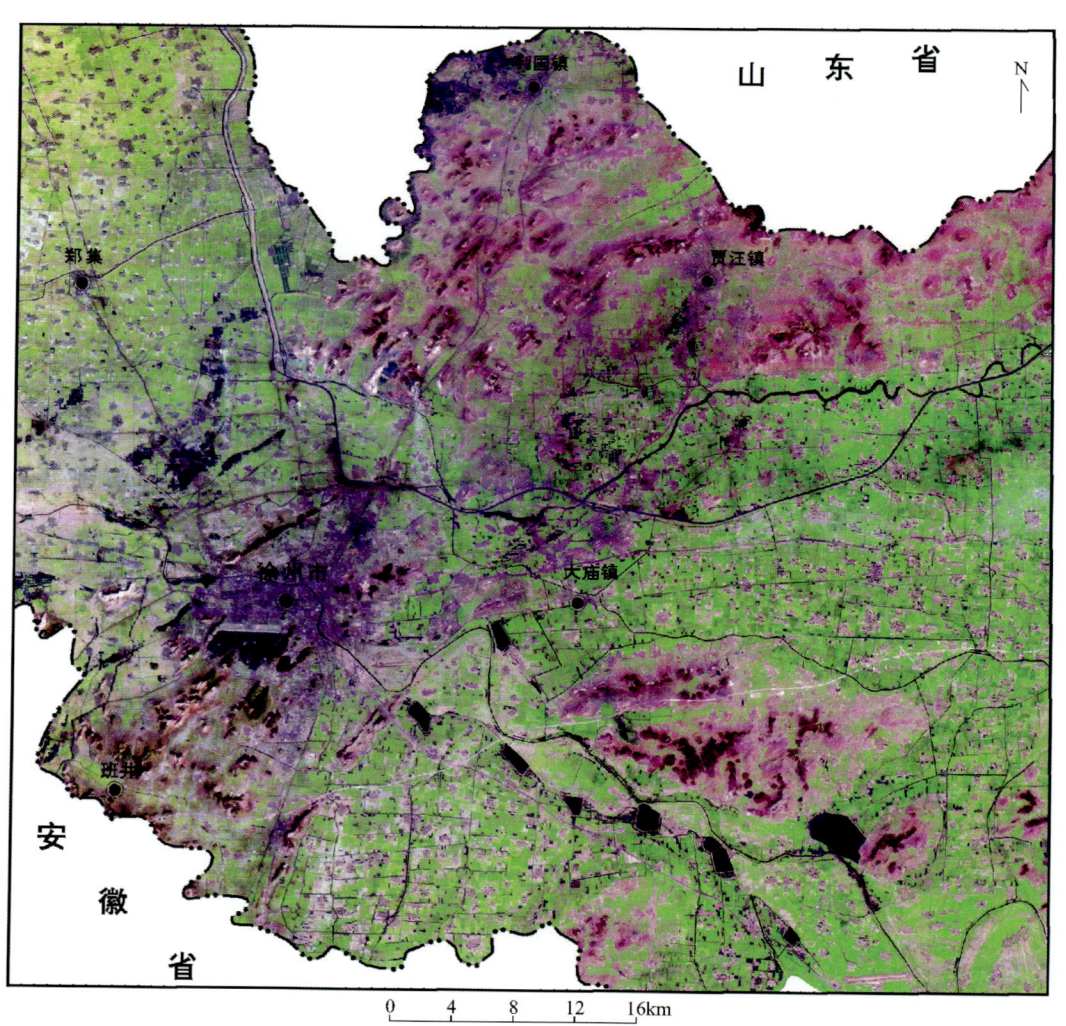

图 5-3 徐州-利国预测工作区 ASTER 遥感影像

1. 遥感矿产地质特征

预测区位于华北陆块区南缘徐(州)-宿(县)弧形构造带的中北段,在区域上南北向挤压与扭转作用下,形成区内独特的徐州弧形构造样式,突出特点表现为古生代地层褶皱发育,局部出现倒转,岩层受强烈挤压多处出现地层直立带、破劈理带,断裂构造发育,出现大量逆冲断层。其主要构造形迹徐州弧形构造带是由一系列复式褶皱及大致与之平行的纵向压性-压扭性断裂组成。预测工作区遥感矿产地质特征如图5-4。

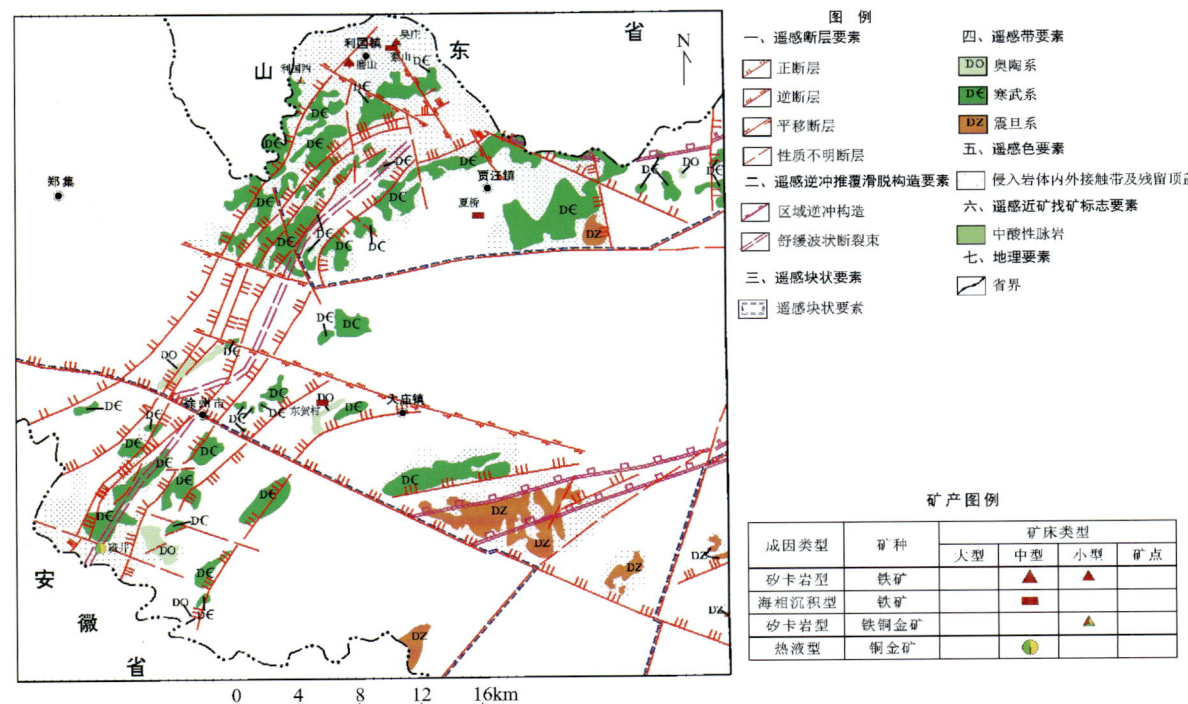

图5-4 徐州-利国预测工作区遥感矿产地质特征与近矿找矿标志解译图

1)线要素解译

区内以北东向、北西向构造为主,其次为南北向、东西向构造。而南北向、东西向构造数量不多,不占主导地位。

北起铜山县利国-周庄南北向贯穿图幅的重要的构造分区界线。区内岩浆岩活动主要受北东向断裂构造控制,燕山期的中性、中酸性岩体主要分布于丰县华山镇-沛县栖山镇凸起呈东西向串珠状展布,一般北接触带陡,往往与断裂相伴;南接触带较缓,沿贾汪组侵入。岩体与奥陶系碳酸盐岩的接触带,往往形成接触交代铁矿,为铁的成矿有利地段。

(1)北东向构造。北东向构造分布在西、中、东部,占据区内大部分地区。现以遥感影像清晰醒目的北东向线状构造,将其主要构造自西向东简述如下:①徐-宿弧形构造:位于图幅西部,贯穿图幅。北起微山湖南经徐州,主导构造线向北撒开,向南收敛。主要构造形迹是由一系列复式褶皱与断裂组成,呈向北西突出的弧形展布。遥感影像图上呈线状构造。②郯庐断裂(新沂-宿迁段):位于区内东部,总体走向5°~15°,长35km。断裂带西侧徐-宿构造带,有淮河系新兴组—二叠系石千峰组分布。东侧有零星露头,其余全为第四系覆盖。航磁有明显的线性正异常带;卫星相片上断裂带的北段影像较明显,南段较模糊。郯庐断裂带是由一系列近于平行的断裂组成,主要断裂自西而东有纪集-王集断裂、瓦窑-皂河断裂、墨河-凌城断裂、新沂-新店断裂、马陵山-重岗山断裂、山左口-泗洪断裂、高埝-陈栈断裂等,这些断裂组成了琴键式构造。

(2)北西向构造。①徐州-睢宁断裂:西北起夹河寨经苏山头,徐州市,沿废黄河发育,呈北西向斜贯图幅,区内长43km。断裂走向290°~295°,废黄河大致沿此断裂带发育,断面北侧山体普遍"断头",断裂两侧磁场强度不同,南侧低缓,北侧高强,并有局部尖锋出现,北东向带状负异常至此消失或变窄。断裂北东盘向北西扭动。分析该断裂先为弧形构造的张性断裂,后来又为新华夏系张扭性断裂叠加。②伏山前断裂:断裂长22km,断裂走向300°~320°,位于贾汪复式向斜之东北端,断面平直。断裂带一般有2~5m的角砾岩带,角砾棱角分明,角砾与胶结物均为灰岩、显张性特征,沿断裂带可见溶蚀现象,同时,据两侧地层关系,南西盘尚具向北西扭错、江崮山错距60m。

(3)东西向构造。区内东西向构造不甚发育,只有图幅中、南部的黑山北坡一线,断层规模不大,遥感影像图上呈线状构造。

(4)南北向构造。区内南北向构造不甚发育,只有图幅北部的利国、涧头集一带有分布,地层不连续,错动特征明显,规模不大,遥感影像图上呈线状构造。

2)逆冲推覆滑脱构造要素解译

在图区内逆冲推覆滑脱构造较发育,主要分布在利国—徐州—班井一线;青山泉—港上一线;黑山—寨山一线。其中利国—徐州—班井一线,总体走向呈北东向展布,属舒缓波状断裂束;青山泉—港上、黑山—寨山一线,走向近东西向展布,为区域逆冲构造。被北东向和北西向、南北向断裂切割,逆冲推覆滑脱构造形成时间较早。

3)块要素解译

在图区内块要素有3块,主要分布于北、中部一线,呈近东西向、北北西向和北西西向展布,主要叠加在青山泉-港上、徐州-睢宁断裂带上。

4)色要素解译

本图幅内色要素有9个,主要分布在利国镇、贾汪镇、班井、黑山等地。其中利国镇、贾汪镇、班井地区与地表出露的石英闪长玢岩、闪长玢岩相对应,黑山地区地表出露为淮河系城山组-望山组一套地层,推出淮河系城山组-望山组地层之下可能为石英闪长玢岩、闪长玢岩体。

2. 构造与矿产的关系

据已有的内生矿床、矿点分布看,预测区有铁、铜、煤、水泥灰岩矿床,且见铜、金矿化点分布。加上有利岩组和断裂往往是内生矿产赋存地段。尤其在北西向构造与北东向构造复合地段矿产富集。

综上所述,可认为区内徐州弧形构造的转折端,徐州-江庄复式背斜的西北翼次级褶皱这些带均分布于向斜的两翼,向斜轴向大多呈北东向展布,是内生矿产成矿带,而二者复合地段及南北向次级构造局部发生扭动弯曲部分往往是成矿富集之处。

3. 遥感异常特征

徐州-利国预测工作区遥感异常分布情况如图5-5。

1)遥感羟基异常特征

遥感羟基异常主要分布于铜山县孔滚村。羟基异常大致沿逆掩断层呈带状分布,总体呈北北东向展布,异常呈点状重叠展布,分布地层主要有中寒武统张夏组、上寒武统炒米店组、三山子组、下奥陶统贾汪组、第四系。该区羟基异常可能与白云质碳酸盐岩有关。

2)遥感铁染异常特征

遥感铁染异常自北向南主要分布于微山湖南利国—班山—五珠泉—西堡一带,睢宁县寨山—古邳一带。铁染异常呈北东向展布。个别异常呈片状重叠展布,分布地层有淮河系新兴组—望山组,震旦系金寨山组,寒武系馒头组—三山子组,奥陶系贾汪组、马家沟组,石炭系本溪组、太原组,二叠系山西组—石千峰组,第四系。微山湖南利国—班山—五珠泉—西堡铁染异常附近有铁、铜、金、水泥灰岩及煤矿床(点)分布。异常走向分布与地层走向基本一致,该区铁染异常可能与淮河系、寒武系、奥陶系地层有关。

4. 遥感在矿产预测中的作用分析

预测区内微山湖南利国—班山—五珠泉—西堡一带异常区有铁、铜、金、水泥灰岩及煤矿床(点)分布。通过对预区内异常的分带处理,结合已有的地质资料分析,区内的铁染异常在沿班井—利国—五珠泉—西堡—寨山—古邳一带的露头区分布较集中,其他地区分布较少。铁染异常的成因与铜、铁矿床的

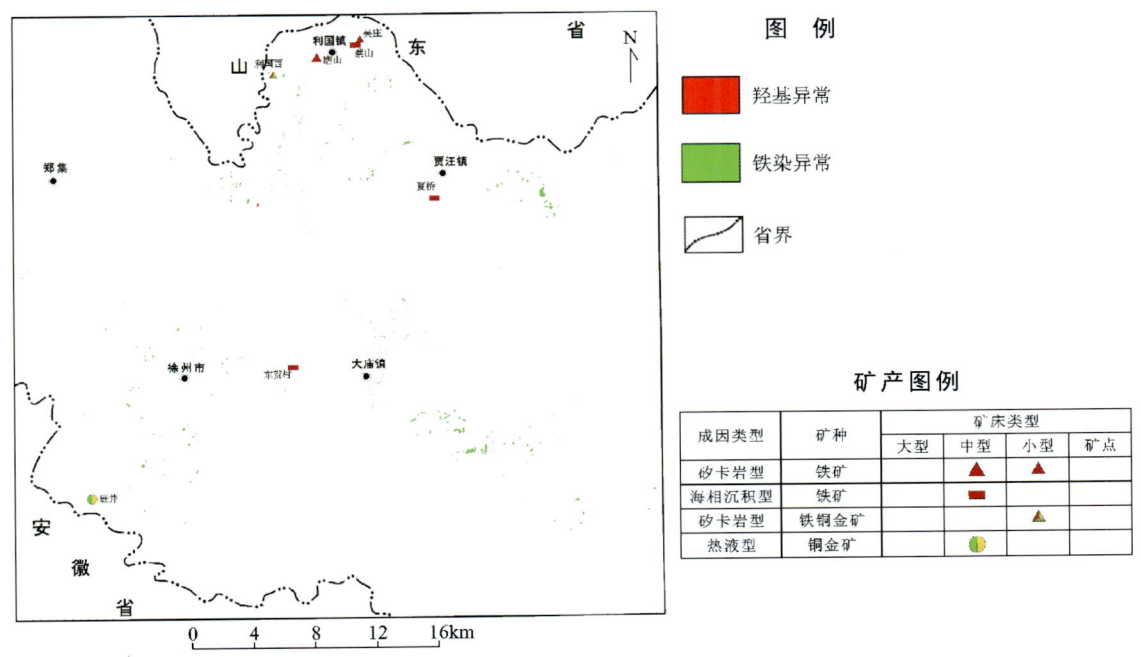

图 5-5 徐州-利国预测工作区遥感异常分布图

分布存在一定的关联,应当进一步查证。而该区羟基异常内有铁矿床、多处水泥灰岩矿床和煤矿床、金刚石矿床、铜矿点和金矿化点分布。据区域资料分析,其显示在断裂带和接触带,对异常的原因有待进一步工作予以证实。

五、丰沛预测工作区

(一)预测工作区地质概况

1. 地层

丰沛隆起带由东西向展布的新太古界—古元古界泰山岩群古老变质岩组成结晶基底;其上为寒武系—奥陶系、石炭系—二叠系稳定盖层沉积地层,寒武系至中奥陶系以碳酸盐岩为主,夹砂泥质碎屑沉积,中石炭统至二叠系为区内主要含煤岩系。侏罗系—白垩系为红色类磨拉石沉积建造与陆相火山沉积岩建造。

2. 岩浆岩

丰沛隆起带中的岩浆活动主要为燕山期中酸性岩浆的侵入与喷发活动。侵入岩为燕山早中期岩浆活动的产物,岩性为闪长岩、花岗闪长岩、花岗岩类等,主要分布于丰沛隆起中东部,呈东西向串珠状分布,受东西向断裂构造控制。喷出岩主要为青山群玄武质安山岩、安山质玄武岩夹火山碎屑岩、凝灰质粉砂岩,局限分布于陆相火山沉积凹陷之中。

3. 矿产预测类型

本区域包括两种预测类型,利国式矽卡岩型铁矿和鞍山式沉积变质型铁矿。与矽卡岩型铁矿成矿有关的主要为碳酸盐岩沉积建造,在岩体与碳酸盐岩地层的接触带中往往形成接触交代型铁矿。在结晶基底泰山岩群中有鞍山式变质铁矿赋存,规模较大。

(二)预测工作区遥感分析

1:5万江苏省丰沛预测工作区位于江苏省北部,行政区划属于江苏省丰县、沛县,地理坐标为东经116°21′—117°03′,北纬34°31′—34°51′,遥感影像(图5-6)采用ASTER 15m分辨率数据。

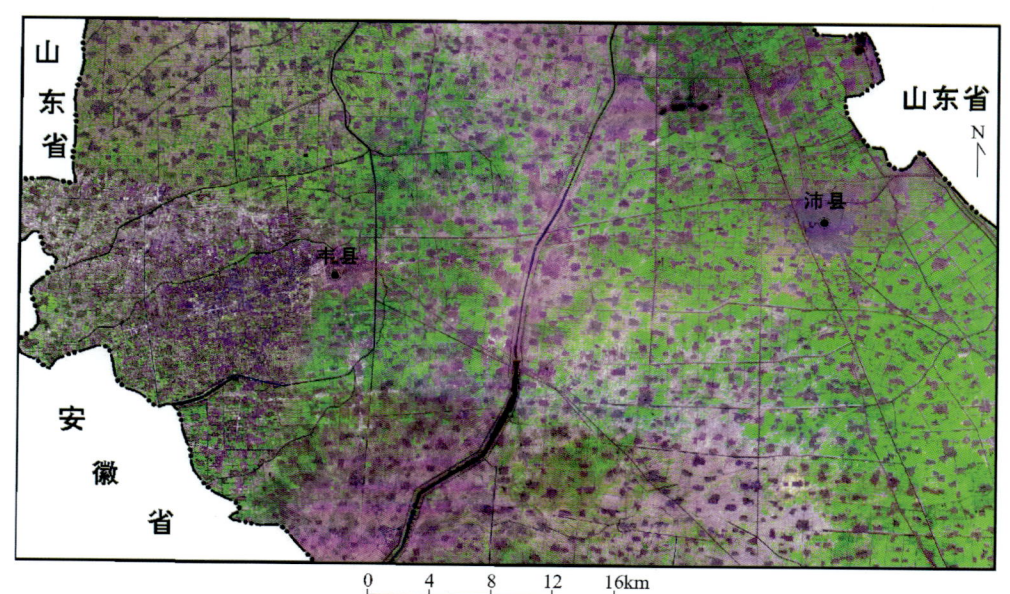

图 5-6 丰沛预测工作区 ASTER 遥感影像

1. 遥感矿产地质特征

丰沛隆起带隐伏于第四系之下,为近东西走向的断裂隆起构造带。各隆起区内因断裂陷落作用,地层展布表现为一系列单斜构造,未见明显的区域性褶皱构造;断裂构造表现为近东西向断裂较为发育,尤以东部较为集中,主要有张双楼-大屯断裂、朱寨断裂、阎集-三座楼断裂等;与东西向构造伴生的北北西向张扭性断裂较为发育,它切割东西向构造线,使局部地段东西向构造或断裂被错移或牵引成弧形。北北西向断裂大多为右行扭动,如鱼城-丰县断裂将丰沛隆起西段向北西平错数千米左右。

区内以北北西和北东东向构造为主分布了3条重大断裂。第一条是北西向的丰县-金乡(山东)断裂,第二条为东西向的欢口-龙固断裂,第三条是东西向的河口-铁佛沟大断裂。预测工作区遥感矿产地质特征如图5-7。

2. 构造与矿产的关系

据已有的内生矿床、矿点分布看,预测区有利国式矽卡岩型铁矿。这些矿床受隆起边缘东西向断裂与北西、北东向断裂交叉的控制。

3. 遥感异常特征

预测工作区遥感异常分布情况如图5-8。
1)遥感羟基异常特征
该预测工作区没有发现羟基异常。

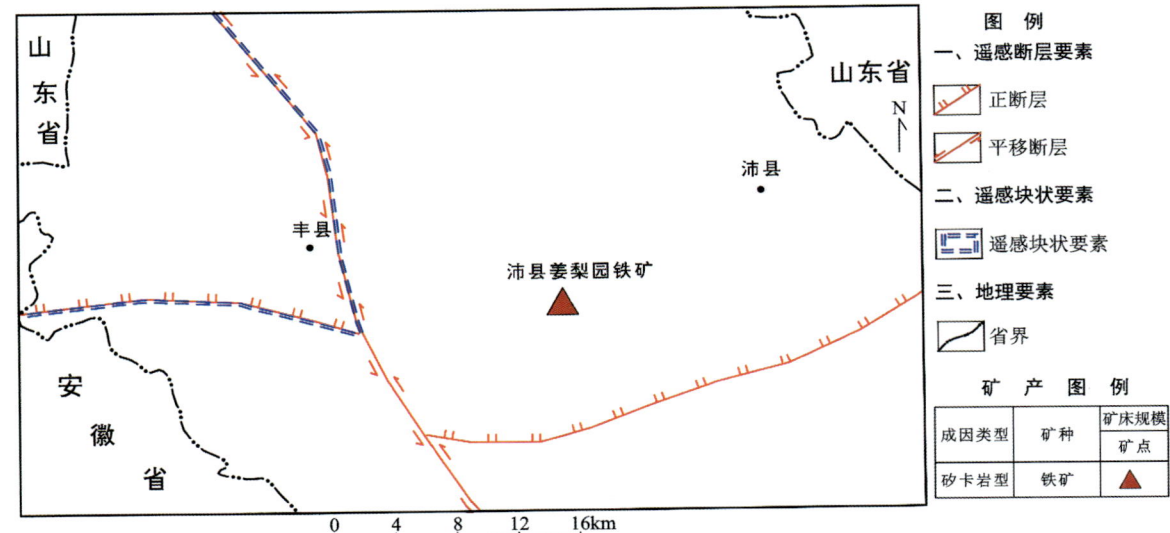

图 5-7　丰沛预测工作区遥感矿产地质特征与近矿找矿标志解译图

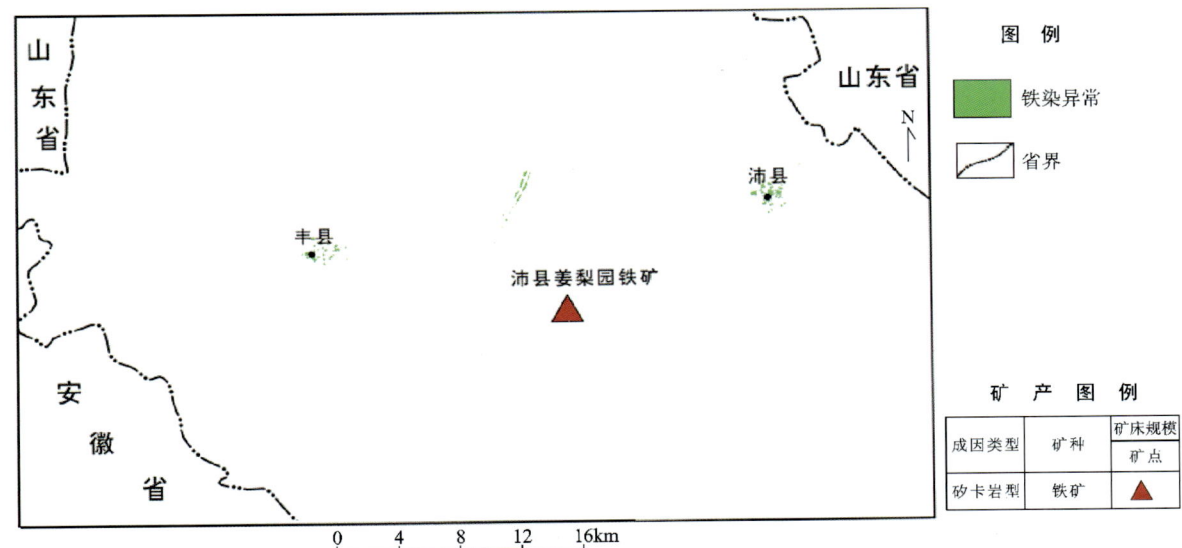

图 5-8　丰沛预测工作区遥感异常分布图

2）遥感铁染异常特征

徐州市丰县-沛县异常主要有铁矿床、煤矿分布。蚀变主要有矽卡岩化、透辉石化、绿泥石化、钾长石化、钠长石化、碳酸盐化、绿帘石化、绿泥石化、矽化、大理岩化等。地层主要为震旦系金寨山组，寒武系馒头组—三山子组，奥陶系贾汪组、马家沟组，石炭系本溪组、太原组，二叠系山西组-石千峰组。铁染异常呈片状重叠展布，分布地层为 100～150m 厚的第四系之下古近系官庄群。异常走向分布与地层走向基本一致，该区铁染异常可能与地层有关。

4. 遥感在矿产预测中的作用分析

据已有的内生矿床、矿点分布看，区内主要是煤矿、盐矿及铁矿床。铁矿主要赋存于闪长玢岩、石英闪长斑岩岩枝与奥陶系阁庄组、马家沟组碳酸盐岩接触带及围岩层间裂隙中。煤矿主要赋存在石炭系太原组、二叠系山西组之中。

该区省域内第四纪地层覆盖厚度大，遥感地质特征及遥感异常对找矿意义不大。

第二节　Ⅲ-67-③苏鲁金、铁成矿亚带

一、成矿区（带）地质背景

该成矿亚带内发育的地层呈明显的一老一新的特点。老地层主要为新太古代—古元古代东海杂岩中的变质表壳岩和中新元古界锦屏岩群、云台岩群。新的地层为零星出露的中、新生代地层，中生代地层主要有早白垩世莱阳群、青山群及晚白垩世王氏群，岩性主要为不同成分的陆相碎屑沉积建造或火山喷发沉积建造等；新生代地层主要为新近系上新统宿迁组及覆于其上的安峰山火山岩锥，岩性为半固结的陆相碎屑沉积建造或碱性玄武岩火山岩建造。

二、成矿区（带）矿产分布概况

该成矿亚带位于苏鲁高压-超高压变质岩带内。区内重点矿床是磷矿，其次是铁矿和金矿。区内铁矿矿床成因类型主要是沉积变质型。金矿矿床成因类型是破碎蚀变岩型。磷矿成因类型是沉积变质型。其中该区铁矿只有矿（化）点，没有矿床，金矿没有矿床点只有成矿条件，磷矿有4个中型矿床，1个小型矿床，查明资源量占全省磷矿查明资源量的91%。

三、成矿区（带）预测类型划分

根据本成矿亚带的地质背景、矿产特征以及矿产预测类型划分的原则，可将本地区划分为3个矿产预测类型，并对应划分为2个预测类型预测工作区。具体矿产预测类型划分见表5-3。遥感影像如图5-9所示。

表5-3　预测类型划分及分布范围一览表

矿产预测类型	预测工作区	面积(km²)	预测矿种	预测方法类型	典型矿床	成矿时代	预测底图
鞍山式沉积变质型铁矿	东海-新沂预测工作区	5417	铁矿	变质型		新太古代—古元古代	变质建造构造图(1:5万)
焦家式破碎蚀变岩型金矿			金矿	复合内生型		燕山期	综合建造构造图(1:5万)
海州式沉积变质型磷矿	连云港-泗洪预测工作区	2250	磷矿	变质型	锦屏磷矿	中元古代	变质建造构造图(1:25万)

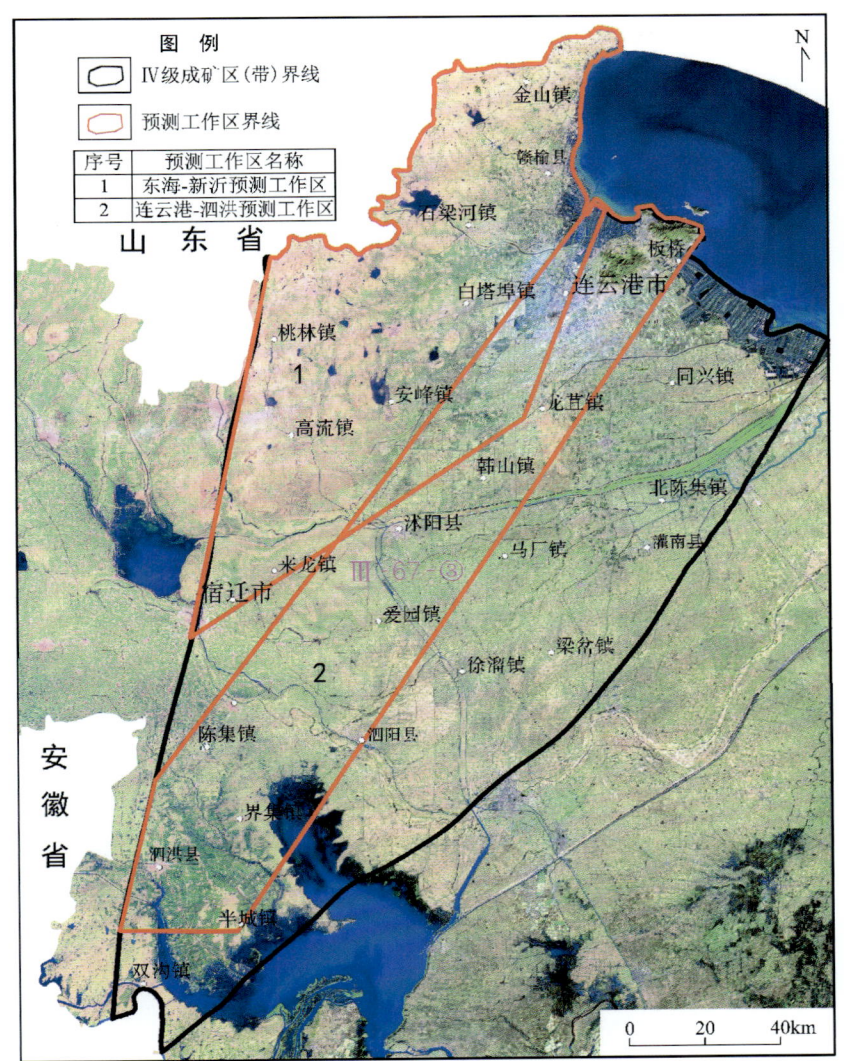

图 5-9 苏鲁成矿带区 ETM⁺ 遥感影像

四、东海-新沂预测工作区

(一) 预测工作区地质概况

1. 地层

预测区老地层主要为新太古代—古元古代东海杂岩中的变质表壳岩和中新元古界锦屏岩群、云台岩群。东海杂岩中变质表壳岩主要由大理岩类、石英岩类、片岩类及白云变粒岩等组成。

2. 岩浆岩

区内侵入岩主要为前寒武纪变质侵入岩和中生代中酸性岩类。总体上侵入岩是中生代晚侏罗世—

早白垩世时期地壳深部岩浆沿北东向郯庐断裂、接庄断裂裂谷多次脉动、涌动、被动侵入的产物,岩体产状形态受裂谷带的形状所控制。

3. 变质岩

预测区变质岩广泛发育,前寒武纪地层岩石均经历不同强度、不同类型的变质作用,至少经历榴辉岩、低角闪岩相、绿片岩相等不同相系的多期变质作用,其中以区域高压—超高压角闪岩相变质作用为主,并叠加动力变质作用改造。

4. 矿产预测类型

本区域包括2种矿产预测类型:焦家式破碎蚀变岩型金矿和鞍山式沉积变质型铁矿。其中铁矿主要赋矿地层在东海岩群武强山岩组中。东海岩群变质岩系中石英岩、片麻岩含金丰度较高,为金矿化形成提供了部分矿质。

(二)预测工作区遥感分析

1:25万江苏省东海-新沂预测工作区位于江苏省东北部,行政区划属于江苏省连云港市、赣榆县、东海县、灌云县、灌南县、宿迁市、涟水县、新沂市、沭阳县,地理坐标为东经118°17′—119°30′,北纬33°55′—35°08′,遥感影像(图5-10)采用ETM$^+$15m分辨率数据。

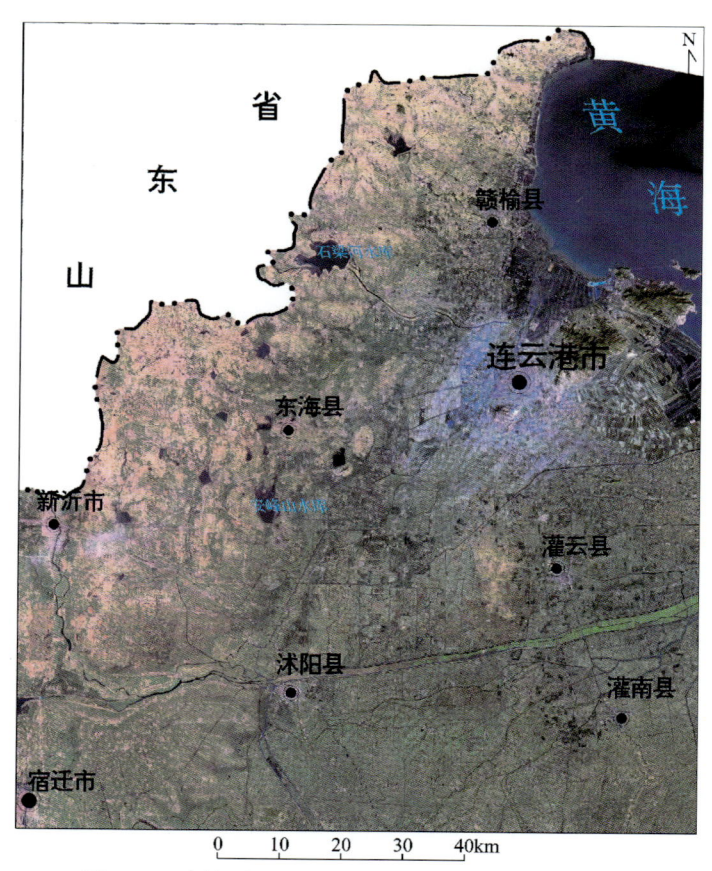

图5-10 东海-新沂铁矿预测工作区ETM$^+$遥感影像

1. 遥感矿产地质特征

预测工作区地处华北板块、苏鲁造山带和扬子板块结合部位,以其超高压变质作用和复杂的构造演化历史著称于世。苏鲁造山带在碰撞造山运动、超高压、高压变质变形中形成了极为复杂的韧性剪切构造,中生代以来构造活动则以岩浆侵入和块断作用为其主要特色。预测工作区遥感矿产地质特征如图 5-11。

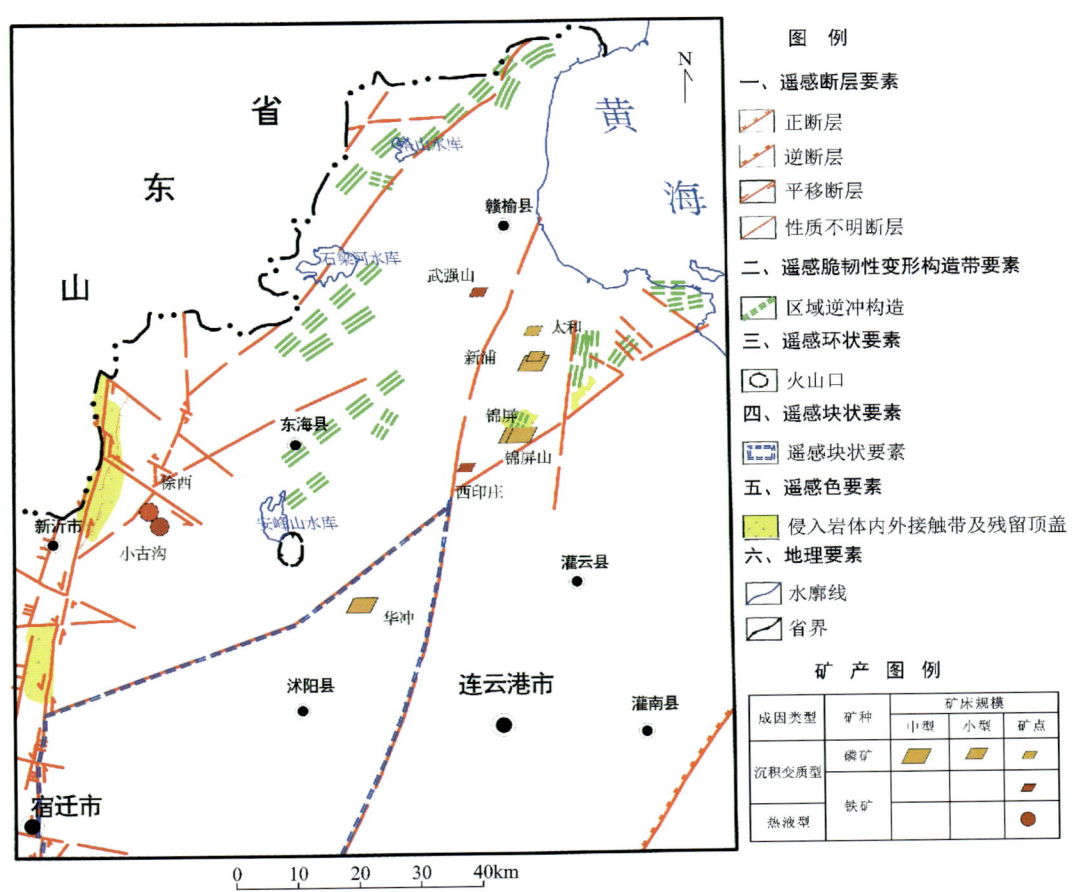

图 5-11 东海-新沂预测工作区遥感矿产地质特征与近矿找矿标志解译图

1)线要素解译

区内以北西向、北东向、东西向构造为主,其次为南北向构造。而南北向构造数量不多,不占主导地位。

西起临沂-新沂-宿迁郯庐断裂(新沂-宿迁段)贯穿图幅的南北一线是条重要的构造分区界线。郯庐断裂西侧为徐—宿构造带,东侧为苏北超高压变质岩区。

(1)北东向构造。北东向构造分布在北、中、南部,占据图内大部分地区。在其北、中、南部主要分布在苏北超高压变质岩区,断裂规模大小不等,断裂形成时间较早。将其主要断裂特征描述如下:①付墩-小塔山水库断裂:主要分布在付墩—石梁河水库—小塔山水库一线。断裂走向35°,断裂长约41km,断裂两侧地层不连续,错开地层,断裂北西侧有二长花岗岩、花岗闪长岩分布,具有碎裂、破碎等特征,遥感影像上线状特征清晰。②宿迁-板桥断裂:断裂走向60°,长度约130km。断裂北西侧元古宇东海岩群变质杂岩、锦屏岩群、云台岩群一套变质岩系,南东侧白垩系王氏群红层、第四系。断裂南西段有区域性脆韧性变形构造带叠加,是扬子地层区与华北地层区分界限。遥感影像上线状特征清晰。③海州-泗阳断裂:北起赣榆东侧海州湾边,向南延伸经海州西部东印庄、沭阳县韩山西侧一线。断裂长约120km,断裂走向15°,倾向南东,倾角70°左右。断裂东侧出露混合花岗岩及锦屏岩群、云台岩群,西侧为东海岩群,断裂南西段有区域性脆韧性变形构造带叠加。遥感影像上线状特征清晰。

(2)北西向构造。北西向构造主要分布在西部的新沂新安—小湖一带及东部连云港板桥—平明一带,占据图内大部分地区。断裂规模不大,北西向断裂形成时间较晚。将其主要断裂特征描述如下:①新沂新安—小湖一带断裂:主要分布在西部新沂新安—小湖一线,有平行的3条断裂组成,分布于郯庐断裂带中,该断裂错开地层,使地层不连续、赵圩子-五花顶二长花岗岩体被错开,其少数断裂性质属平移断层。遥感影像上线状特征清晰。②连云港板桥—平明一带断裂:主要分布在东部锦屏镇—南云台林场—东渚朝一线。有平行的3条断裂,地层不连续,明显错动地层,岩石具有碎裂、破碎特征,遥感影像上北西向线状特征清晰。

(3)东西向构造。东西向构造主要分布在北部黑林、西部新沂—宿迁一线,区内见4条断裂,将其主要断裂特征描述如下:黑林-柘汪断裂:位于图区北部边缘。断续出露长约49km。总体走向呈东西向,南倾,倾角30°。带内东海岩群片麻岩呈碎裂状或碎裂岩,片麻理十分紊乱,常有硅化、褐铁矿化、绿泥石化、绿帘石化等蚀变现象。在黑林北西采石坑中,蛇纹岩被挤压后,片理发育,片理略显波状弯曲,一系列挤压性的滑动面上,有黄绿色叶蛇纹石,并有擦痕,蛇纹岩常呈挤压扁豆状。遥感影像上线状特征清晰。

(4)南北向构造。南北向构造主要分布在西、东部一线,区内有2条,将其主要断裂特征描述如下:①郯庐断裂(新沂-宿迁段断裂):区内主要分布在新沂、宿迁一带,可称为郯庐断裂带新沂-宿迁段。总体走向5°～15°,长35km。仅断裂带东侧有零星露头,其余全为第四系所覆盖。航磁有明显的线性正异常带;卫星相片上断裂带的北段影像较明显,南段较模糊。郯庐断裂带是由一系列近于平行的断裂组成,主要断裂自西而东有纪集-王集断裂、瓦窑-皂河断裂、墨河-凌城断裂、新沂-新店断裂、马陵山-重岗山断裂、山左口-泗洪断裂、高埝-陈栈断裂等,这些断裂组成了琴键式构造。该断裂带有脆韧性变形构造带叠加,遥感影像上线状特征清晰。②锦屏山西麓断裂:位于锦屏山西麓—海州湾一线,走向5°～15°,倾向南东,倾角50°,长约40km。断裂西侧为锦屏岩群;东侧为混合花岗岩。绝大部分被第四系覆盖,仅锦屏山西南侧的山麓有出露,一系列雁列式排列的次一级挤压性滑动面发育于混合花岗岩中。遥感影像上线状特征清晰。

2)脆韧性变形构造带要素解译

区内脆韧性变形构造带要素有14条,主要分布在宿迁-板桥北东向断裂带的华北地层区,主要呈北东向带状分布,其次呈北西向分布,为区域性脆韧性变形构造带。

3)环要素解译

区内仅见1个环状岩层的显示,分布于安峰山水库南东侧,为新近系上新统碱性玄武岩,属于安峰山火山锥。

4)块要素解译

区内块要素有1块。主要分布在新沂—宿迁、宿迁—前房、前房—庄圩、小窑—红窑街一带。沿南北向郯庐断裂、北东向宿迁-板桥断裂、海州-泗阳断裂及小窑-红窑街断裂的南西段叠加分布。

5)色要素解译

区内色要素有4个,主要分布在新沂、宿迁、连云港市城南侧一线,其中新沂、宿迁2个分布在郯庐断裂带之中,连云港市城南侧2个分布在宿迁-板桥断裂北侧,为侵入岩体内外接触带及残留顶盖。其中郯庐断裂带地质图上对应为白垩纪二长花岗岗、连云港市城南侧为胸山片麻岩。

2. 构造与矿产的关系

据已有的变质矿床、矿点分布看,北区属苏北—胶南地层分区,分布有苏北超高压变质岩带,区域性脆韧性变形构造带,断裂构造十分发育。加上有利岩组和断裂往往是变质矿产赋存地段,如东海县禹山金矿点位于超高压变质岩带、脆韧性变形构造带上,尤其是在北西向构造与北东向构造复合地段可能富集成矿。

3. 遥感异常特征

东海-新沂预测工作区遥感异常分布情况如图 5-12。

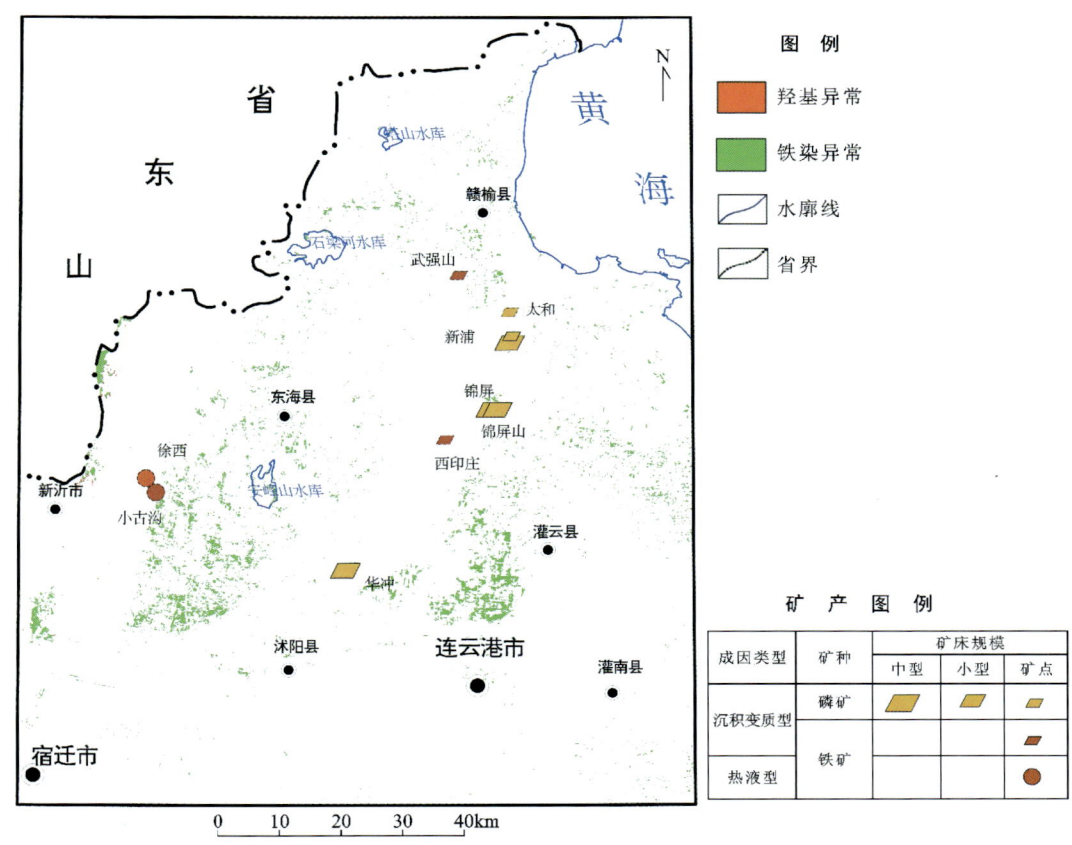

图 5-12 东海-新沂预测工作区遥感异常分布图

1)遥感羟基异常特征

区内较集中的遥感羟基异常主要分布于东海县西南阴平后屯-时集吴滩、灌云县西南陡沟-南岗、响水县陈家港-黄海农场;零星分布的异常有锦屏山、东辛、五图河农场、赣榆县西部欢墩-城头、小塔山水库、赣榆县南部宋庄等地。羟基异常大多呈无规则的点状集中面积分布,分布地层主要有元古宇东海岩群变质杂岩、锦屏岩群、云台岩群、白垩系王氏群红层、第四系。在局部羟基异常区范围附近,有元古宙超基性岩-蛇纹岩、榴辉岩、中生代花岗岩、新生代玄武岩零星分布。该区羟基异常大多数可能与变质岩有关。东部海边附近异常可能属假异常。

2)遥感铁染异常特征

遥感铁染异常主要分布于东海县西南阴平后屯-时集吴滩、灌云县西南陡沟-南岗、响水县陈家港-黄海农场;零星分布的异常有锦屏山、东辛、五图河农场、赣榆县西部欢墩-城头、小塔山水库、赣榆县南部宋庄等地,异常点呈点状重叠展布,分布地层主要有元古宇东海岩群变质杂岩、锦屏岩群、云台岩群、白垩系王氏群红层,第四系。在局部铁染异常区范围附近,有元古宙超基性岩-蛇纹岩、榴辉岩,中生代花岗岩,新生代玄武岩零星分布。该区铁染异常大多数可能与变质岩有关。东部海边附近异常可能属假异常。

4. 遥感在矿产预测中的作用分析

预测区位于郯庐断裂带有两侧及苏北超高压变质岩带,有蛇纹石、榴辉岩、蓝晶石、磷矿床分布,且见铁、铜、金矿化点分布。变质岩、断裂构造破碎带是相对的一级矿产成矿带,而二者复合地段及南北向次级构造局部发生扭动,弯曲部分往往是成矿富集之处。

通过对区内异常的处理,结合已有的地质资料分析,其显示在石梁河水库北、小塔山水库上游的 2 个羟基+铁染复合异常的成因有进一步工作意义。

五、连云港-泗洪预测工作区

(一)预测工作区地质概况

1. 地层

预测区分布于苏鲁高压—超高压变质带南缘。区内分布的基底地层主要为中元古界锦屏岩群和中—新元古界云台岩群等变质岩系,呈北东向—北北东向展布,其中,锦屏岩群为海州式磷矿的赋矿层位,含磷岩带从连云港市的临洪口一直延展到泗洪,呈北北东—南西向弧形展布。

2. 矿产预测类型

本区域包括 1 种矿产预测类型:海州式沉积变质型磷矿。磷矿主要赋存在锦屏岩群中。

(二)预测工作区遥感分析

1∶25 万江苏省连云港-泗洪预测工作区位于江苏省东北部,行政区划属于江苏省连云港市、沭阳县、泗阳县、泗洪县,地理坐标为东经 118°00′—119°30′,北纬 33°20′—34°50′,遥感影像(图 5-13)采用 ETM$^+$ 15m 分辨率数据。

1. 遥感矿产地质特征

区域构造位于秦岭-大别造山带(中央造山系)之武当-大别隆起的东延部分之苏鲁变质造山带的南部,其西部为郯庐深大断裂,南部为响水口-淮阴断裂。二级构造主要为北北东向海-泗断裂和北东向邵-桑断裂。北北东和北东向倒转褶皱构造带是主要的控矿构造。预测工作区遥感矿产地质特征如图 5-14 所示。

1)线要素解译

区内以北西向、北东向构造为主,其中郯庐断裂带穿过泗洪县境内,是条重要的构造分区界线。

(1)北西向构造。连云港板桥-平明一带断裂:主要分布在东部锦屏镇—南云台林场—东渚朝一线。有平行的 3 条断裂,地层不连续,明显错动地层,岩石具有碎裂、破碎特征,遥感影像上北西向线状特征清晰。

(2)北东向构造。海州-泗阳断裂:北起赣榆东侧海州湾边,向南延伸经海州西部东印庄、沭阳县韩山西侧一线。断裂长约 120km,断裂走向 15°,倾向南东,倾角 70°左右。断裂东侧出露混合花岗岩及锦屏岩群、云台岩群,西侧为东海岩群,是扬子地层区与华北地层区分界限。遥感影像上线状特征清晰。

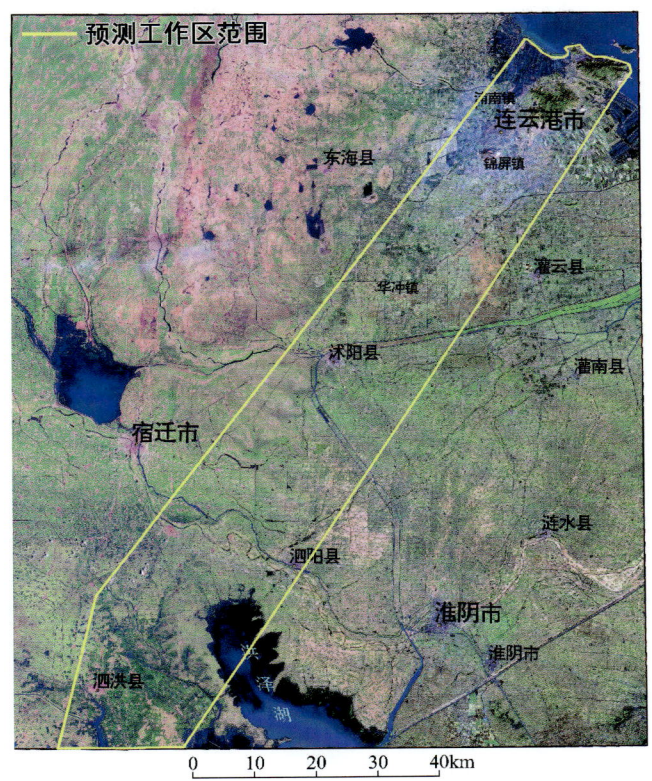

图 5-13　连云港-泗洪预测工作区 ETM$^+$ 遥感影像

(3) 近南北向构造。近南北向构造区内有 2 条，西部为郯庐断裂，中部锦屏山西麓断裂。①郯庐断裂(新沂-宿迁段断裂)：区内主要分布在泗洪一带，可称为郯庐断裂带泗洪段。总体走向 5°~15°，长 35km。仅断裂带东侧有零星露头，其余全为第四系所覆盖。航磁有明显的线性正异常带；卫星相片上断裂带的北段影像较明显，南段较模糊。郯庐断裂带是由一系列近于平行的断裂组成，主要断裂自西而东有纪集-王集断裂、瓦窑-皂河断裂、墨河-凌城断裂、新沂-新店断裂、马陵山-重岗山断裂、山左口-泗洪断裂、高埝-陈栈断裂等，这些断裂组成了琴键式构造。②屏山西麓断裂：位于锦屏山西麓—海州湾一线，走向 5°~15°，倾向南东，倾角 50°，长约 40km。断裂西侧为锦屏岩群；东侧为混合花岗岩。绝大部分被第四系覆盖，仅锦屏山西南侧的山麓有出露，一系列雁列式排列的次一级挤压性滑动面发育于混合花岗岩中。

2) 脆韧性变形构造带要素解译

工作区内有 6 个脆韧性变形构造带。有蛇纹石、蓝晶石、榴辉岩矿床分布。遥感影像清晰醒目的北东向带状构造。磷矿含矿带为长城系锦屏岩群；蛇纹石、蓝晶石、榴辉岩含矿带为东海岩群的变质岩系。这些带均分布于锦屏岩群、东海岩群之中，大多呈北东向展布。

3) 遥感最小预测工作区

工作区内圈定磷矿遥感最小预测区 3 个，主要分布在连云港新浦大浦、锦屏镇、华冲镇；新浦大浦预测区：区内出露有中元古界锦屏岩群，并位于重力高值带，且在磁场零线附近的正值带，具有很好的成矿条件，新浦大浦磷矿以及太和磷矿就产于此；锦屏-袁庄预测区：区内出露有中元古界锦屏岩群，并位于重力高值带，且在磁场零线附近的正值带，具有很好的成矿条件，锦屏磷矿就产于此；华冲预测区：区内出露有中元古界锦屏岩群，并位于重力高值带，且在磁场零线附近的正值带，具有很好的成矿条件，华冲磷矿就产于此。

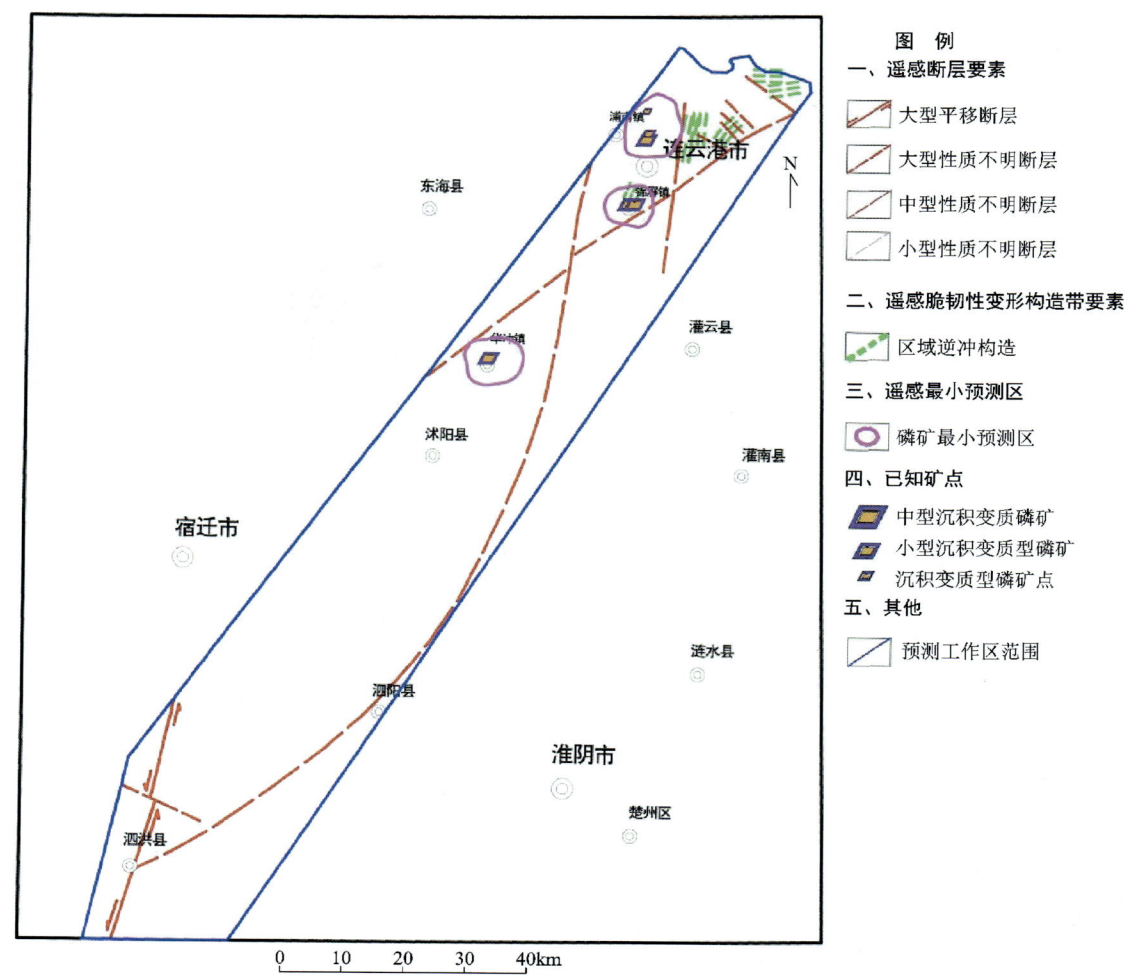

图 5-14　连云港-泗洪预测工作区遥感矿产地质特征与近矿找矿标志解译图

2. 构造与矿产的关系

据已有的变质矿床、矿点分布看,北区属苏北-胶南地层分区,分布有苏北超高压变质岩带,区域性脆韧性变形构造带,断裂构造十分发育。加上有利岩组和断裂往往是变质矿产赋存地段,区内的磷矿床主要分布于苏北超高压变质岩带、脆韧性变形构造带上。

综上所述,可认为区内超高压变质岩带、脆韧性变形构造带是相对的一级变质岩矿产成矿带,而二者复合地段及次级构造局部发生扭动弯曲部分往往是成矿富集之处。

3. 遥感异常特征

连云港市大桅尖山—锦屏山—房山—沭阳县韩山—灌云县燕尾一带,异常呈北东东向带状展布,主要为铁染异常,有羟基＋铁染组合异常叠加,分布地层有元古宇东海岩群变质杂岩、锦屏岩群、云台岩群、白垩系王氏群红层、第四系。有元古宙超基性岩-蛇纹岩、榴辉岩,中生代花岗岩,新生代玄武岩零星分布。分析异常为假异常。

4. 遥感在矿产预测中的作用分析

遥感在对应的磷矿预测工作区中与现有的磷矿体没有明显的对应关系,基本只是简单的参考意义。

第三节 Ⅲ-69-①庐江-滁州铜、金、铁、钼、铅、锌、银、硫成矿亚带

一、成矿区（带）地质背景

该区位于苏北坳陷西部边缘地带，郯庐断裂带东侧，系为郯庐断裂带切割牵引的扬子陆块区与中央造山系弧形复合部位，属下扬子陆块区苏皖前陆盆地的一部分，苏皖北西向新生代玄武岩喷发带斜贯该区域。目前区内仅发现数处铁、钼（铜）多金属矿（化）点，其中矽卡岩型铁矿体主要赋存在二长花岗斑岩及闪长玢岩等燕山晚期中酸性侵入岩与震旦纪—寒武纪镁质碳酸盐岩建造接触带中，而斑岩型钼矿体则主要赋存在接触带附近的二长花岗斑岩等岩体中，并受北东向断裂构造控制。

二、成矿区（带）矿产分布概况

目前仅发现几处铁、铜、钼矿化点，成矿类型有矽卡岩型、斑岩型、热液充填型等，成矿期主要为燕山晚期。其中铁矿化以冶山式矽卡岩型（热液型）铁矿为主。目前区内已发现五里墩、小狼山、佛窝等铁矿点，矿石矿物主要为磁铁矿、钼磁铁矿、黄铜矿、黄铁矿等，磁铁矿呈自形—半自形晶细粒状结构，块状、浸染状构造。钼矿化以涑壁式斑岩型为主，成矿与燕山晚期二长花岗（斑）岩有关，北东向断裂构造控制了岩体的分布，钼矿化主要分布于盱眙古桑以南，成矿时代为白垩纪。目前区内仅发现李家岗斑岩型钼矿点一处。

三、成矿区（带）预测类型划分

根据本地区的地质背景、矿产特征以及矿产预测类型划分的原则，将本地区划分为两个矿产预测类型，分别为冶山式矽卡岩型铁矿、涑壁式斑岩型钼矿，并对应划分为两个预测类型预测工作区，都分布在盱眙地区，即盱眙冶山式矽卡岩型铁矿预测工作区、盱眙涑壁式斑岩型钼矿预测工作区，另由于本地区没有小型及以上规模的铁、钼矿床，因此分别借用相邻Ⅳ成矿亚带（沿江铜、铁、金、多金属、硫成矿亚带）六合地区的冶山铁矿及宁镇地区（镇江）的涑壁钼矿作为典型矿床进行参照研究，具体矿产预测类型划分、工作区分布范围等见表5-4。成矿区（带）遥感影像如图5-15所示。

表5-4 江苏省庐江-滁州成矿亚带铁、钼矿矿产预测类型划分及分布范围一览表

预测类型	预测工作区名称	面积（km²）	预测矿种	预测方法类型	典型矿床	成矿时代	分布范围	预测底图
冶山式矽卡岩型铁矿	盱眙预测工作区	2000	铁	侵入岩体型	冶山铁矿（借用）	侏罗纪—白垩纪	盱眙地区	侵入岩浆构造图（1∶5万）
涑壁式斑岩型钼（钨）矿	盱眙预测工作区		钼	侵入岩体型	涑壁钼（钨）矿（借用）	白垩纪	盱眙地区	侵入岩浆构造图（1∶5万）

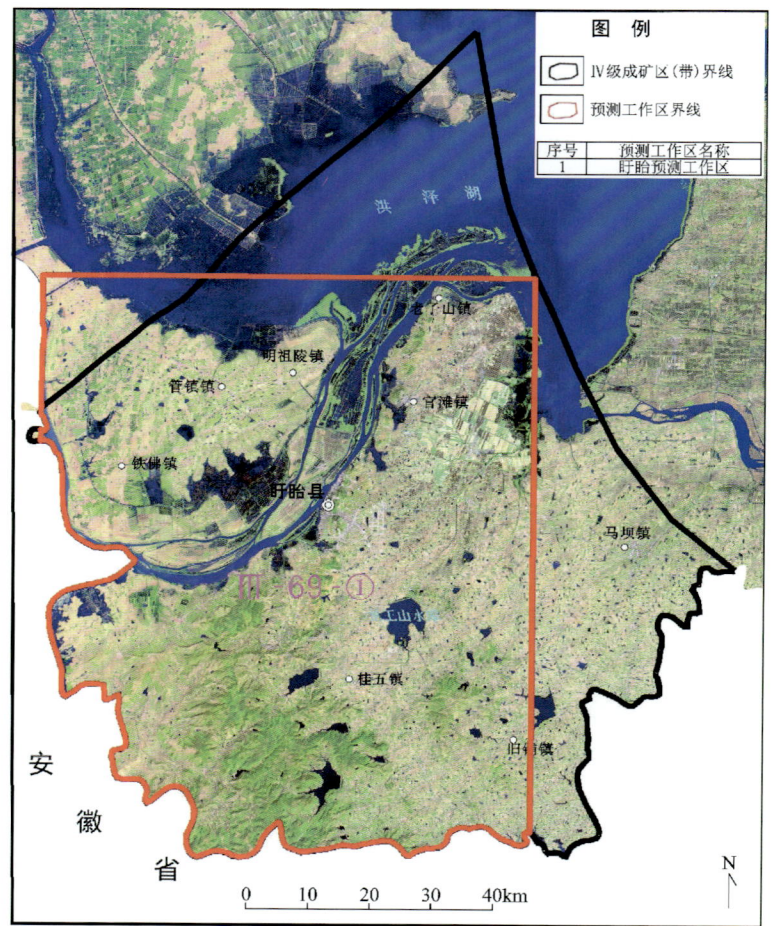

图 5-15 庐江-滁州硫成矿区(带)ETM⁺遥感影像

四、盱眙预测工作区

(一)预测工作区地质概况

盱眙预测工作区主要位于盱眙县境内,构造上位于苏北坳陷西部边缘地带,郯庐断裂带东侧,系受郯庐断裂带切割牵引的扬子陆块区与中央造山系弧形复合部位,属下扬子台褶带的一部分,苏皖北西向新生代玄武岩喷发带斜贯预测区。

1. 地层

预测区内出露有中元古界张八岭岩群(安徽境内)、震旦系黄墟组与灯影组,地表未见古生界与中生界,其余大面积地区分布的主要为新近纪玄武岩和第四纪沉积物。另外,经钻孔揭露仅局部有寒武系分布。

2. 岩浆岩

预测区内岩浆活动以喜马拉雅期玄武质岩浆多次喷溢活动为主,在区内广泛分布,呈北西向带状分布。侵入岩浆活动为燕山晚期中酸性岩浆侵入，形成岩石主要有石英闪长岩、闪长岩、石英二长斑岩、石英正长斑岩、花岗斑岩等，局部有燕山晚期煌斑岩类呈脉状侵入，总体上受北北东向断裂和东西向断裂构造控制。

3. 矿产预测类型

预测区铁铜多金属成矿作用总体较弱，铁铜矿点主要分布在石牛山-天台山隆起带上，产出于燕山期中酸性侵入岩与碳酸盐岩地层的接触带部位，成矿作用受断裂、接触带构造控制。目前该区域内只发现了一些铁、钼矿矿点。

（二）预测工作区遥感分析

1:5万盱眙预测工作区位于江苏省西部，西与安徽省交界。行政区划主要属于江苏省盱眙县。地理坐标为东经118°11′—118°45′，北纬32°43′—33°13′，遥感影像（图5-16）采用ETM$^+$ 15m分辨率数据。

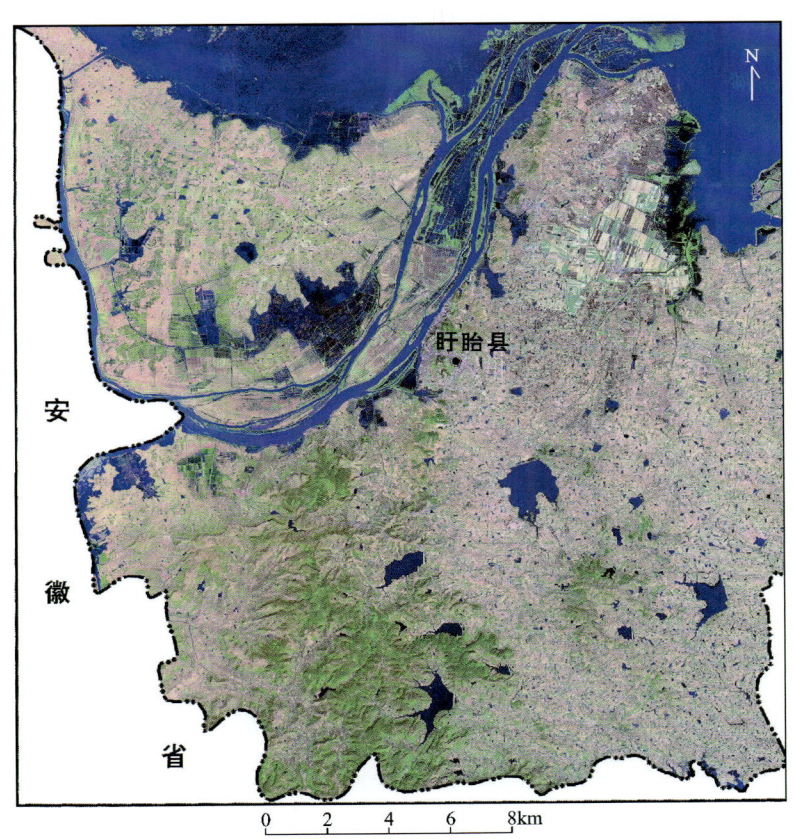

图5-16　盱眙预测工作区ETM$^+$遥感影像

1. 遥感地质矿产特征

预测区早期近东西向多因严重隐盖或后期构造的破坏与改造，形迹不明显，晚期构造主要为北西向断裂构造，切割与错断早期构造线，并控制了新生代断陷与区域性北西向基性火山喷发带的空间分布。喜马拉雅运动区域构造相对较弱，以局部升降运动和老断裂的继承性活动为特征，尤以北西向断裂构造复活，构造活动较强，控制了新生代基性火山岩的喷发。预测工作区遥感矿产地质特征如图5-17所示。

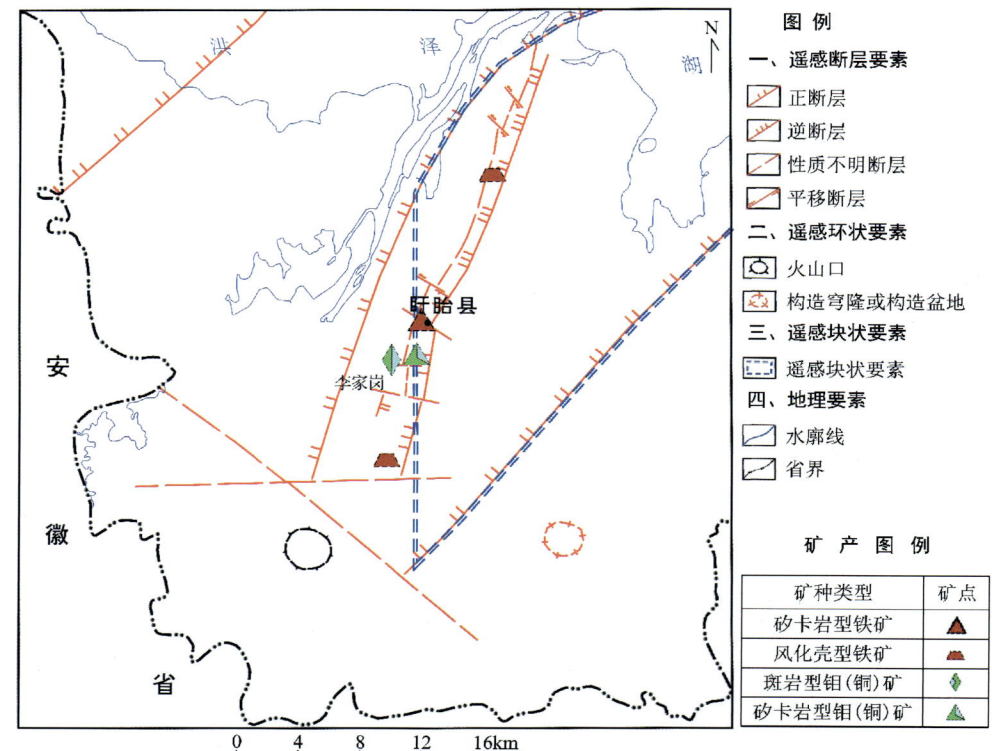

图 5-17　盱眙预测工作区遥感矿产地质特征与近矿找矿标志解译图

1）线要素解译

工作区内以北西向、北东向构造为主，其次为东西向、南北向构造。

（1）北东向断裂：主要分布在图幅的中部，中部 3 条北东向属郯庐断裂带的组成部分，是重要的构造分区界线。断裂带西侧为隆起区，东侧为苏北平原区，东侧有零星露头，其余全为第四系所覆盖。航磁有明显的线性正异常带；卫星相片上断裂带的北段影像较明显，南段较模糊。

（2）北西向构造：分布在中、南部，中部者在郯庐断裂带之中，规模较小，错动北东向郯庐断裂，属晚期断裂。

（3）东西向构造：区内有 1 条东西向断裂，分布在兴隆—三河农场一线。

2）环要素解译

图区内有 2 个环状构造显示，一个为蒋池子火山机构，在遥感影像（图 5-18）上呈现为隐现的环状，表现为浅绿色色带，边界清晰可见，环内为色调形态变异区，色调明亮，环外条带状影纹，色调偏暗，环内环外色调差异大。周边盖层具有放射状构造。该火山口为新生代玄武岩。

另一个为构造穹隆或构造盆地。不同岩相火山岩围绕火山口呈半环状分布，向中心倾斜，地层自外而内，由老变新。火山口内及附近岩石蚀变强烈。由火山岩组成的环状山峰包围火山口。在遥感影像（图 5-19）上可以看出该环形构造沿着山脊线走向，呈现为半环状，浅绿色色带，边界清晰可见，开口为东南方向，构造中心为负地形，周边盖层在影像中呈穹隆形态出现，具有放射状构造。

2. 构造与矿产的关系

据已有的内生矿床、矿点分布看，盱眙钼矿矿体产于下震旦统黄墟组碳酸盐岩中，其次是上震旦统灯影组碳酸盐岩中。北北东向断裂破碎带与近东西向断裂交会控制了岩体的分布。钼矿化主要产于二长花岗斑岩与震旦纪碳酸盐岩地层接触带及近接触带的岩体中，离接触带稍远的围岩中矿化以铜铅为主。矿石具有片状结构，细脉状、细脉浸染状和浸染状构造。

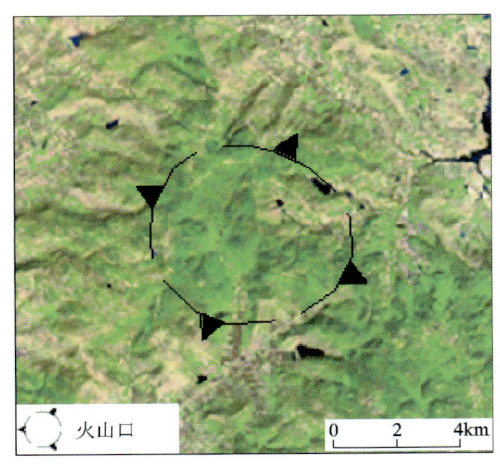

图 5-18　蒋池子火山机构

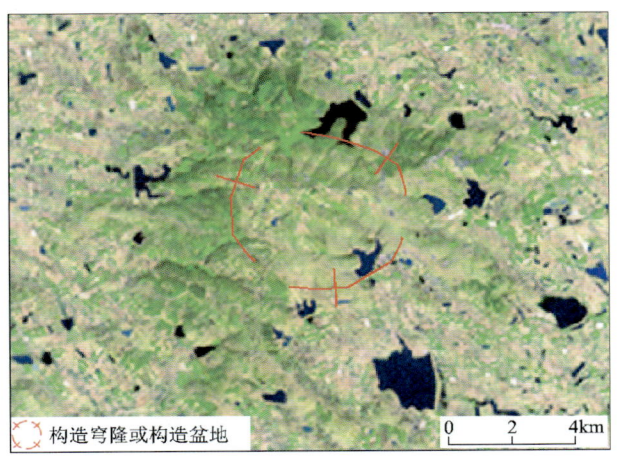

图 5-19　构造穹隆或构造盆地

3. 遥感异常特征

盱眙预测工作区遥感异常分布情况如图 5-20 所示。

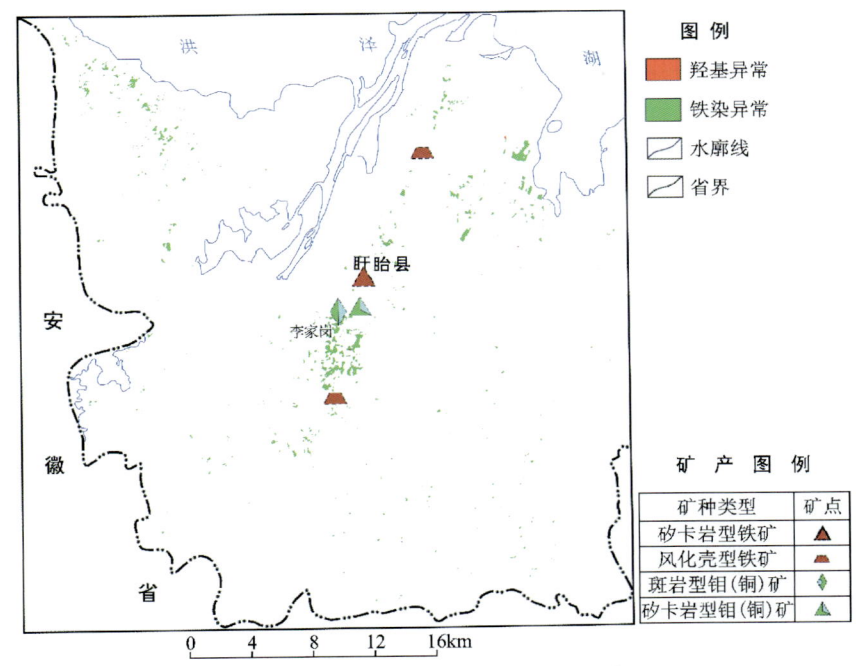

图 5-20　盱眙预测工作区遥感异常分布图

1) 遥感羟基异常特征

区内遥感羟基异常呈星点状分布，异常主要分布于洪泽县大蒋庄北东、盱眙县大王庄南、头高庄等地。异常呈点状展布，分布区地表被大面积第四纪松散沉积物覆盖，沉积厚度达 90m，因而判断为假异常。

2) 遥感铁染异常特征

较集中的遥感铁染异常主要分布于洪泽县西上塘-盱眙县北西管镇、老子山、蒋坝、裂山等地，异常呈北西向、北东向展布，分布地层有震旦系黄墟组、灯影组、第四系。主要有北北东向和北西西向两组断层，其中北北东向为逆断层，北西西向为左行平推断层。在局部铁染异常区范围附近，有中生代二长花岗斑岩零星分布。该区铁染异常大多数可能与地层有关。

4. 遥感在矿产预测中的作用分析

从区域资料来看,工作区地处苏北郯庐断裂带两侧,有水泥灰岩矿床和凹凸棒石矿床分布,预测区内的蚀变矿物主要为大理岩化、蒙脱石化;岩石蚀变主要为白云岩化、黏土化。

通过对区内异常的处理,结合已有的地质资料分析,区内的羟基异常在苏北平原区,对找矿无价值。而洪泽湖南岸老子山—官滩—蒋坝一带的铁染异常分布于震旦系黄墟组、灯影组露头上,且异常较为集中,应当进一步踏勘查证。

第四节 Ⅲ-69-②沿江铜、铁、金、多金属、硫成矿亚带

一、成矿区(带)地质背景

该亚带内矿床类型多,矿产地密集区多,铁、铜、铅、锌等矿种的大中型矿床多,地层除缺失中下泥盆统和部分下石炭统外,自前寒武系至第四系均有出露,其中震旦系、下寒武统、中下奥陶统、石炭系、二叠系及早中三叠世碳酸盐岩建造和晚侏罗世—早白垩世陆相火山岩系建造均为主要成矿和赋矿围岩,矿床均受追踪长江深断裂控制,虽岩浆岩系列、形成时代和成矿特征有所差异,但它们成矿统一于中生代燕山期强烈发育的构造-岩浆热事件中,并形成长江中下游成矿带中最具有特色的最主要的构造-岩浆岩成矿亚带。

二、成矿区(带)矿产分布概况

该亚带内参与此次预测的矿种主要有铁、铜、金、铅、锌、银、钼、硫、磷 9 个矿种,其中铁、硫、磷矿种主要分布在宁芜北段火山岩盆地中,其次为宁镇、六合及溧水地区,而铅锌银及铜、金、钼多金属则主要分布在宁镇隆起中,其次为宁芜及溧水火山岩盆地地区,其中铁、铜、金、铅、锌、银及硫铁矿为江苏省的优势矿种,并且已查明资源量主要集中分布在该成矿亚带。这些矿种的成矿类型主要有陆相火山岩型、矽卡岩型、斑岩型、层控热液型、铁帽型、卡林型、破碎蚀变岩型等类型。

三、成矿区(带)预测类型划分

成矿区地遥感影像如图 5-21。

1. 铁矿

根据本成矿亚带的地质背景、矿产特征以及矿产预测类型划分的原则,可将本地区划分为 3 个矿产预测类型,分别为宁芜式陆相火山岩型铁矿、韦岗式矽卡岩型铁矿及冶山式矽卡岩型铁矿,并对应划分了 4 个预测类型预测工作区,分布在宁芜、溧水、宁镇及六合 4 个区域中。具体矿产预测类型划分及分布范围见表 5-5。

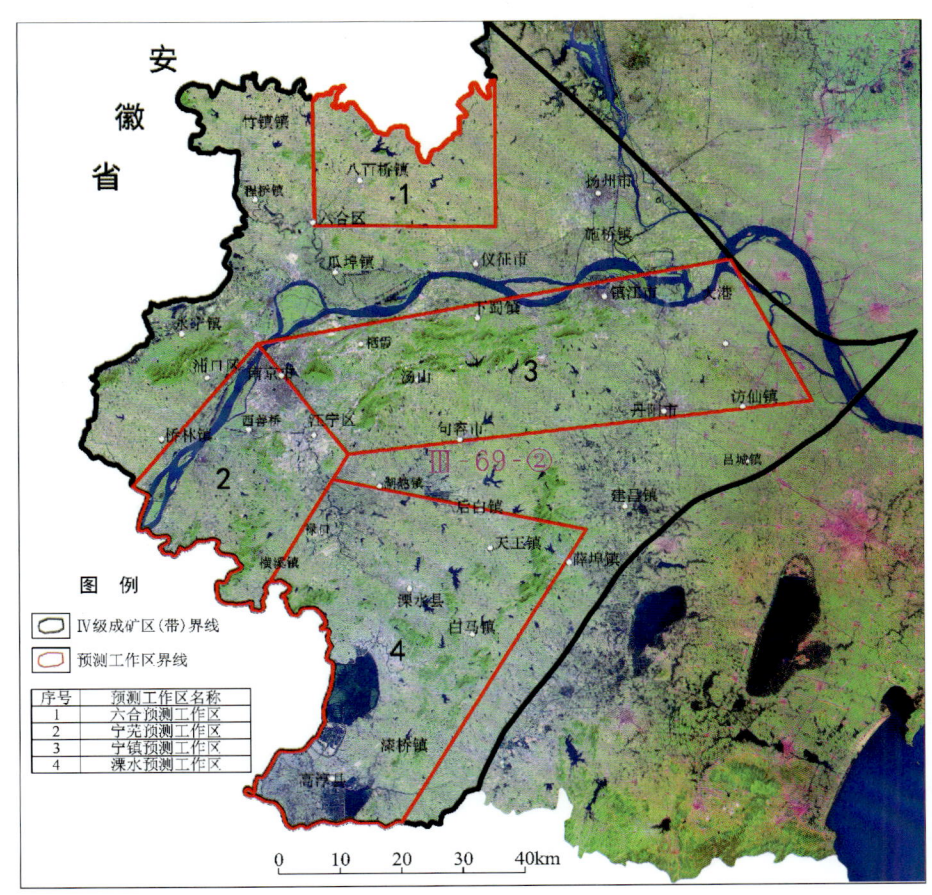

图 5-21 沿江成矿区（带）ETM⁺ 遥感影像

表 5-5 江苏省沿江成矿亚带铁矿矿产预测类型及工作区范围一览表

预测类型	预测工作区名称	面积（km²）	预测矿种	预测方法类型	典型矿床	成矿时代	分布范围	预测底图
宁芜式陆相火山岩型铁矿	宁芜北段预测工作区	944	铁	火山岩型	梅山，吉山，凤凰山，麒麟山，龙旗山铁矿床	白垩纪	宁芜北段火山岩盆地	火山岩性岩相图（1：5万）
	溧水预测工作区	2222	铁	火山岩型	东岗铁矿床	侏罗纪—白垩纪	溧水火山岩盆地	火山岩性岩相图（1：5万）
韦岗式矽卡岩型铁矿	宁镇预测工作区	2350	铁	侵入岩体型	韦岗铁矿	白垩纪	宁镇隆起区	侵入岩浆构造图（1：5万）
冶山式矽卡岩型铁矿	六合预测工作区	703	铁	侵入岩体型	冶山铁矿	白垩纪	六合隆起区	侵入岩浆构造图（1：5万）

2. 铜（金、铅）矿

根据本成矿亚带的地质背景、矿产特征以及矿产预测类型划分的原则，可将本地区划分为 4 个矿产预测类型，分别为安基山式矽卡岩型斑岩型铜矿、铜井式陆相火山岩型铜金矿、獾子洞式次火山热液-层控矽卡岩型铜金矿及五部式陆相火山岩型铜铅矿，并对应划分了 3 个预测类型预测工作区，分别在宁镇、宁芜及溧水 3 个区域中。具体矿产预测类型划分及分布范围见表 5-6。

表 5-6　江苏省沿江成矿亚带铜（金、铅）矿矿产预测类型及工作区范围一览表

预测类型	预测工作区名称	面积（km²）	预测矿种	预测方法类型	典型矿床	成矿时代	分布范围	预测底图
安基山式矽卡岩型斑岩型铜矿	宁镇预测工作区	2350	铜	侵入岩体型	安基山铜矿	白垩纪	宁镇隆起区	侵入岩浆构造图（1∶5万）
铜井式陆相火山岩型铜金矿	宁芜预测工作区	944	铜、金	火山岩型	铜井铜金矿	白垩纪	宁芜火山岩盆地北段	火山岩性岩相图（1∶5万）
獾子洞式次火山热液-层控矽卡岩型铜金矿	溧水预测工作区	2222	铜、金	火山岩型	獾子洞铜金矿	晚侏罗世—白垩纪	溧水火山岩盆地	火山岩性岩相图（1∶5万）
五部式陆相火山岩型铜铅矿	溧水预测工作区	2222	铜、铅	火山岩型	观山铜铅矿	白垩纪	溧水火山岩盆地	火山岩性岩相图（1∶5万）

3. 金矿

根据本成矿亚带的地质背景、矿产特征以及矿产预测类型划分的原则，可将本地区划分为 4 个矿产预测类型，分别为铜井式陆相火山岩型金（铜）矿、西横山式破碎蚀变岩型金矿、汤山式卡林型金矿、新桥式铁帽型金矿，并对应划分了 5 个预测类型预测工作区，分别在宁镇、宁芜及溧水 3 个区域中。具体矿产预测类型划分及分布范围见表 5-7。

表 5-7　江苏省沿江成矿亚带金矿矿产预测类型及工作区范围一览表

预测类型	预测工作区名称	面积（km²）	预测矿种	预测方法类型	典型矿床	成矿时代	分布范围	预测底图
铜井式陆相火山岩型铜金矿	宁芜预测工作区	944	金、铜	火山岩型	铜井铜金矿	白垩纪	宁芜火山岩盆地北段	火山岩性岩相图（1∶5万）
铜井式陆相火山岩型铜金矿	溧水预测工作区	2222	金	火山岩型	金驹山金矿	白垩纪	溧水火山岩盆地	火山岩性岩相图（1∶5万）
西横山式破碎蚀变岩型金矿	溧水预测工作区	2222	金	复合内生型	燕子口金矿	白垩纪	溧水火山岩盆地	火山岩性岩相图（1∶5万）
汤山式卡林型金矿	宁镇预测工作区	2350	金	复合内生型	汤山金矿	白垩纪	宁镇隆起区	侵入岩浆构造图（1∶5万）
新桥式铁帽型金矿	宁镇预测工作区	2350	金	复合内生型	平山头金矿	白垩纪	宁镇隆起区	侵入岩浆构造图（1∶5万）

4. 铅锌（银）矿

根据本成矿亚带的地质背景、矿产特征以及矿产预测类型划分的原则，可将本地区划分为两个矿产预测类型，分别为栖霞山式碳酸盐岩型（层控矽卡岩型）铅锌（银）矿及五部式陆相火山岩型铜铅矿，并对应划分了两个预测类型预测工作区，分别在宁镇及溧水两个区域中。具体矿产预测类型划分及分布范围见表 5-8。

表 5-8　江苏省沿江成矿亚带铅锌(银)矿矿产预测类型及工作区范围一览表

预测类型	预测工作区名称	面积（km²）	预测矿种	预测方法类型	典型矿床	成矿时代	分布范围	预测底图
栖霞山式碳酸盐岩型(层控矽卡岩型)铅锌(银)矿	宁镇预测工作区	2350	铅、锌、银	层控内生型	栖霞山铅锌银矿	白垩纪	宁镇隆起区	侵入岩浆构造图(1:5万)
五部式陆相火山岩型铜铅矿	溧水预测工作区	2222	铜、铅	火山岩型	观山铜铅矿	白垩纪	溧水火山岩盆地	火山岩性岩相图(1:5万)

5. 钼矿

根据本成矿亚带的地质背景、矿产特征以及矿产预测类型划分的原则，可将本地区划分为两个矿产预测类型，分别为铜山式矽卡岩型钼矿及谏壁式斑岩型钼矿，并对应划分了两个预测类型的预测工作区，都集中在宁镇区域中。具体矿产预测类型划分及分布范围见表 5-9。

表 5-9　江苏省沿江成矿亚带钼矿矿产预测类型及工作区范围一览表

预测类型	预测工作区名称	面积（km²）	预测矿种	预测方法类型	典型矿床	成矿时代	分布范围	预测底图
铜山式矽卡岩型钼矿	宁镇预测工作区	2350	钼	侵入岩体型	铜山铜钼矿	白垩纪	宁镇隆起区	侵入岩浆构造图(1:5万)
谏壁式斑岩型钼矿	宁镇预测工作区	2350	钼	侵入岩体型	谏壁钼矿	白垩纪	宁镇隆起区	侵入岩浆构造图(1:5万)

6. 硫铁矿

根据本成矿亚带的地质背景、矿产特征以及矿产预测类型划分的原则，可将本地区划分为两个矿产预测类型，分别为铜陵式矽卡岩型硫铁矿及云台山式陆相火山岩型硫铁矿，并对应划分了 3 个预测类型预测工作区，分别在宁镇、宁芜及溧水 3 个区域中。具体矿产预测类型划分及分布范围见表 5-10。

表 5-10　江苏省沿江成矿亚带硫铁矿矿产预测类型及工作区范围一览表

预测类型	预测工作区名称	面积（km²）	预测矿种	预测方法类型	典型矿床	成矿时代	分布范围	预测底图
铜陵式矽卡岩型硫铁矿	宁镇预测工作区	2350	硫	侵入岩体型	岔路口硫铁矿	白垩纪	宁镇隆起区	侵入岩浆构造图(1:5万)
云台山式陆相火山岩型硫铁矿	宁芜预测工作区	944	硫	火山岩型	云台山硫铁矿	晚侏罗世—白垩纪	宁芜火山岩盆地北段	火山岩性岩相图(1:5万)
云台山式陆相火山岩型硫铁矿	溧水预测工作区	2222	硫	火山岩型	云台山硫铁矿、卧龙山硫铁矿	侏罗纪	溧水火山岩盆地	火山岩性岩相图(1:5万)

7. 磷矿

根据本成矿亚带的地质背景、矿产特征以及矿产预测类型划分的原则,本地区仅划分了一个矿产预测类型,即宁芜式玢岩型(陆相火山岩型)铁磷矿,并对应划分了一个预测类型预测工作区,分布在宁芜火山岩盆地中。具体矿产预测类型划分及分布范围见表5-11。

表5-11 江苏省沿江成矿亚带磷矿矿产预测类型及工作区范围一览表

预测类型	预测工作区名称	面积(km^2)	预测矿种	预测方法类型	典型矿床	成矿时代	分布范围	预测底图
宁芜式玢岩型(陆相火山岩型)铁磷矿	宁芜预测工作区	944	磷	火山岩型	泰山铁磷矿	白垩纪	宁芜火山岩盆地北段	火山岩性岩相图(1:5万)

四、宁芜预测工作区

(一)预测工作区地质背景

江苏省的宁芜预测区仅为宁芜火山岩盆地的北段省内部分,大地构造位置位于扬子陆块区下扬子陆块的东南部,属沿江构造岩浆活动带的一系列火山岩盆地之一,东部以方山-小丹阳断裂为界,与溧水、句容盆地毗邻;西北部以长江断裂带为界,与江浦-六合隆起相接;东北部以南京-湖熟断裂为界,与宁镇山脉相连;南部延入安徽省境内。

1. 地层

宁芜(北段)火山岩盆地位于扬子地层区、下扬子地层分区、江宁-芜湖地层小区,总体上为一北北东向复式向斜构造,仅盆地边部次级背斜中分布有中生界三叠系青龙组—侏罗系象山群等火山岩盆地基底地层,盆地中大部分地区为上侏罗统龙王山组、大王山组覆盖,盆地西部有下白垩统姑山组、白头山组、娘娘山组等分布,其他中新代地层仅分布于后期局部坳陷之中。

2. 岩浆岩

预测区岩浆活动主要集中于燕山期,表现为大规模、多期次的岩浆侵入和火山喷发活动,以多旋回的强烈火山作用为主要特色,形成的岩浆岩主要也以火山岩为主,为龙王山、大王山、姑山、娘娘山等火山喷发旋回的产物,火山岩成分从早到晚由中基性向酸性、由钙碱性向碱性过渡演化。侵入岩体多形成于火山活动喷发旋回后期岩浆侵入阶段。

3. 矿产预测类型

宁芜式陆相火山岩型铁矿是江苏省最为重要的一个铁矿类型,主要分布在该成矿亚带内的宁芜(北段)地区以及溧水地区,其中又以宁芜地区最为重要,最具有代表意义的无疑是梅山铁矿及其所在的宁芜式陆相火山岩型铁矿预测工作区。

铜井式陆相火山岩型铜金矿是江苏省重要的一个铜金矿成矿类型,主要分布在该成矿亚带内的宁芜(北段)地区以及溧水地区,其中又以宁芜地区为主,具有代表意义的典型矿床为铜井铜金矿。

云台山式陆相火山岩型硫铁矿是江苏省最为重要的一个硫铁矿类型,主要分布在该成矿亚带内的宁芜(北段)地区以及溧水地区,其中又以宁芜地区最为重要,最具有代表意义的典型矿床无疑是云台山硫铁矿。

宁芜式玢岩型铁磷矿,该类型铁磷矿主要分布在该成矿亚带内的宁芜预测工作区,是与次火山岩有关的热液矿床,其与宁芜式陆相火山岩型铁矿(玢岩铁矿)多共伴生,矿体往往位于玢岩铁矿成矿的中下部位,并赋存在辉石闪长玢岩岩体裂隙中,以泰山铁磷矿为代表。

(二)预测工作区遥感分析

1:5万宁芜预测工作区位于江苏省西南部,西南与安徽省交界。行政区划属于江苏省浦口区、江宁区。地理坐标为东经 118°30′—118°52′30″,北纬 31°37′—30°00′,遥感影像(图 5-22)采用 ASTER 15m 分辨率数据。

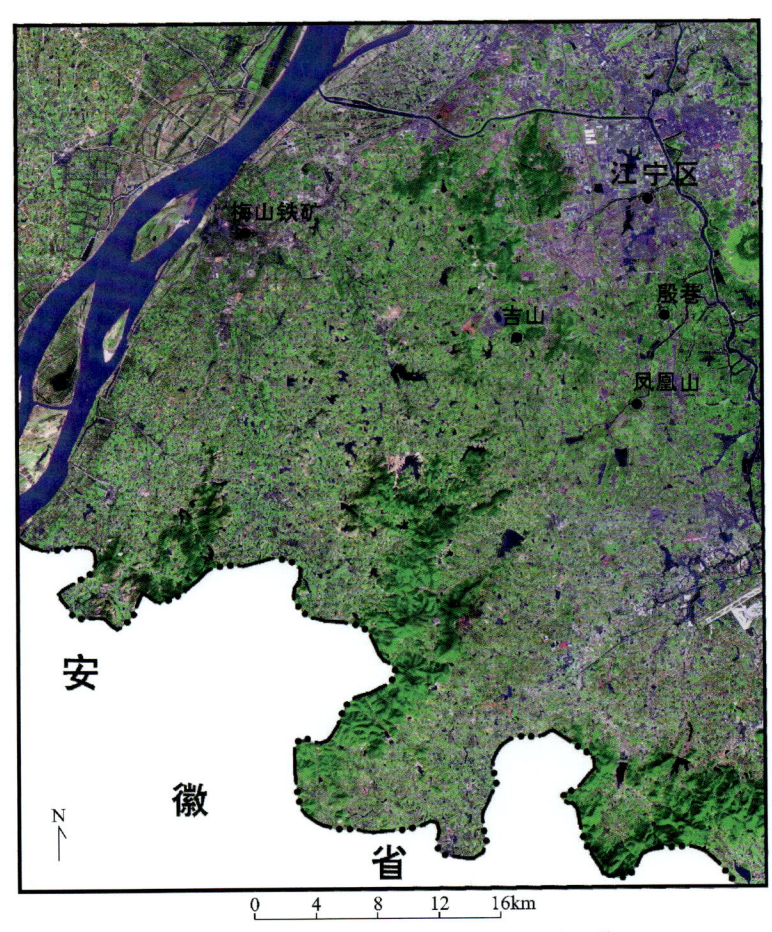

图 5-22　宁芜预测工作区 ASTER 遥感影像

1. 遥感矿产地质特征

宁芜北段火山岩盆地是一个以中生代陆相火山杂岩为中心,三叠纪、侏罗纪沉积岩作周边的火山盆地构造。区内褶皱构造简单,主要发育于火山岩系之下的基底地层中,轴向北东东。预测区断裂构造十分发育,以北东向、北西向两组规模最大,多贯穿全区,构成区内主要构造格架,大部分形成于燕山运动早期,同时伴有相当数量的北北东向、北东东向、北北西向、近东西向断裂,与区域主干断裂纵横交叉共同组成了区内断裂构造网络。伴随区内强烈的岩浆侵入与喷发活动,火山构造的发育是区内构造的重要形式,也是区内多金属矿产的重要控矿构造。

预测区内主要的铁铜硫金矿床及星罗棋布的矿点受区内北东向、北北东向、北西向及其他断裂纵横交叉形成的断裂网格及火山机构控制。预测工作区遥感矿产地质特征如图5-23。

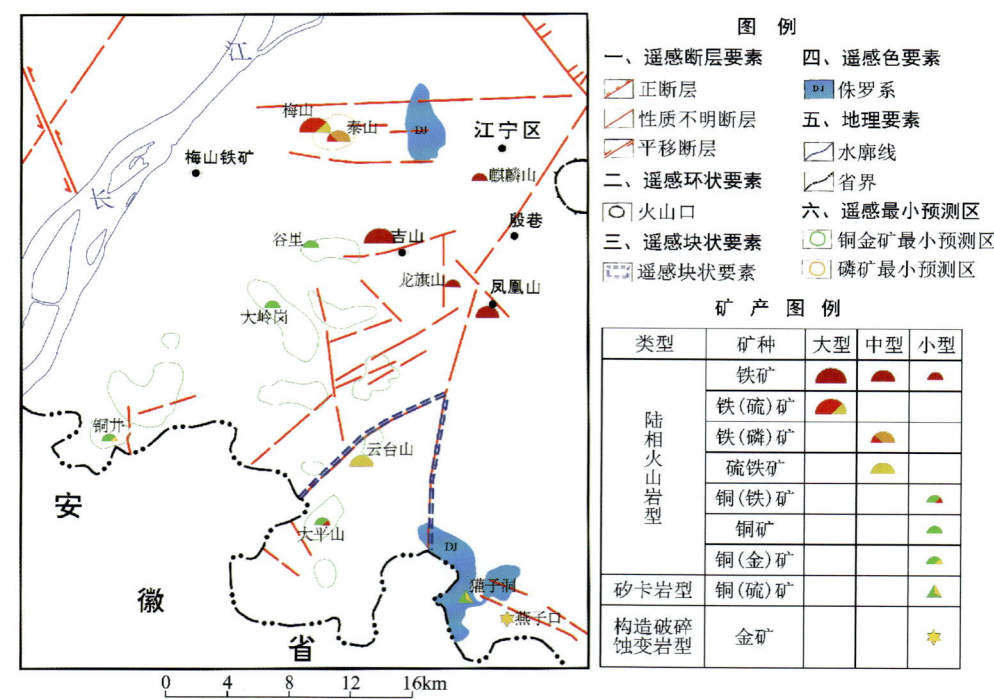

图5-23 宁芜预测工作区遥感矿产地质特征与近矿找矿标志解译图

1）线要素解译

工作区内以北西向、北东向、东西向构造为主,其次为南北向构造。而南北向构造数量不多,不占主导地位。

东部南京市江宁区方山-小丹阳贯穿图幅的南北一线是条重要的构造界线。西部为宁芜火山岩盆地,东侧为溧水火山岩盆地。北北东断裂纵贯图幅南北向。

（1）北西向构造。北西向构造分布在西、中、东部,占据区内大部分地区。①桥林断裂:分布在西部的桥林一带,断裂规模不大,地层不连续。现以遥感影像清晰醒目的北西向狭窄线状构造为主。②高桥门-城埃村断裂:属南京-溧阳断裂在本图区的一部分,分布在东北部。该断裂走向为310°～320°,倾向南西,倾角较陡,全长30km。断裂带全为中、新生界所掩盖,其北东侧为宁镇断褶带及句容盆地,西南侧为宁芜火山岩盆地。该断裂在地貌上表现为北东侧的宁镇山脉西段呈北东走向的山体的突然中断;南西侧为较平坦的丘陵岗地。地质上表现为北东侧广泛发育震旦纪—三叠纪地层,构成北东向线性延伸的复式褶皱,上侏罗统—上白垩统较零星;南西侧发育巨厚的侏罗系—上白垩统,而下三叠统及老地层未见出露。遥感影像图上为线状构造。

（2）北东向构造。①方山-小丹阳断裂:最为醒目,呈北东向斜贯图幅,断裂北起上坊、南经方山西、陶吴、横溪、过小丹阳后延入安徽釜山,总体走向20°,长度大于40km。断裂向北被南京-溧阳断裂截断后,向北沿青龙山西侧经东阳横跨长江至大河口,是一条规模大、切割深的基底断裂,构成宁芜、溧水两火山岩盆地的分界。现以遥感影像清晰醒目的北东向狭窄线状构造为主。②屠家-凤凰山西断裂:分布在南部屠家、杨家尖山、凤凰山西一线,断裂走向60°,长约16km。断裂北西侧主要出露上侏罗统龙王山组、大王山组;南东侧出露三叠系周冲村组—下侏罗统西横山组。地层不连续,岩石具有碎裂迹象。遥感影像图上为线状构造。

(3) 东西向构造。区内东西向构造也较发育,主要分布在图幅中部江宁、吉山等地,盆地内部。江宁区西侧为平行的 3 条断裂线状构造,吉山附近见 1 条断裂。遥感影像图上为东西向线状构造。

(4) 南北向构造。区内南北向构造有 3 条,主要分布在吉山、猴子山等地。断裂规模不大,沿断裂有中基性、中酸性岩体侵入,该断裂切穿北东、北西向断裂,形成时间较晚。遥感影像图上为南北向线状构造。

2) 环要素解译

在区内,仅有 1 个环状岩层的显示,环状要素位于南京市江宁区方山辉绿玢岩,属方山火山机构。

在遥感影像(图 5-24)上断裂环形特征非常明显,边界清晰可见,环内色调鲜艳,为淡绿色,环外颜色偏暗,环内环外色调差异大。火山口呈负地形。

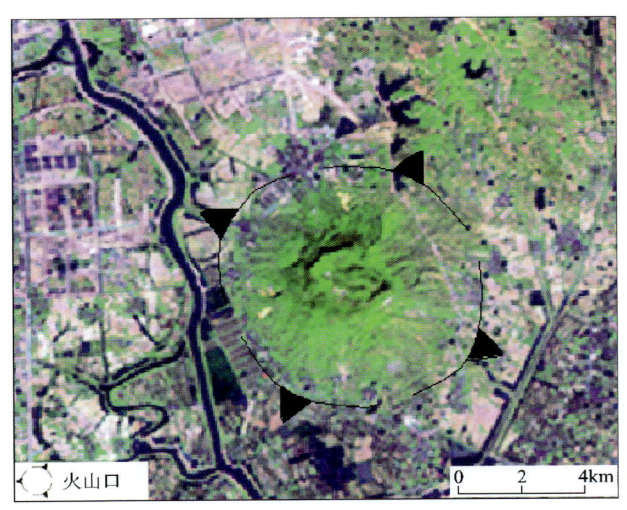

图 5-24 南京方山环形构造影像

3) 块要素解译

在区内块要素有 2 块,主要分布在北东部高桥门—城埃村、南部陶吴—横溪—朱门一线,呈北北东向展布,主要叠加在高桥门-城埃村(南京-溧阳)断裂和方山-小丹阳、屠家-凤凰山西断裂的南西段。

4) 带要素解译

本区内带要素不发育,共有 2 个带要素,主要分布在北部江宁区城以西、南部横溪以南地区,为侏罗系出露区内。

铜、铅、锌、金、硫铁矿、高岭土矿含矿带为下三叠统青龙组,上三叠统周冲村组、黄马青组,侏罗系朱村组、陡山组、西横山组、龙王山组、大王山组、白垩系姑山组、白头山组、娘娘山组。主要有北东向、北北西向、近东西向几组断裂,中基性、中酸性侵入岩活动强烈地段有利于成矿。

2. 构造与矿产的关系

据已有的内生矿床、矿点分布看,宁芜断陷盆地呈北北东方向延展,矿体产于辉石闪长玢岩与黄马青组、龙王山组、大王山组接触带控制。受控于北西—北西西与北东向断裂控制的火山穹隆构造(环形构造)、断裂喷发带是找矿的有利场所。

宁芜火山岩盆地中有铜井铜金矿床、谷里铜矿床。各类矿床在空间分布上表现为多中心性,岩浆侵入活动中心也就是成矿作用中心。区内的控岩控矿构造主要为近东西向、北东向及北西西向几组断裂,交会处往往是岩浆侵入活动中心。

综上所述,可认为宁芜火山岩盆地中近东西向、北东向、北西西向断裂及喷发带、岩浆侵入活动中心、是相对的内生矿产成矿带,而二者复合地段及次级构造交会处往往是成矿富集有利地段。

3. 遥感异常特征

宁芜预测工作区遥感异常分布情况如图5-25。

1）遥感羟基异常特征

遥感羟基异常大多呈星点状分布，主要分布于南京市江宁城区、油坊桥北东、梅山前村北、吉山北西、洪幕山等地。异常区分布地层主要有中侏罗统陡山组、龙王山组、大王山组，白垩系姑山组、白头山组、娘娘山组及第四系。在吉山北西羟基异常区有辉石闪长玢岩分布。油坊桥北东、梅山前村北、洪幕山3个羟基异常位于安德门-娘娘山北北东向断裂喷发带中，梅山前村北、吉山北西羟基异常位于梅山-秣陵北西向断裂喷发带中。其中梅山前村北羟基异常附近有梅山铁床、吉山北西羟基异常附近有吉山铁矿床、祖堂山高岭土矿床，洪幕山羟基异常有铜井金铜矿床。该区羟基异常可能与断裂喷发带、矿化有关。南京市江宁城区附近的3个异常可能属假异常。

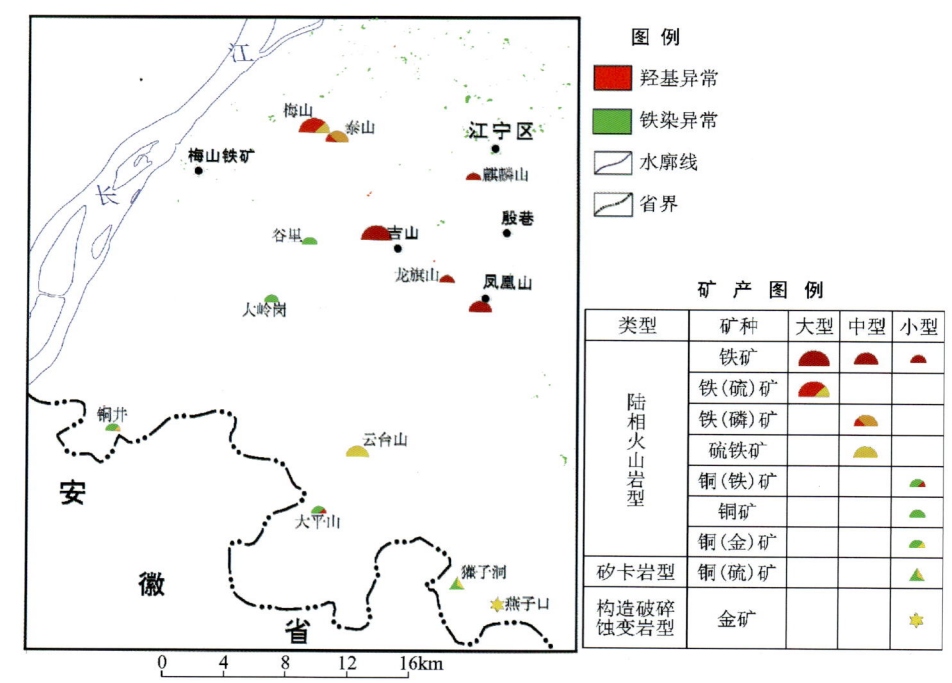

图5-25　宁芜预测工作区遥感异常分布图

2）遥感铁染异常特征

遥感铁染亦呈面性或星点状分布，较集中的异常主要分布于南京市双闸镇—梅山—江宁区城—麒麟山—吉山—静龙山一带；零星分布的异常有秣陵镇、禄口镇、南京禄口国际机场等地，该带铁染异常呈无规则的密集点面性分布，个别异常点呈点状重叠展布，分布地层主要有中侏罗统陡山组、龙王山组、大王山组，白垩系姑山组、白头山组、娘娘山组，第四系。在梅山、吉山、麒麟山、静龙山等地铁染异常区有辉石闪长玢岩、闪长玢岩分布，梅山异常位于安德门-娘娘山北北东向断裂喷发带中，梅山、吉山、静龙山铁染异常位于梅山-秣陵北西向断裂喷发带中。铁染异常附近有梅山、吉山、静龙山铁矿床、祖堂山高岭土矿床。该区铁染异常可能与断裂喷发带、矿化有关。南京市江宁区城区、秣陵镇、禄口镇、南京禄口国际机场附近的4个异常位于城镇区当属假异常。

4. 遥感在矿产预测中的作用分析

工作区地处宁芜北段火山岩盆地，有陆相火山岩型铁矿床、金铜矿床、黄铁矿床、高岭土矿床分布。据区域资料分析，区内有利的含矿地层、断裂构造、断裂喷发带较发育，岩浆岩主要有辉石闪长玢岩、闪长玢岩等。

据已有的内生矿床、矿点分布看,宁芜火山岩盆地中有梅山、吉山、凤凰山、旗龙山、麒麟山铁矿床、铜井铜金矿床、谷里铜矿床、云台山硫铁矿床、祖堂山高岭土矿床,加上有利岩组和断裂往往是内生矿产赋存地段。尤其是在北西向构造与北东向构造复合地段铁矿最富集,如梅山大型铁矿就位于北东向与北西向断裂喷发带复合地带。综上可认为,宁芜火山岩盆地中的北东向、北东向扭性断陷块石是相对的一级内生矿产成矿带,而二者复合地段及南北向次级构造局部发生扭动弯曲部分往往是成矿富集之处。

通过对区内异常的处理,结合已有地质资料分析,区内的羟基异常在宁芜火山岩盆地中,火山岩系、岩浆岩、断裂喷发带的露头区分布,其显示在梅山前村北、吉山北西、洪幕山3个异常与已知矿床(点)基本套合,对其成因有待进一步工作予以证实。而宁芜中生代火山岩盆地的露头或浅覆盖区分布较集中的铁染异常区有辉石闪长玢岩、闪长玢岩分布,应当进一步踏勘查证。

五、溧水预测工作区

(一)预测工作区地质背景

溧水预测工作区包括溧水火山岩盆地及周边次级隆起带,西以方山-小丹阳断裂为界与宁芜火山盆地相邻,东北以南京-湖熟断裂为界与句容中新生代沉积盆地相连,东以茅山东界断裂为界与直溪桥-桠溪港中新生代沉积盆地相邻,向南延入安徽省境内。

1. 地层

溧水火山岩盆地总体上为一个北北东向复式向斜构造。区内第四系广泛分布,仅盆地边部次级背斜及局部隆起中分布有古生界上奥陶统—下志留统高家边组至侏罗系象山群等火山岩盆地基底地层,其中古生界志留系、泥盆系、石炭系、二叠系和下三叠统分布于预测区东部茅山推覆体内;中、上三叠统和中、下侏罗统分布于宁芜东缘脊状隆起带中,另有一部分中、下侏罗统分布于溧水西部断块中,盆地中心大部分地区为上侏罗统龙王山组、大王山组和下白垩统姚家边组所覆盖,在宁芜盆地东缘与茅山上推覆体中也有少量分布,火山岩上覆中新代地层仅分布于后期南、北及东侧局部凹陷之中。

2. 岩浆岩

预测区区域上隶属于下扬子沿江火山活动带溧水断陷火山岩盆地,它是在燕山一幕运动造成的中侏罗世断陷基础上逐步演化而成的一个继承式火山岩盆地,燕山期岩浆活动以多旋回的强烈火山喷发作用为主要特色,形成的岩浆岩也主要以火山岩为主,为龙王山、大王山、姚家边、甲山等火山喷发旋回的产物,各旋回火山活动大致均以强烈爆发开始,喷溢沉积结束,晚期均有相应成分的次火山岩、浅成侵入岩的产出。喜马拉雅期岩浆活动相对较弱,岩浆岩分布零星。

3. 矿产预测类型

五部式陆相火山岩型铜铅矿,该类型铜铅矿主要与次火山热液有关,分布在溧水预测工作区,以观山小型铜铅矿为代表,矿体主要分布在次火山岩体粗安斑岩中,受次火山岩体内古火山机构形成的断裂所控制,与区域中獐子洞式铜金矿同期次。

西横山式破碎蚀变岩型金矿,该类型金矿主要分布在成矿亚带内的溧水预测工作区,以燕子口小型金矿为代表,矿体主要产于燕山期中酸性次火山岩体与沉积岩接触带外带附近围岩中的硅化破碎带或构造裂隙中,与区域中獐子洞式铜金矿同期次。

猎子洞式次火山热液-层控矽卡岩型铜金矿为该成矿亚带内陆相火山岩型铜金矿的一种,也是江苏省比较重要的一个铜金矿类型,主要分布在该成矿亚带内的溧水地区,具有代表意义典型矿床为猎子洞铜金矿。

(二)预测工作区遥感分析

1∶5万溧水预测工作区位于江苏省西南部,西南与安徽省交界。行政区划主要属于江苏省溧水县、高淳县。地理坐标为东经118°45′—119°15′,北纬31°10′—31°50′,遥感影像(图5-26)采用ASTER 15m分辨率数据。

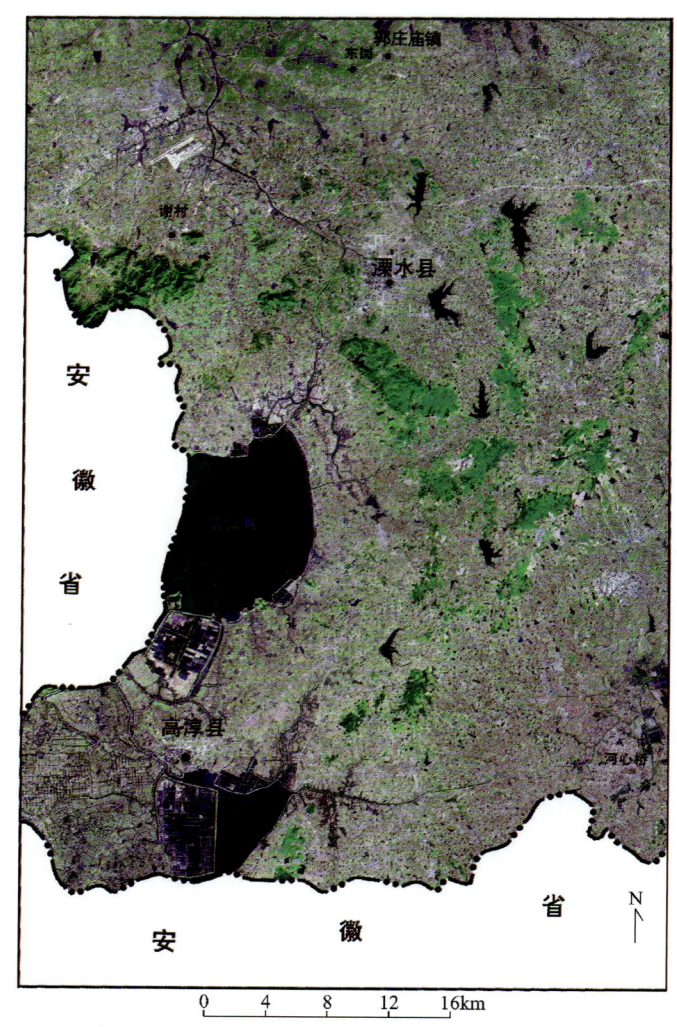

图5-26 溧水预测工作区ASTER遥感影像

1. 典型矿床

1∶1万云台山陆相火山岩型硫铁矿典型矿床采用1m GEOEYE-1数据。

云台山硫铁矿为一中型矿床,位于下扬子陆块之宁芜火山岩断陷盆地的中段东侧,其矿体主要赋存在次闪长玢岩体附近破碎的灰质白云岩、泥灰岩及钙质粉砂岩中,燕山期火山活动及次火山岩体-闪长玢岩的侵入为其提供了成矿物质及成矿热液。

区域断裂主要有北北东—北东向、北北西、北西西3组。以北东为主的逆断层及层间破碎带为矿区主要控矿构造。北东向的压扭性断裂控制了辉长闪长玢岩的侵入，次级构造和层间裂隙控制了硫矿体。三叠系周冲村组、黄马青组是本区的主要赋矿层位，硫铁矿体主要赋存在破碎的灰质白云岩、泥灰岩及钙质粉砂岩中。图5-27为云台山陆相火山岩型硫铁矿典型矿床地区遥感影像。

图5-27　云台山陆相火山岩型硫铁矿典型矿床遥感影像

2. 遥感矿产地质特征

预测工作区以断裂构造和火山构造为主。区内褶皱仅在前火山岩系发育一些，集中分布于茅山推覆体或西部隆起区，由于后期改造大多面目全非或因掩盖而面貌不清。断裂构造主要有北北东向、北东向、北东东向、东西向、北西西向、北西向、北北西向、南北向8组，组成区内网络状构造格局，将溧水火山岩盆地切割成多个"菱形断块"。伴随区内强烈的岩浆侵入与喷发活动，火山构造的发育也是区内构造的重要形式，北向与北西向主干断裂控制了三级火山岩区的分布，与受断裂交叉网络控制的火山口、火山岩穹隆及配套形成的环状、放射状断裂一起组成了区内不同级别的火山机构。

预测工作区内矿床类型主要以火山岩型、火山-次火山热液充填型为主，主要铁铜多金属矿床、矿点受区内北北东向、北西向主干断裂及其他断裂纵横交叉形成的断裂网格及喷发构造带、火山机构控制。预测工作区遥感矿产地质特征如图5-28。

1）线要素解译

区内以北西向、北东向构造为主，其次为北北东向构造。而北北东向构造数量不多，不占主导地位。西起南京市江宁区陶吴的方山-小丹阳北北东向断裂是条重要的盆地分区界线，断裂西侧为宁芜火

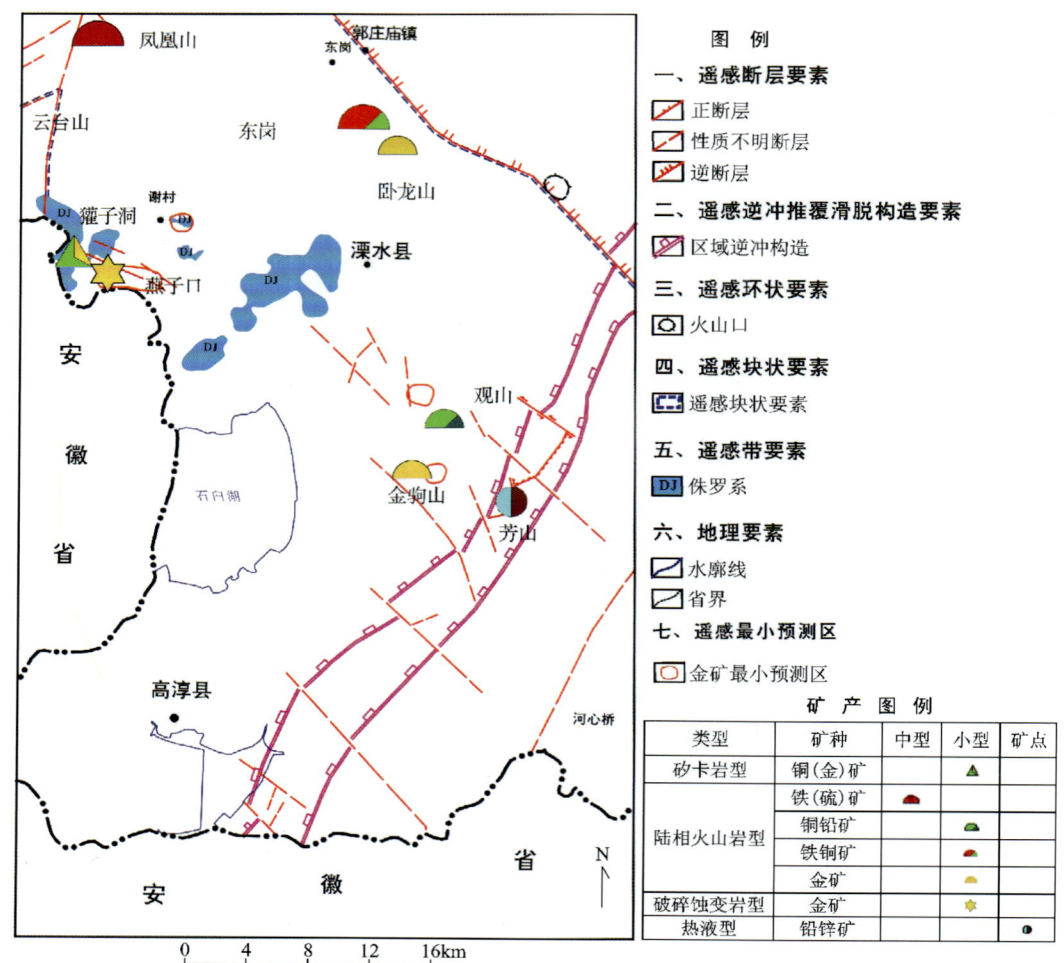

图 5-28　溧水预测工作区遥感矿产地质特征与近矿找矿标志解译图

山岩盆地,东侧属溧水火山岩盆地。北部句容市郭庄-溧阳北西向断裂是条重要的构造分区界线,断裂北侧属句容火山岩盆地,南侧为溧水火山岩盆地分区界线。东部茅山山脉北北东向断裂是条重要的构造分区界线,断裂西侧溧水火山岩盆地,东侧溧阳火山岩盆地。将区内主要构造特征描述如下。

(1)北东向构造。北东向构造主要分布在西部的凤凰山-陶吴;东部的茅山山脉等地,除茅山山脉两侧断裂规模较大外,其他均较小。占据图内大部分地区。

①夏坝-小山姚断裂:分布在西北部,断裂西北侧出露三叠系周冲村组—下侏罗统朱村组,东侧零星分布白垩系赤山组,地层不连续,被错开。现以遥感影像清晰醒目的北东向狭窄线状构造为主。②茅东断裂:分布在东部的茅山山脉东侧山麓,辗转曲折向北东方向延展,是溧水火山岩盆地与直溪桥-桠溪港凹陷之间的分界断裂。断裂在布伽重力异常图上为北北东向的线性梯度带;航磁异常图上大致以这一线分隔,西侧为反映火山岩分布的杂乱磁异常区,东侧反映为与红层(上白垩统—古近系)有关的正磁异常带。现以遥感影像清晰醒目的北东向狭窄线状构造为主。

(2)北西向构造。北西向构造主要分布于西部的横溪、北部郭庄、东部茅山山脉;中部溧水火山盆地中少量见及,其中北部的郭庄(南京-溧阳)断裂。

郭庄-袁巷(南京-溧阳)断裂分布在北部郭庄—袁巷一带,断裂走向 310°～320°,倾向南西,倾角较陡。断裂带全为中、新生界所掩盖,其北东侧为宁镇断褶带及句容盆地,西南侧为宁芜、溧水火山岩盆地。该断裂在地貌上表现为北东侧的宁镇山脉西段呈北东走向的山体的突然中断;南西侧为较平坦的丘陵岗地。地质上表现为北东侧广泛发育震旦纪—三叠纪地层,构成北东向线性延伸的复式褶皱,上侏罗统—上白垩统较零星;南西侧发育巨厚的侏罗系—上白垩统,而下三叠统及老地层未见出露。遥感影像图上为线状构造。

(3) 北北东向构造。区内北北东向构造不甚发育,只有区内北西部见及。

方山-小丹阳断裂。断裂北起上坊、南经方山西、陶吴、横溪、过小丹阳后延入安徽釜山,总体走向20°,区内出露长度约10km。断裂向北被南京-溧阳断裂截断后,向北沿青龙山西侧经东阳横跨长江至大河口,是一条规模大、切割深的基底断裂,构成宁芜、溧水两火山岩盆地的分界。

2) 逆冲推覆滑脱构造

区内逆冲推覆滑脱构造较发育,主要分布在东部茅山山脉东、西两侧的山麓,总体走向呈北北东向展布,逆冲推覆滑脱构造带被北西向断裂构造切割,形成时间较早,并且叠加在茅东、茅西断裂带上,为区域逆冲构造。

3) 环要素解译

区内见1个环状岩层的显示。分布于南京-溧阳断裂的中部天王寺南东浮山,新近系方山组碱性玄武岩、玄武玢岩、辉绿岩等,属火山机构。从遥感影像(图5-29)上看出,山区的环状构造表现为环形的山脊,环内色调鲜艳,为浅绿色,环外色调较深,环内环外色调差异大,边界清晰可见。

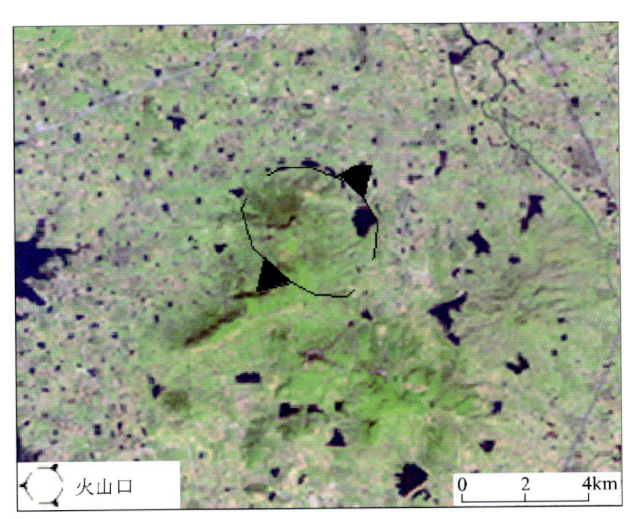

图5-29　浮山环形构造遥感影像

4) 块要素解译

区内块要素有2块,主要分布于北、西部一线,呈北西向、北北东向展布,主要叠加在郭庄-袁巷(南京-溧阳)断裂和方山-小丹阳断裂的南西段。

5) 带要素解译

区内带要素不发育,共有5个带要素,主要分布在溧水以西的侏罗系出露区内。铜、铅、锌、金矿含矿带为侏罗系朱村组、陡山组、西横山组、龙王山组,主要由北东向、北西向、近东西向断裂构造和不规则的接触带,中基性、中酸性侵入岩地段有利于成矿。

3. 构造与矿产的关系

据已有的内生矿床、矿点分布看,溧水火山岩盆地受控于北西—北西西向与北东向基底断裂控制的溧水-石滩头火山穹隆构造(环形构造)北东翼的次一级小穹隆中及西部西横山隆起区是找矿的有利场所。矿体产于辉长(辉石)闪长玢岩岩体头部,受北西向、北北东向两组基底断裂控制。在溧水火山岩盆地中的上侏罗统西横山组含钙质地层与石英闪长玢岩接触带寻找铜、金、铅锌矿,矿体呈似层状、脉状产出。

综上所述,可认为区内北西—北西西与北东向基底断裂控制的溧水-石滩头火山穹隆构造(环形构造)、西横山隆起区是相对的一级内生矿产成矿带,而构造复合地段、接触带及其他次级构造局部发生扭动弯曲部分往往是成矿富集之处。

4. 遥感异常特征

溧水预测工作区遥感异常分布情况如图5-30。

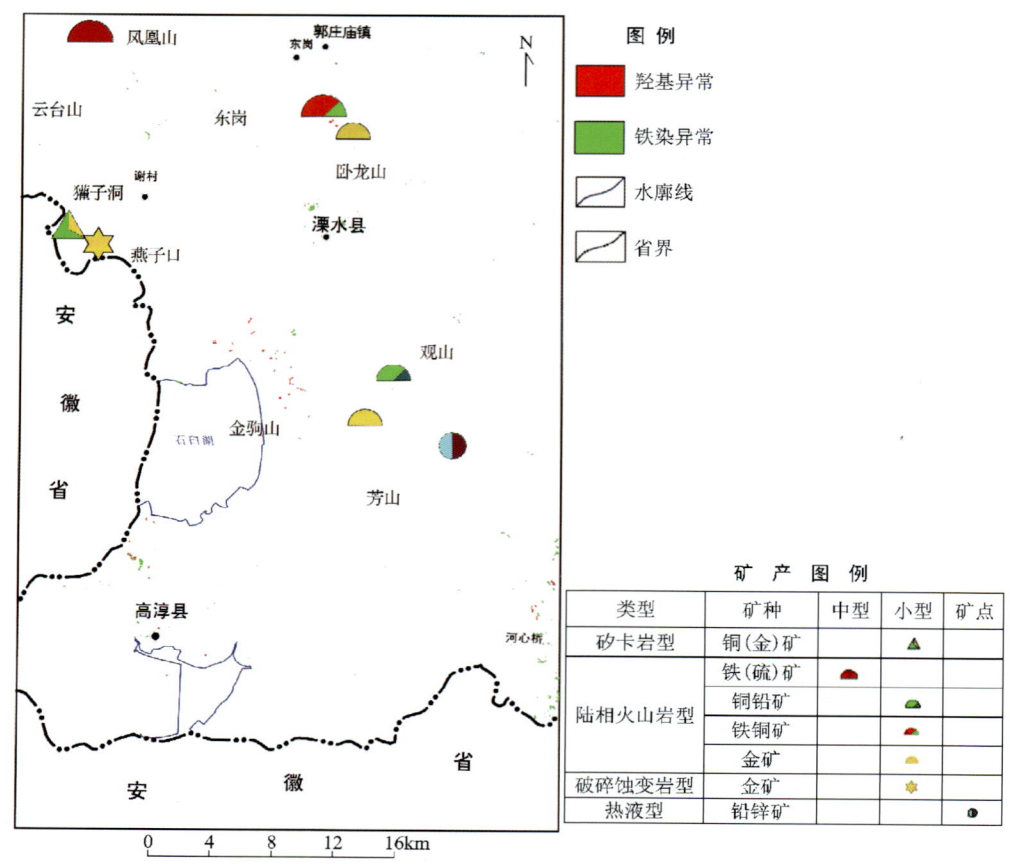

图5-30 溧水预测工作区遥感异常分布图

1)遥感羟基异常特征

工作区分布地层主要有中侏罗统陡山组、西横山组,上侏罗统龙王山组、大王山组,白垩系姚家边组、葛村组、甲山组、赤山组,第四系。遥感羟基异常呈星点状或面积性分布,较集中的异常主要分布于溧水县洪兰—蒲塘桥南山头—山下港一带、严郎渡、句容市甲山、溧水县地溪、爱景山、溧水县城北、高淳县团结圩、溧阳市四家头—舍头等地。其中溧水县洪兰—蒲塘桥南山头—山下港羟基异常呈北西向带状集中大面积分布;其他羟基异常呈点状展布,其中爱景山叠加有异常,该异常与已知锶矿床分布一致。在局部羟基异常区范围附近,有中生代角闪闪长玢岩、辉石闪长玢岩、安山玢岩、粗安斑岩分布。其中句容市甲山羟基异常对应甲山膨润土矿床、溧水县爱景山异常对应已知锶矿床、洪兰-蒲塘桥南山头异常区附近有洪兰铀矿、南山头锗铁矿床。高淳县团结圩异常处于第四系覆盖区,可能属假异常。

2)遥感铁染异常特征

铁染异常大多呈规则的带状和点状分布,较集中的异常主要分布于南京禄口国际机场、溧水县城四周、溧水蒲塘桥—南山头、溧水县神流凹、溧阳市四家头—殷桥一带;零星分布的异常有句容市后白墅镇、江宁禄口镇、溧水县柘塘镇、天王寺店头、溧水县乌山镇、江宁横溪吴家、溧阳市上沛埠、高淳县团结圩等地。个别异常点呈点状重叠展布。分布地层主要有中侏罗统陡山组,上侏罗统西横山组、龙王山组、大王山组,白垩系姚家边组、葛村组、赤山组,第四系。溧水县神流凹铁染异常有2个点组成,其中一个点在(神流凹)环形构造外,另一个点在内环。

5. 遥感在矿产预测中的作用分析

据已有的内生矿床、矿点分布看,溧水火山岩盆地北、西部有铁、铜矿床、铅锌、金矿点。东岗铁矿位于溧水火山岩盆地北东边缘,开太-十里碑北西向断裂带与小茅山-郭庄北东向基底断裂带的交会处。东岗地区主要为火山岩系分布,断裂发育,主要有东西向、北西向、北北东向3组,其中北西向、东西向断裂为控矿构造。

根据区域资料显示,区内地处溧水火山岩盆地中,断裂构造较发育,主要有北东向、北西向、近东西向断裂及环形断裂,并且控岩控矿作用明显。区内有铁、铜、锶、铀、锗铁矿床,并且有铜金、金矿点分布,其显示在句容市甲山、溧水县爱景山、溧水县洪兰—蒲塘桥南山头—山下港,3个羟基异常的成因有待进一步工作予以证实。溧水蒲塘桥—南山头一带、溧水县神流凹、溧阳市四家头—殷桥一带铁染异常的成因也值得研究,特别是溧水县神流凹铁染异常,位于环形构造附近,应进一步踏勘查证是否与矿化有关。

南京禄口国际机场、溧水县城四周、句容市后白墅镇、江宁禄口镇、溧水县柘塘镇、天王寺店头、溧水县乌山镇、江宁横溪吴家、溧阳市上沛埠、高淳县团结圩等遥感异常分布区广泛为第四纪近代沉积和城镇区,无找矿意义。

六、宁镇预测工作区

(一)预测工作区地质背景

宁镇预测工作区西起南京-湖熟断裂,东至大路-界牌断裂,北邻长江,南至汤山-东昌断裂,构成近东西向的条块状断隆,四周为中新生代断陷,总体表现为凹中隆起的构造格局。

1. 地层

宁镇预测工作区属下扬子地层分区宁镇地层小区。区内地层具扬子区沉积类型特征,在前南华纪变质岩系构成的基底上沉积了南华纪—三叠纪碳酸盐和碎屑岩(稳定地台型沉积),地层出露齐全。中—古元古界埤城岩群为一套由斜长变粒岩、斜长角闪岩和片岩组成的浅变质岩系,系本区的褶皱结晶基底。

2. 岩浆岩

宁镇预测工作区内岩浆岩分布十分广泛,断续出露于整个地区。区内岩浆活动具有多旋回、多阶段、多样化的特点,形成大规模的宁镇山脉火山-侵入杂岩体,绝大部分岩体均形成于燕山期大规模、多期次的岩浆侵入与喷发活动过程中,仅少量基性火山岩-次火山岩是喜马拉雅期岩浆活动产物。

3. 矿产预测类型

汤山式卡林型金矿是该成矿亚带比较重要的一个类型,具有代表意义及较好的资源潜力,主要分布在该亚带内的宁镇地区,其典型矿床为宁镇地区的汤山金矿。

安基山式矽卡岩型斑岩型铜矿是江苏省最为重要的一个铜矿类型,以矽卡岩型为主,主要分布在该成矿亚带内的宁镇地区,具有代表意义的典型矿床为安基山铜矿。

韦岗式矽卡岩型铁矿是江苏省矽卡岩型铁矿中一个重要的矿床类型,主要分布在该成矿亚带内的宁镇地区,其中具有代表意义的典型矿床为韦岗铁矿,对应的预测工作区为宁镇韦岗式矽卡岩型铁矿预测工作区。

栖霞山式铅锌(银)矿是江苏省最为重要的一个铅锌(银)矿类型,主要分布在该成矿亚带内的宁镇地区,最具有代表意义的典型矿床是栖霞山铅锌(银)矿。

铜山式矽卡岩型铜钼矿是江苏省比较重要的一个铜钼矿类型,主要分布在该成矿亚带内的宁镇地区,其铜矿体往往与钼矿共伴生存在,具有代表意义的典型矿床为铜山铜钼矿。

谏壁式斑岩型钼矿是江苏省重要的钼矿类型,主要分布在该成矿亚带内的宁镇地区,具有代表意义的典型矿床为谏壁钼矿。

新桥式铁帽型金矿,该类型金矿主要分布在成矿亚带内的宁镇地区,以平山头小型金矿为代表,其矿体主要由富含银、金铅锌硫化物,经表生氧化作用和次生富集而成,其深部多赋存有铅锌银硫化物矿体,与栖霞山式铅锌银矿有一定的内因联系。

铜陵式矽卡岩型硫铁矿,该类型硫铁矿主要分布在宁镇预测工作区,除岔路口等少数硫铁矿构成单独矿床外,大多为矽卡岩型铁、铜、多金属矿共伴生矿(如安基山铜矿等),矿体主要产于燕山晚期中酸性侵入岩体与石炭纪—三叠纪碳酸盐岩建造(主要是灰岩)接触带内。

(二)预测工作区遥感分析

1∶5万宁镇预测工作区位于江苏省西南部,西南与安徽省交界。行政区划主要属于江苏省南京市、镇江市、句容市、丹阳市、扬中市。地理坐标为东经118°45′—119°52′30″,北纬31°56′—32°15′,遥感影像(图5-31)采用ASTER 15m分辨率数据。

1. 典型矿床

1)铜山矽卡岩型钼铜矿

1∶1万江苏省铜山矽卡岩型钼铜矿典型矿床采用1m GEOEYE-1数据。

遥感影像显示(图5-32)该地质体位于下扬子陆块宁镇穹断褶束中段北缘的龙潭-仓头复背斜南翼。在影像上特征非常清晰。结合地质资料可知铜山铜钼矿为一小型矿床,其二叠系栖霞组碳酸盐岩建造为主要赋矿围岩,发育于上泥盆统五通组D_3w与下二叠统栖霞组之间纵向逆断层是其主要导矿和容矿构造,燕山晚期斑状石英闪长岩等中酸性岩体为其成矿母岩。

2)安基山铜矿

1∶2000江苏省南京市安基山铜矿典型矿床采用1m GEOEYE-1数据。

安基山铜矿为一中型铜矿,矿体主要赋存在石炭纪—三叠纪碳酸盐岩建造与燕山晚期的花岗闪长斑岩、石英闪长斑岩等中酸性岩体的接触带中,并有少量矿体赋存在接触带附近的蚀变斑岩体中。

矿床受一组走向北北西,倾向南西西,倾角75°~80°,张扭性断裂控制。该断裂带既是导岩、导矿构造又是储岩、储矿构造。图5-33安基山铜矿典型矿床影像。图5-34为安基山铜矿典型矿床解译图。

3)岔路口硫铁矿

1∶5000江苏省岔路口矽卡岩型硫铁矿典型矿床采用1m GEOEYE-1数据。

区内独立硫铁矿则分布在西段的岔路口地区,为矽卡岩型,有岔路口中型硫铁矿,主要为闪长(玢)岩侵入接触于三叠系周冲村组及黄马青组的碳酸盐岩-砂岩建造而形成,并受北东东向、东西向压扭性断裂带控制。图5-35为岔路口硫铁矿典型矿床影像图。

图 5-31 宁镇预测工作区 ASTER 遥感影像

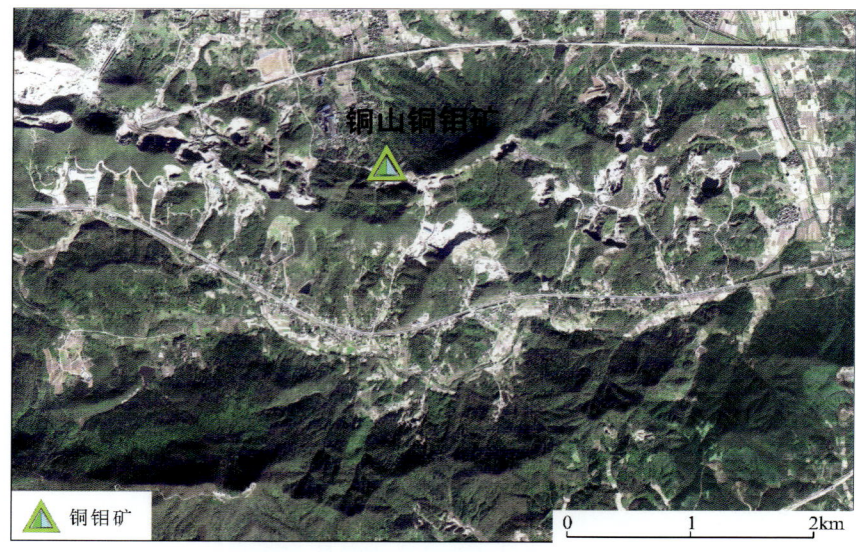

图 5-32　江苏省铜山矽卡岩型钼铜矿典型矿床遥感影像

图 5-33　安基山铜矿典型矿床影像

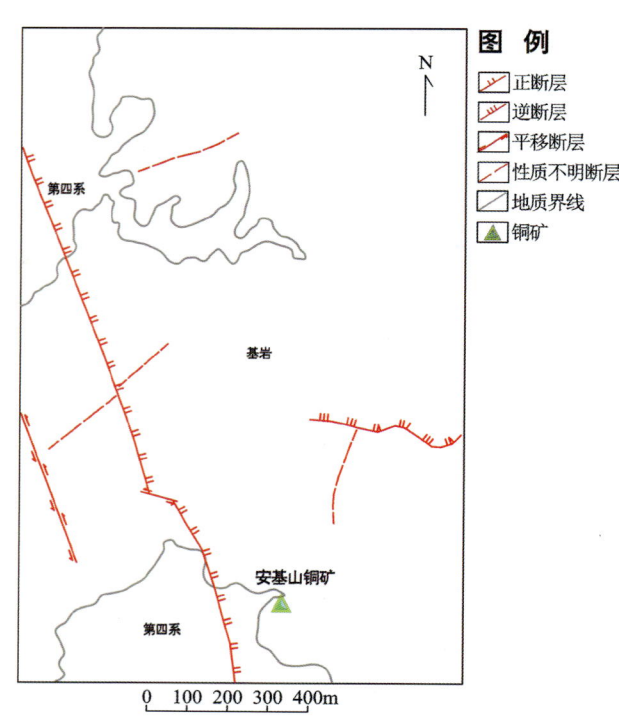

图 5-34　安基山铜矿典型矿床解译图

4）谏壁斑岩型钼矿

1∶5000 江苏省谏壁斑岩型钼（钨）矿典型矿床采用 1m GEOEYE-1 数据。

北西—北西西向构造为纵向压扭性断裂构造，北东东向断裂属张扭性断裂，均为区内主要控岩、控矿构造，岩体内部近于东西向羽状构造裂隙带，是主要赋矿构造。矿体主要赋存于燕山晚期侵入形成的二长花岗岩、二长花岗斑岩中。少量矿体产于岩体与震旦系灯影组碳酸盐岩的接触带。矿床遥感影像如图 5-36 所示。

图 5-35 岔路口硫铁矿典型矿床影像

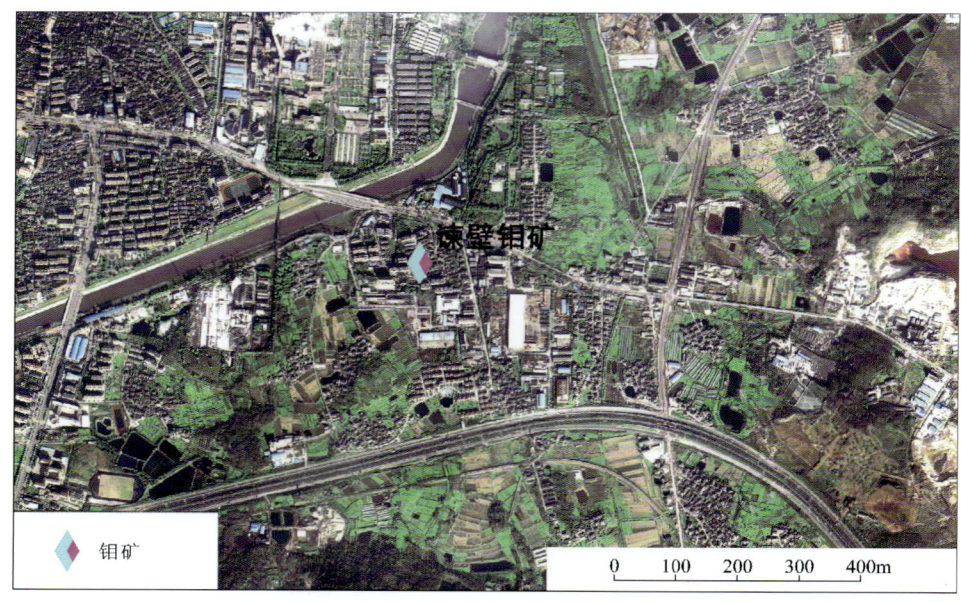

图 5-36　江苏省谏壁斑岩型钼(钨)矿典型矿床遥感影像

5)南京市栖霞山铅锌矿

1∶5000 江苏省南京市栖霞山铅锌矿典型矿床采用 1m GEOEYE-1 数据。

该矿点位于下扬子陆块宁镇断褶束西部,栖霞山复背斜南翼的倒转部位。矿体主要受纵向逆断层、断碎不整合面控制,北东东向压性或压扭性纵向断裂、断碎不整合面及北西向张性或张扭性断裂是主要控矿构造,次为层间裂隙及古岩溶构造,矿体围岩主要为石炭系黄龙组、二叠系栖霞组碳酸盐岩,成因类型以热液充填为主的碳酸盐岩型(层控热液型)铅锌(银)矿。图 5-37、图 5-38 分别为江苏省南京市栖霞山铅锌矿典型矿床影像、遥感解译图。

图 5-37　江苏省南京市栖霞山铅锌矿典型矿床影像

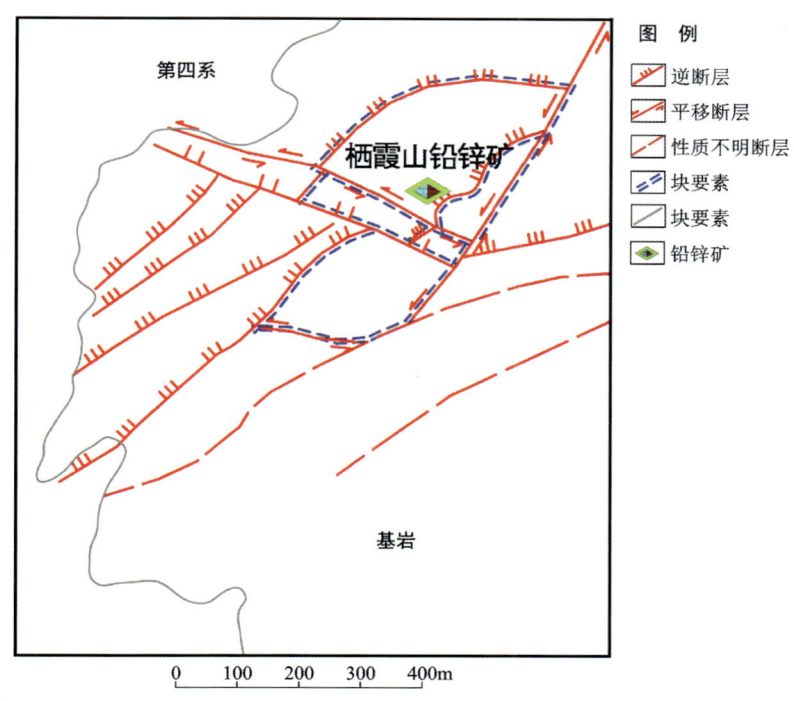

图 5-38　江苏省南京市栖霞山铅锌矿典型矿床解译图

6）句容盘龙岗铜矿

1∶5000 江苏省句容市盘龙岗铜矿典型矿床采用 1m GEOEYE-1 数据。

句容盘龙岗铜矿主要分布于白垩纪的闪长玢岩侵入接触于三叠纪的碳酸盐岩建造所形成于北西及北东向断裂交会部位处。句容盘龙岗铜矿的遥感影像、矿床解译图分别为图 5-39 和图 5-40。

图 5-39　江苏省句容市盘龙岗铜矿典型矿床影像

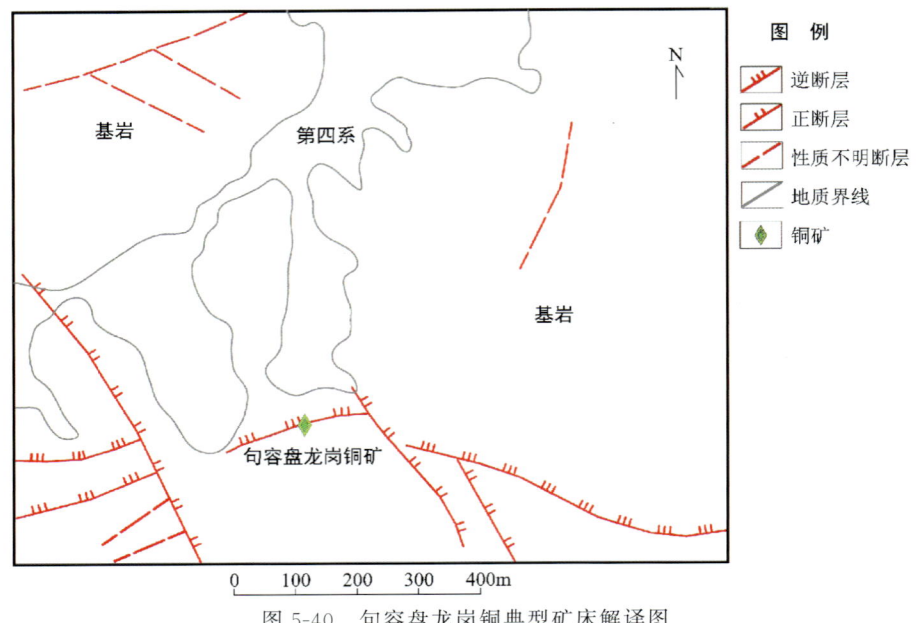

图 5-40　句容盘龙岗铜典型矿床解译图

7) 平山头金银矿

1∶2000 江苏省南京市平山头金矿典型矿床采用 1m GEOEYE-1 数据。

东段的平山头小型银金矿,是燕山晚期的铅锌硫化物经表生氧化和次生富集而成,控矿构造为发源于硅钙面的近东西向纵向断裂,区内西段也具备一定铁帽型金矿的成矿条件。矿床的遥感影像如图 5-41 所示。

图 5-41　江苏省南京市平山头金银矿典型矿床影像

8) 汤山金矿

1∶1 万江苏省南京市汤山金矿典型矿床采用 1m GEOEYE-1 数据。

该金矿位于宁镇断块隆起之汤仑复背斜弧形弯曲转折处的汤山短轴背斜。断裂构造发育,有环形断裂带、近南北向张性断裂、北西向和北东向扭性断裂、放射状断裂和隐伏断裂。其中环形断裂带为矿区主要控矿容矿构造。环形断裂带为深部含金热液上升提供了通道和容矿的空间,岩溶作用及地下热水的循流促进了金的进一步富集成矿。图 5-42 和图 5-43 分别为汤山金矿典型矿床影像和解译图。

图 5-42　江苏省南京市汤山金矿典型矿床影像

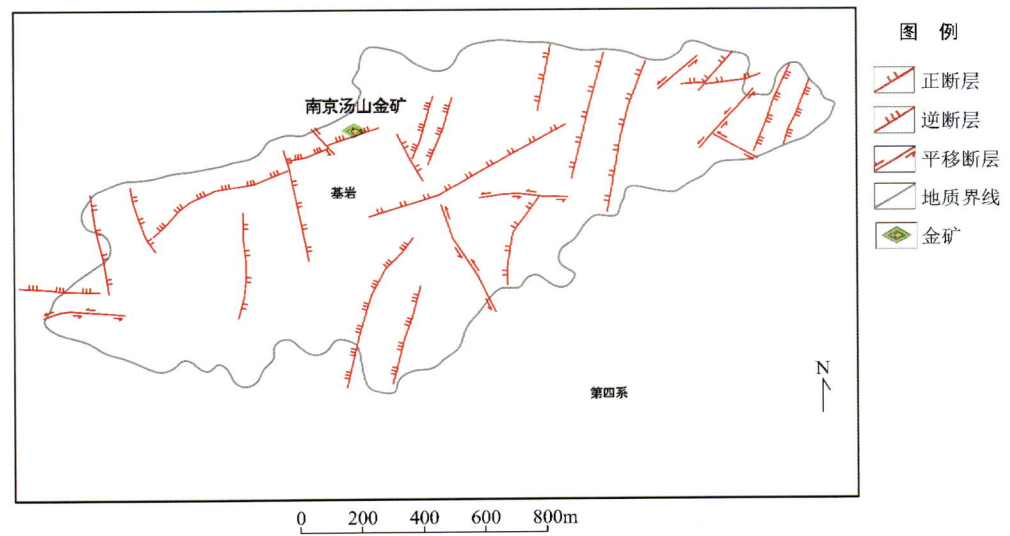

图 5-43　江苏省南京市汤山金矿典型矿床解译图

2. 遥感矿产地质特征

宁镇地区位于下扬子陆块区宁镇褶断带中，大地构造背景复杂，地壳演化历史漫长。区内褶皱构造以复式褶皱为主，一般规模较大，延伸远，连续性较好，形态复杂，"三背两向"褶皱构造组成了宁镇地区褶皱的基本格架；与褶皱相伴生的纵向压性逆冲断层极为发育，是南北向挤压应力作用下的产物。区内断裂构造主要有 4 种类型：近东西向弧形逆掩断裂、北西向平移断裂、北北东向平移断裂、近东西向断裂（陷）带。

宁镇预测工作区内矿产种类以内生金属矿为主，成因类型以矽卡岩型为主，其次是热液型、斑岩型及风化淋滤型等。与成矿关系密切的地层是石炭系黄龙组白云岩段、二叠系栖霞组上部含镁碳酸盐岩、三叠系青龙组及周冲村组的碳酸盐岩和蒸发岩。燕山中晚期侵入形成的岩浆岩以石英闪长玢岩、花岗闪长斑岩等中酸性岩类为主，分布面积大，剥蚀程度高，是区内主要成矿母岩；弧形构造与近东西向的长江深断裂带网格状控制宁镇地区构造线方向、地层展布及矿床的分布。3 个近东西向的复式背斜、两个复式向斜、纵向断裂及侵入接触带是主要的控矿构造。预测工作区遥感矿产地质特征如图 5-44。

1) 线要素解译

区内以北东向、北西向、东西向构造为主,其次为北北东向构造。而北北东向构造数量不多,不占主导地位。

西起南京市的幕府山到东杨中市贯穿图幅的东西一线是条重要的构造线,属长江断裂带在区内的分布。

宁镇褶皱带（断凸）近东西向展布,由一系列近东西向平行复式褶皱组成,自北而南为龙潭-仓头复背斜、范家塘复向斜、宝华山-巢凤山复背斜、桦墅-亭子复向斜、汤山-仑山复背斜。区内纵向断裂是重要的控岩控矿构造,并形成北西向、北东向两组共轭剪切断裂。岩浆岩活动主要在燕山期,表现为大规模、多期次的岩浆侵入和喷发活动。岩石类型包括一套从基性—超酸性的火山-侵入杂岩。与成矿关系密切的岩浆岩主要是石英闪长玢岩、花岗闪长斑岩等。围岩与岩体接触部位热液蚀变和热变质现象普遍而发育。

(1) 北东向构造。①方山-小丹阳断裂:西部以呈北东向斜贯图幅南北向最为醒目,经上坊—东阳一线延伸至长江北,区内长 35km。现以遥感影像清晰醒目的北东向狭窄线状构造为主。②茅东断裂:位于茅山山脉东侧山麓,辗转曲折向北北东方向延展,向北穿过宁镇山脉、长江,延至兴化附近。遥感影像清晰醒目的北东向狭窄线状构造为主。

(2) 北西向构造。①南京-溧阳断裂:主要分布在区内的西部,为宁镇褶皱带西部边界断裂。现以遥感影像清晰醒目的北西向狭窄线状构造为主。②无锡-济宁断裂:分布在东北部。在本幅图内的一部分,属宁镇褶皱带东部边界断裂。现以遥感影像清晰醒目的北西向狭窄线状构造为主。

其他分布在宁镇褶皱带中部的一些北西向断裂,性质有正断层、逆断层等,断裂规模不大,一般控制矿床、矿体的展布。现以遥感影像清晰醒目的北西向狭窄线状构造为主。

(3) 东西向构造。区内东西向构造主要分布在北、南部。北部沿长江南岸呈不规则状展布,镇江以东被无锡-济宁北西向断裂切割。

2) 逆冲推覆滑脱构造要素解译

区内逆冲推覆滑脱构造较发育,有 27 个,主要分布在朝阳山—东阳—团山—镇江及上坊-孔山-九华山北坡的山麓—韦岗一线,总体走向呈北北东、近东西向展布,逆冲推覆滑脱构造带被北西向断裂构造切割,形成时间较早,并且呈带状叠加在断裂带之上,为区域逆冲构造、构造穹隆或构造盆地。

3) 块要素解译

区内块要素有 4 个,块要素主要分布在沿长江、方山-小丹阳、茅东等断裂带,呈线状分布,个别是块状岩层的显示。

4) 色要素解译

本区内色要素有 4 个,主要分布在韦岗。色要素解译为侵入岩体内外接触带及残留顶盖,对应地质图地表出露为花岗闪长斑岩。

5) 带要素解译

区内带要素有 29 块,主要分布在西、中部一带。

铁铜、铅锌、钼矿含矿带为石炭系高骊山组,二叠系大隆组,三叠系黄马青组和上、下青龙组。主要由北东向、北北西向、近东西向几组断裂,中基性、中酸性侵入岩活动强烈地段有利于成矿。近东西向压性断裂与北北西、北东向扭性断裂交会部位,为区内导矿和容矿构造。铁矿体均赋存于花岗闪长斑岩与大理岩、角岩接触带、矽卡岩中,北西向纵向断裂带是其主要控矿构造。

3. 构造与矿产的关系

据已有的内生矿床、矿点分布看,区内龙潭-仓头复背斜、范家塘复向斜、宝华山-巢凤山复背斜、桦墅-亭子复向斜、汤山-仑山复背斜。各类矿床在空间分布上表现为多中心性,岩浆侵入活动也是成矿作

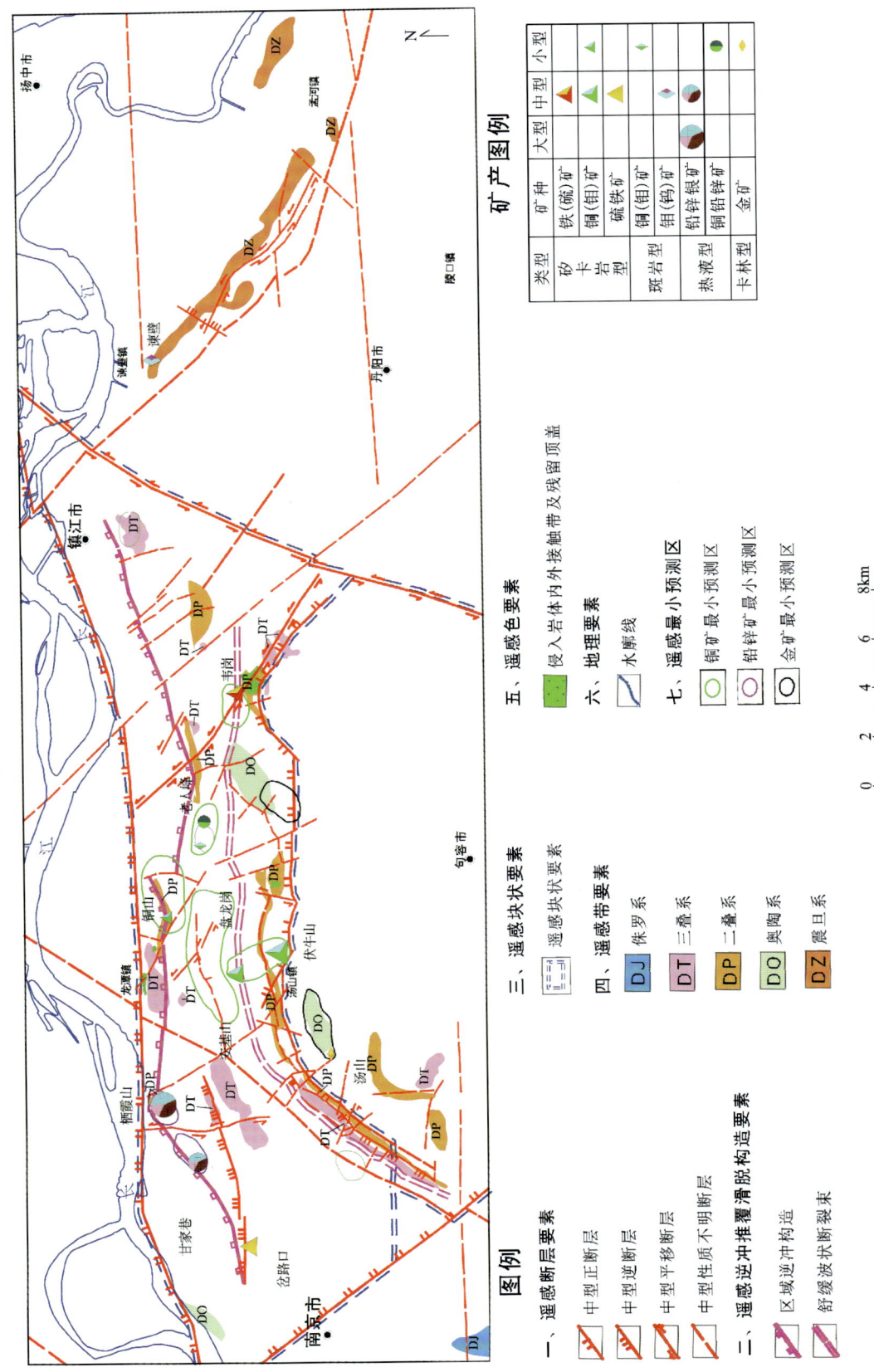

图 5-44 宁镇预测工作区遥感矿产地质特征与近矿找矿标志解译图

用中心。区内的控岩控矿构造主要为近东西向、北东向及北北西向几组,交会处往往是岩浆侵入活动中心。区内中生代岩浆活动具有多期次活动的特征,成矿作用也呈现多期次、多阶段性的特点,后期矿化对前期矿化的叠加和改造为普遍特征,形成了矿床多样化的矿化形式,它们是同一成矿作用在不同阶段的产物。

综上所述,可认为区内复背斜、复向斜、纵向断裂扭性断陷块石是相对的一级内生矿产成矿带,而二者复合地段及次级构造局部发生扭动弯曲部分往往是成矿富集之处。

4. 遥感异常特征

宁镇预测工作区遥感异常分布情况如图 5-45。

1)遥感羟基异常特征

区内集中的异常主要分布于镇江市东禹山—颜家湾—大港镇—团山一带;零星分布的异常有幕府山西南、龙潭镇、团山、玄武湖北东、黄木岗等地。镇江市东禹山—颜家湾—大港镇—团山一带羟基异常呈东西向带状大面积分布,异常带呈点状重叠展布,分布地层主要有震旦系灯影组,寒武系府山组、炮台山组,奥陶系汤山组、汤头组、上奥陶统—下志留统高家边组,志留系坟头组、茅山组,石炭系金陵组—船山组,三叠系青龙组、周冲村组,第四系。在镇江市东禹山—颜家湾—大港镇—团山一带羟基异常区出露大面积石英二长斑岩。异常区有谏壁钼矿床、锌矿床、水泥灰岩矿床。玄武湖北东、黄木岗 2 个羟基异常可能属假异常。

2)遥感铁染异常特征

工作区较集中的铁染异常主要分布于幕府山—栖霞山一带,镇江市东禹山—颜家湾—大港镇—团山一带,后朱巷—界牌一带,荒田村—土门口一带,南京市铁心桥—马群一带;零星分布的异常有龙潭镇、丹阳市、魏家村等地。铁染异常大多呈北东向集中和无规则的点状分布,异常点呈点状重叠展布,分布地层主要有震旦系灯影组,寒武系府山组、炮台山组,奥陶系汤山组、汤头组、上奥陶统—下志留统高家边组志留系、坟头组、茅山组,石炭系金陵组—船山组,三叠系青龙组、周冲村组,第四系。在镇江市东禹山—颜家湾—大港镇—团山一带铁染异常区出露大面积石英二长斑岩。异常区有谏壁铜钼矿床、锌矿床、水泥灰岩矿床。南京市铁心桥—马群一带铁染异常分布城镇区,该区异常可能属假异常。

5. 遥感在矿产预测中的作用分析

据已有的内生矿床、矿点分布看,区内纵向断裂是重要的控岩控矿构造,并形成北西向、北东向两组共轭剪切裂隙构造,加上有利岩组和断裂往往是内生矿产赋存地段。如宝华山—巢凤山复背斜中有韦岗铁矿床。石英闪长斑岩、花岗闪长斑岩与围岩接触铜山铜钼矿床、九华山铜矿床、安基山铜矿床等。区内复背斜、复向斜、纵向断裂扭性断陷块石是相对的一级内生矿产成矿带,而二者复合地段及次级构造局部发生扭动弯曲部分往往是成矿富集之处。

根据区域资料显示,工作区地处宁镇断褶隆起区,有铁矿床、铜矿床、铅锌矿床、钼矿床、金矿床、水泥灰岩矿床分布。通过对区内异常的处理,结合已有的地质资料分析,显示在镇江市东禹山—颜家湾—大港镇—团山一带羟基+铁染复合异常的成因有一定的找矿指示意义,有待进一步工作予以证实。

七、六合预测工作区

(一)预测工作区地质背景

预测工作区主要位于六合县境内,在地质构造上与盱眙预测工作区属同一地质构造单元,两成矿亚

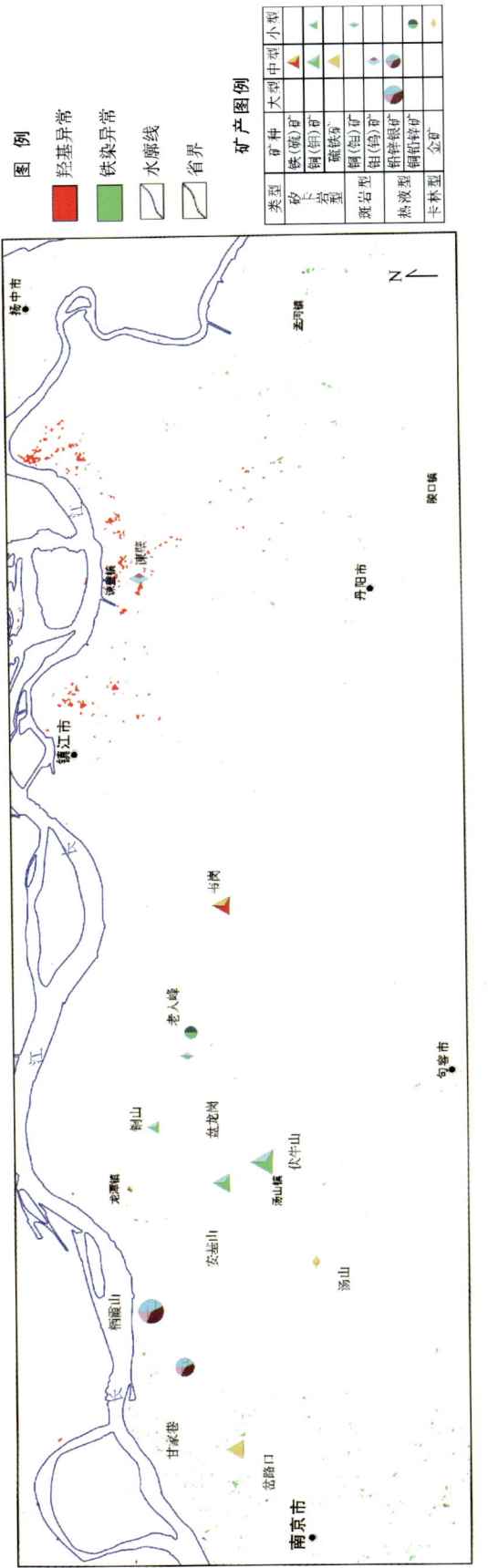

图 5-45 宁镇预测工作区遥感异常分布图

带中间被安徽省辖地所隔开,构造上亦位于苏北坳陷西部边缘地带,郯庐断裂带东侧,系受郯庐断裂带切割牵引的扬子陆块区与中央造山系弧形复合部位,属下扬子台褶带的一部分,苏皖北西向新生代玄武岩喷发带斜贯预测区。

1. 地层

预测区内中部六合-冶山隆起区中出露有震旦系黄墟组与灯影组,少量寒武系荷塘组及幕府山组,其他古生代地层未见,据钻孔资料,仅部分坳陷中沉积有中生界侏罗系西横山组、龙王山组,白垩系葛村组、浦口组和赤山组及古近系,地表大面积地区出露的主要为新近纪玄武岩和第四纪沉积物。

2. 岩浆岩

预测区内岩浆活动以喜马拉雅期玄武质岩浆多次喷溢活动为主,在区内广泛分布,呈北西向带状分布。岩性主要为橄榄玄武岩、辉石橄榄玄武岩和玄武岩,多含幔源包体,火山岩相主要为喷溢相,其次为爆发相和火山沉积相,总体上为一套钙碱性—碱性玄武岩组合。侵入岩浆活动则仅见于六合-冶山隆起带的周边地区,呈半环状围绕地层捕房体,为燕山晚期中酸性岩浆侵入,形成岩石主要有闪长(玢)岩、石英闪长岩等,总体上受北北东向断裂和北西向断裂构造控制。

3. 矿产预测类型

冶山式矽卡岩型铁矿,该类型铁矿主要分布在该亚带内的六合预测工作区,以冶山中型铁矿为代表,矿体主要赋存在燕山晚期的花岗闪长斑岩等中酸性岩体与震旦纪—寒武纪镁质碳酸盐岩建造接触带中,其成矿机制及预测评价模型与韦岗式矽卡岩型铁矿相类似。

(二)预测工作区遥感分析

1:5万江苏省六合预测工作区位于江苏省北部,行政区划属于江苏省南京市,地理坐标为东经118°45′—119°15′,北纬32°20′—32°40′,遥感影像(图5-46)采用ASTER 15m分辨率数据。

1. 遥感矿产地质特征

预测区属下扬子台褶带的一部分,处于苏北坳陷西部边缘地带,区内因广泛的玄武岩和第四系覆盖构造形迹出露较差,总体上以断裂构造发育、隆起与坳陷相间为特征,褶皱构造不甚发育。断裂构造主要以北东向断裂构造为主,被后期北西向断裂切割与错断,共同构成了区域构造主要格架,控制了区域隆起带与坳陷区的空间分布。推测北东向以压扭性为主,北西向则主要为张性、张扭性构造。北东向断裂控制了区内主要隆起构造带与燕山期中酸性岩浆岩的侵入,北西向断裂则控制了区内新生代坳陷与新近纪玄武岩火山喷发带的空间展布。区内喜马拉雅运动区域构造相对较弱,以局部升降运动和老断裂的继承性活动为特征。

预测区铁铜矿点主要分布在冶山隆起带上,产于燕山期中酸性侵入岩与碳酸盐岩地层的接触带部位,成矿作用受地层、岩浆岩、断裂和接触带构造控制。预测工作区遥感矿产地质特征如图5-47。

区内以北东向构造为主,其次为北西向构造。

1)线要素解译

(1)北东向构造。遥感影像呈清晰醒目的北东向线状构造,分布在西北角、中部冶山铁矿,南东部,占据图内大部分地区。冶山铁矿区附近有5条断裂,分布比较密集,位于下扬子台坳苏北之六合-天长隆起,冶山复式背斜之冶山倒转背斜北翼及汤泉倒转向斜之间。

(2)北西向构造。区内北西向构造不甚发育,只有图幅西南中部的2条断层较大,为区域性断裂构造与矿无关。

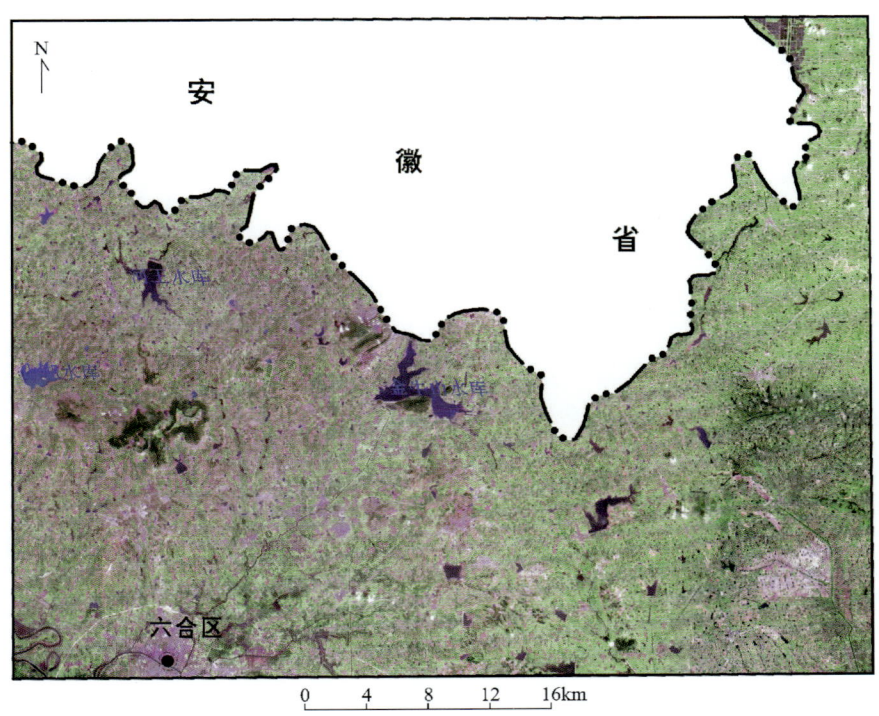

图 5-46　六合预测工作区 ASTER 遥感影像图

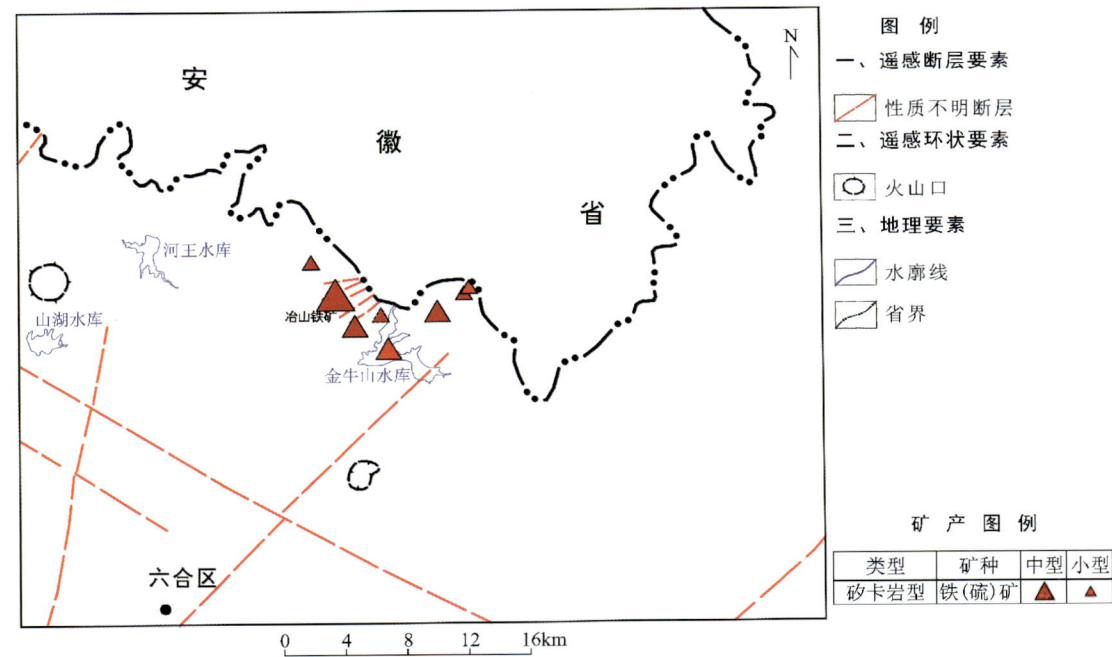

图 5-47　六合预测工作区遥感矿产地质特征与近矿找矿标志解译图

2) 环要素解译

区内环状要素分布在山湖水库及马头山,对照已有地质资料分析,为 4 个次火岩的辉绿玢岩出露区,属于新生代火山机构。地貌上呈独立残丘。分别位于龙脐山、盘山、马头山、方山。其中方山火山口位于方山-南山断裂,平面呈略向北西长的椭圆形,长为 800m,宽为 400m。火山口周围的方山旋回玄武质火山岩,在附近火山口处外倾,远离火山口则缓缓向中心倾斜。远离火山口为玄武岩。

从遥感影像(图 5-48～图 5-50)上看出,环内色调鲜艳,为浅绿色,环外色调较深,环内环外色调差异大,边界清晰可见。

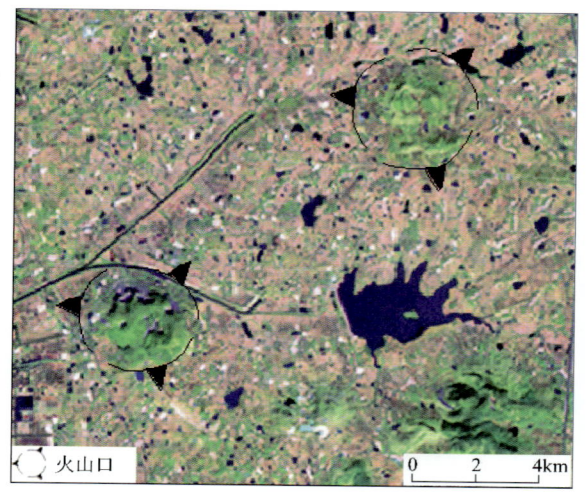

图 5-48　龙脐山和盘山环形构造遥感影像

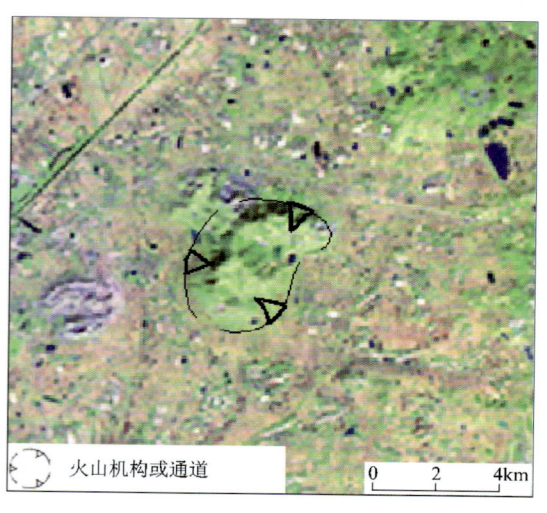

图 5-49　马头山环形构造遥感影像

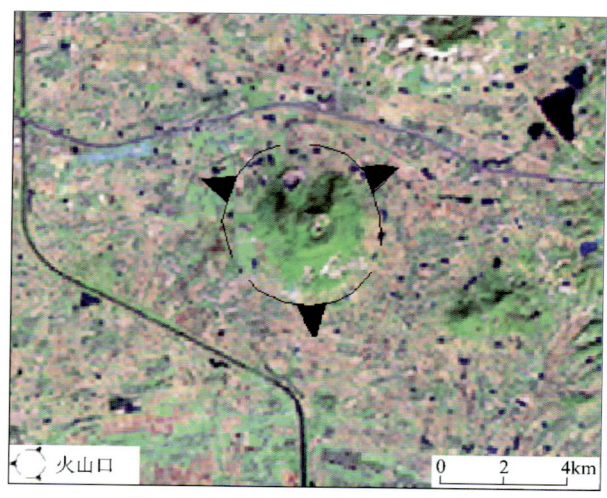

图 5-50　六合方山环形构造遥感影

2. 构造与矿产的关系

对照已有地质资料分析,区内环状构造为 2 个次火山岩的辉绿玢岩出露区,属于新生代火山机构。

3. 遥感异常特征

六合预测工作区遥感异常分布情况如图 5-51 所示。

1)遥感羟基异常特征

六合冶山—扬州市城一带,异常呈东西向展布,极个别有羟基异常分布。

2)遥感铁染异常特征

遥感铁染异常大多呈面性或星点状分布,较集中的异常主要分布于南京市六合区吴庄、大圣庙、河王水库、小磨盘山—山根、简王—马鞍山—长山一带、金牛—孙林—峨眉山—月塘集—王家营—高集一带等地。铁染异常呈北西向、点状展布,分布地层有震旦系黄墟组、灯影组,寒武系荷塘组、幕府山组,侏

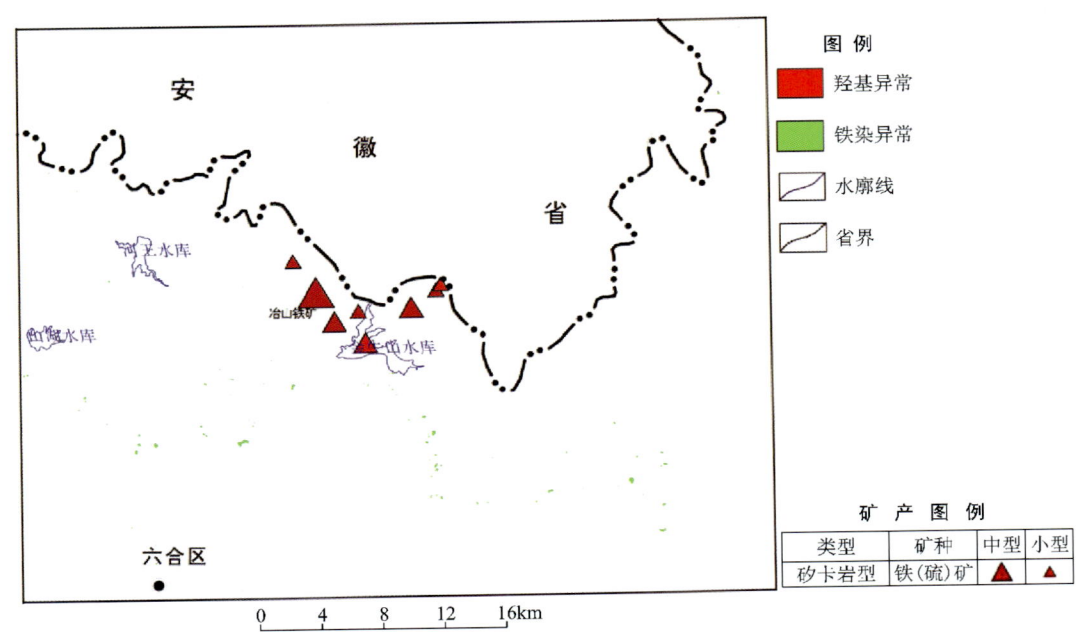

图 5-51 六合预测工作区遥感异常分布图

罗系西横山、龙王山组,白垩系葛村组、浦口组、赤山组,古近系三垛组,第四系。主要有北东向和北西向二组断层,断裂主要分布在冶山铁矿区。在局部铁染异常区范围附近,有中生代石英闪长岩、闪长玢岩分布。该区铁染异常大多数分布在冶山铁矿区西南侧,可能与地层、岩浆岩有关。

4. 遥感在矿产预测中的作用分析

据已有的内生矿床分布看,主要为六合冶山矽卡岩型磁铁矿床,冶山铁矿位于冶山倒转背斜北翼及汤泉倒转向斜之间。冶山断裂组由 4 条大致平行的走向逆断层组成,断裂走向 50°～60°,赋存于花岗闪长岩与下寒武统幕府山组白云岩接触带中接触交代矽卡岩型磁铁矿。花岗闪长岩与下寒武统幕府山组白云岩的接触带是内生矿产成矿带,而二者复合地段及南北向次级构造局部发生扭动弯曲部分往往是成矿富集之处。

通过对预测区内遥感异常的分带处理,结合已有的地质资料分析,区内的铁染异常在小磨盘山—山根、简王—马鞍山—长山一带、金牛—孙林—峨眉山—月塘集—王家营—高集一带等地有震旦系黄墟组、寒武系幕府山组分布,且异常较为集中,应进一步踏勘查证。

第五节 Ⅲ-69-③宣州-苏州铜、钼、金、银、铅、锌成矿亚带

一、成矿区(带)地质背景

该成矿亚带是长江中下游成矿带的南带,位于下扬子陆块中江南台隆(江南过渡带)的东北端,即怀玉山天目山被动陆缘褶冲带中的南通-苏州陆缘斜坡带,其省内部分北西以江南断裂为界,并与沿江成矿亚带相接壤;南东则以湖苏断裂为界,并与钦杭东段北部成矿带中的天目山-金山成矿亚带相接壤;而南西则为苏浙皖省界;北东则与黄海接壤。

二、成矿区(带)矿产分布概况

区域内参与此次预测的矿种主要有铁、铜、金、铅、锌、银、硫、萤石,其中铁、铅、锌、银、硫、萤石矿等矿种主要分布在苏州西部成矿远景区中,其次为南通及宜溧地区,而铜、金多金属则主要分布在宜溧成矿远景区中。这些矿种的成矿类型主要有矽卡岩型、斑岩型、热液充填型、铁帽型、侵入岩体及接触带型等类型。

三、成矿区(带)预测类型划分

1. 铁矿

根据本成矿亚带的地质背景、矿产特征以及矿产预测类型划分的原则,可将本地区划分为3个矿产预测类型,分别为谈家桥式矽卡岩型铁矿、王浩式矽卡岩型铁矿、韦岗式矽卡岩型铁矿,并对应划分了3个预测类型预测工作区,分布在苏州西部、南通及宜溧3个区域中。具体矿产预测类型划分及分布范围见表5-12。成矿区(带)影像如图5-52所示。

表5-12　江苏省宣州-苏州成矿亚带铁矿矿产预测类型及工作区范围一览表

预测类型	预测工作区名称	面积(km²)	预测矿种	预测方法类型	典型矿床	成矿时代	分布范围	预测底图
谈家桥式矽卡岩型铁矿	苏州西部预测工作区	722	铁	侵入岩体型	谈家桥锌铁矿	侏罗纪	苏州西部地区	侵入岩浆构造图(1:5万)
韦岗式矽卡岩型铁矿	宜溧预测工作区	2127	铁	侵入岩体型	韦岗铁矿(借用)	侏罗纪—白垩纪	宜溧地区	侵入岩浆构造图(1:5万)
王浩式矽卡岩型铁矿	南通预测工作区	1539	铁	侵入岩体型	王浩铁矿	白垩纪	南通隆起区	侵入岩浆构造图(1:5万)

2. 铜矿

根据本成矿亚带的地质背景、矿产特征以及矿产预测类型划分的原则,本地区仅划分为一个矿产预测类型,即为安基山式矽卡岩型斑岩型铜矿,对应一个预测类型预测工作区,分布在宜溧地区,即为宜溧安基山式矽卡岩型斑岩型铜矿预测工作区。具体矿产预测类型划分及分布范围见表5-13。

表5-13　江苏省宣州-苏州成矿亚带铜矿矿产预测类型及工作区范围一览表

预测类型	预测工作区名称	面积(km²)	预测矿种	预测方法类型	典型矿床	成矿时代	分布范围	预测底图
安基山式矽卡岩型斑岩型铜矿	宜溧预测工作区	2127	铜	侵入岩体型	安基山铜矿(借用)	白垩纪	宜溧地区	侵入岩浆构造图(1:5万)

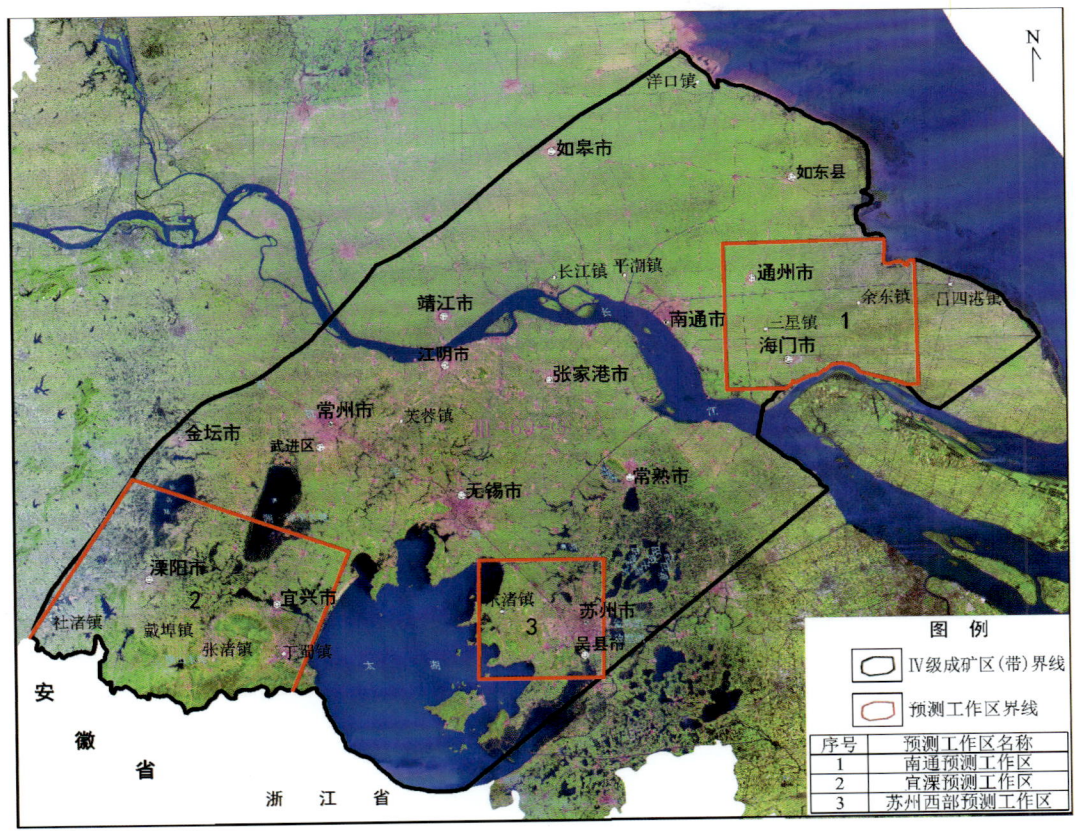

图 5-52 宣州–苏州成矿区（带）ETM$^+$遥感影像

3. 金矿

根据本成矿亚带的地质背景、矿产特征以及矿产预测类型划分的原则，可将本地区划分为两个矿产预测类型，分别为土包山式侵入岩体内及接触带型金矿、新桥式铁帽型金矿，并对应划分为两个预测类型预测工作区，即宜溧土包山式侵入岩体内及接触带型金矿预测工作区及宜溧新桥式铁帽型金矿预测工作区。具体矿产预测类型划分及分布范围见表5-14。

表 5-14 江苏省宣州–苏州成矿亚带金矿矿产预测类型及工作区范围一览表

预测类型	预测工作区名称	面积（km²）	预测矿种	预测方法类型	典型矿床	成矿时代	分布范围	预测底图
土包山式侵入岩体内及接触带型金矿	宜溧预测工作区	2127	金	侵入岩体型	土包山铁金矿	白垩纪	宜溧地区	侵入岩浆构造图（1∶5万）
新桥式铁帽型金矿				复合内生型	平山头金矿（借用）	侏罗纪—白垩纪		综合建造构造图（1∶5万）

4. 铁矿

根据本成矿亚带的地质背景、矿产特征以及矿产预测类型划分的原则，将本地区仅划分为1个矿产预测类型，即吴宅式矽卡岩型铅锌（银）矿，并对应划分为2个预测类型预测工作区，分布在苏州西部及宜溧两个区域中，即苏州西部吴宅式矽卡岩型铅锌银矿预测工作区、宜溧吴宅式矽卡岩型铅锌矿预测工作区。具体矿产预测类型划分及分布范围见表5-15。

表5-15 江苏省宣州-苏州成矿亚带铅锌银矿矿产预测类型及工作区范围一览表

预测类型	预测工作区名称	面积（km²）	预测矿种	预测方法类型	典型矿床	成矿时代	分布范围	预测底图
吴宅式矽卡岩型铅锌银矿	苏州西部预测工作区	722	铅锌银	侵入岩体型	吴宅铅锌银矿	侏罗纪—白垩纪	苏州西部地区	侵入岩浆构造图（1:5万）
	宜溧预测工作区	2127	铅锌	侵入岩体型	吴宅铅锌银矿（借用）	白垩纪	宜溧地区	侵入岩浆构造图（1:5万）

5. 硫铁矿

根据本成矿亚带的地质背景、矿产特征以及矿产预测类型划分的原则，本地区仅划分为1个矿产预测类型，即为铜陵式矽卡岩型硫铁矿，并对应划分为1个预测类型预测工作区，分布在苏州西部区域中，即苏州西部铜陵式矽卡岩型硫铁矿预测工作区。具体矿产预测类型划分及分布范围见表5-16。

表5-16 江苏省宣州-苏州成矿亚带铁矿矿产预测类型及工作区范围一览表

预测类型	预测工作区名称	面积（km²）	预测矿种	预测方法类型	典型矿床	成矿时代	分布范围	预测底图
铜陵式矽卡岩型硫铁矿	苏州西部预测工作区	722	硫铁矿	侵入岩体型	潭山硫铁矿	侏罗纪	苏州西部地区	侵入岩浆构造图（1:5万）

6. 萤石矿

根据本成矿亚带的地质背景、矿产特征以及矿产预测类型划分的原则，本地区仅划分为1个矿产预测类型，即为俞石泉式热液充填型萤石矿，并对应为1个预测类型预测工作区，分布在苏州西部区域，即苏州西部俞石泉式热液充填型萤石矿预测工作区。具体矿产预测类型划分及分布范围见表5-17。

表5-17 江苏省宣州-苏州成矿亚带萤石矿矿产预测类型及工作区范围一览表

预测类型	预测工作区名称	面积（km²）	预测矿种	预测方法类型	典型矿床	成矿时代	分布范围	预测底图
俞石泉式热液充填型萤石矿	苏州西部预测工作区	722	萤石	侵入岩体型	俞石泉萤石矿	侏罗纪	苏州西部地区	侵入岩浆构造图（1:5万）

四、苏州西部预测工作区

（一）苏州预测工作区地质概况

苏州西部预测工作区位于扬子陆块区浙西-皖南台褶带北延的德安-苏州前陆盆地，皖东南-太湖坳褶带，南东毗邻上海隆褶带。

1. 地层

预测工作区区域上属江南地层区修水-钱塘江地层分区苏州长兴地层小区,区内绝大部分为第四系所覆盖,地层出露零星。区内元古宇、下古生界未见出露,上古生界——三叠系分布广泛,沉积一套三角洲相-陆相碎屑岩建造、海陆交互相含煤碎屑建造、浅海碳酸盐岩建造,缺失中三叠世——中侏罗世地层。晚侏罗世沉积一套以角砾熔岩和英安岩为主的火山岩系,缺失下白垩统,晚白垩世沉积一套内陆湖泊相红色碎屑岩建造,新生代主要为近代河流、湖泊相碎屑沉积。

2. 岩浆岩

预测工作区岩浆活动极为频繁,岩浆岩种类较多,侵入岩和火山岩均有出露,主要形成于印支末期——燕山期多期多次岩浆侵入活动,形成的岩浆岩主要以中酸性岩类为主,花岗岩是区内最主要的侵入岩类型,多为 I 型或 A 型,花岗岩体多呈岩基状、岩枝状产出,形成侵入岩穹隆,岩体规模一般较大,与区域成矿作用关系密切。大多为隐伏岩体,主要受隐伏基底断裂或北东——北北东向区域性断裂构造控制。燕山晚期则主要为部分偏酸性小岩体与后期脉岩的侵入活动,多为小岩枝或岩脉,岩体规模一般较小。

3. 矿产预测类型

本区域包括 4 种矿产预测类型:吴宅式矽卡岩型铅锌银矿、谈家桥式矽卡岩型铁矿、铜陵式矽卡岩型硫铁矿和俞石泉式热液充填型萤石矿。

(二) 苏州西部预测工作区遥感分析

1:5 万苏州西部预测区位于江苏省南部。行政区划主要属于江苏省苏州市。地理坐标为东经 120°16′—120°36′,北纬 31°12′—31°25′,遥感影像(图 5-53)采用 ASTER 15m 分辨率数据。

1. 典型矿床

1)俞石泉热液充填型萤石矿

1:2000 江苏省苏州俞石泉热液充填型萤石矿典型矿床采用 1m GEOEYE-1 数据。

俞石泉萤石矿位于江南过渡带,无锡-湖州断块的东部,木渎向斜北西翼。在区域中,该类型萤石矿体主要赋存在逆掩断层(推覆构造)面之下、花岗岩与二叠系长兴组——三叠系青龙组大理岩接触带附近及大理岩内构造裂隙中,少数萤石脉产于石英斑岩等中酸性岩体内构造破碎带中。图 5-54 为俞石泉热液充填型萤石矿典型矿床遥感影像图。

2)潭山矽卡岩型硫铁矿

1:2000 江苏省潭山矽卡岩型硫铁矿典型矿床采用 1m GEOEYE-1 数据。

该矿点位于下扬子陆块,无锡-湖州断块东部,木渎-洞庭向斜的西翼,以单斜产出。断裂构造发育,有北东向逆掩断层、北东向光福-潭东断裂带、北东向的庵前正断层、北西向玄墓山逆掩断层等。矿区内地层受逆掩断层(推覆构造)影响,北西西、北北东向断裂破坏,地层重复、变薄,地表出露的主要为茅山组及五通组砂岩,但主要赋矿地层为石炭系黄龙组、船山组;二叠系龙潭组、长兴组等碳酸盐岩。图 5-55 为潭山矽卡岩型硫铁矿典型矿床遥感影像图。

3)吴宅铅锌银矿

1:2000 江苏省吴宅层控矽卡岩型铅锌银矿典型矿床采用 1m GEOEYE-1 数据。

该矿点位于下扬子古陆块,无锡-湖州断块东部。断裂构造发育,有北东向逆掩断层、北北东向和北西向断层。矿区经印支期——燕山期的构造变动和石英斑岩(花岗斑岩)等中酸性岩体的侵入活动,导致碳酸盐岩层遭受不同程度的变质作用而成矿。逆掩断层是矿区控岩控矿及储矿构造,矿体主要赋存在

图 5-53 苏州预测工作区 ASTER 遥感影像

图 5-54 江苏省苏州俞石泉热液充填型萤石矿典型矿遥感影像图

图 5-55 潭山矽卡岩型硫铁矿典型矿床遥感影像图

石英斑岩(花岗斑岩)与石炭系黄龙组、船山组；二叠系龙潭组、长兴组的正接触带及碳酸盐岩地层的层间破碎构造中。图 5-56 为吴宅铅锌银矿典型矿床遥感影像图。

2. 遥感矿产地质特征

预测区构造受区域性北东向湖(州)苏(州)深断裂和北西向苏锡基底断裂共同制约，构造格架在原地体中以印支期短轴向斜为基础，外来地体则以推覆构造为特色，并叠加伴随中生代构造岩体所表现的环状构造格局。主要构造形式有东西向构造、北东向构造、北西向构造、北北东向构造、弧形断裂构造(火山机构)及推覆构造等。

预测区属于长江中下游成矿带中德安-苏州多金属成矿亚带。矿产种类以铅、锌、银、铜、钽、铌、硫(锡)和高岭土为特色，矿床成因类型主要有矽卡岩型、矽卡岩伴生热液型、斑岩型、火山热液型、钠长石花岗岩型和石英脉型等，与燕山期侵入岩浆活动关系密切，成矿作用多围绕侵入岩体呈环带状分布，与成矿关系密切的构造则以弧形断裂构造(火山机构)、北东向构造及推覆构造为主。预测工作区遥感矿产地质特征如图 5-57 所示。

1）线要素解译

区内以北西向、北东向构造为主，其次为东西向构造。而东西向构造数量不多，不占主导地位。

(1)北西向构造。北东部以北西向狭窄线状断裂为主。现以遥感影像清晰醒目的北西向狭窄线状构造为主。

南东部胥口一线以北西向狭窄线状断裂为主，断裂分布于泥盆系五通组与二叠系船山组之间，地层不连续，缺失石炭系。遥感影像上北西向狭窄线状特征清晰。

(2)北东向构造。主要分布在通安桥、迁里、光福镇、白马峰等地。地层不连续，错动地层，局部断裂带有晚期花岗斑岩的侵入，遥感影像上北东向狭窄线状特征清晰。

(3)东西向构造。区内北西向构造不甚发育，只有图幅中部谈家桥、玉屏山一带分布。地层不连续，遥感影像上北东向狭窄线状特征清晰。

图 5-56 吴宅铅锌银矿典型矿床遥感影像图

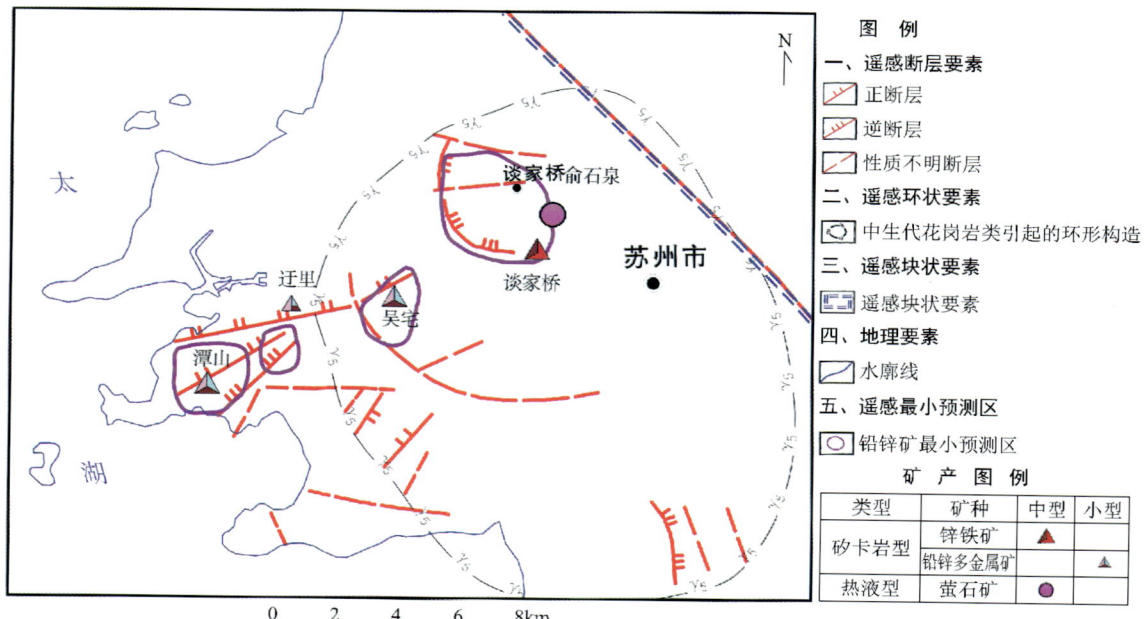

图 5-57 苏州预测工作区遥感矿产地质特征与近矿找矿标志解译图

2)环要素解译

区内见 1 个环要素岩层的显示,分布于苏州市天平山一带,太湖东岸约 400km² 的范围内,环要素主要为天平山花岗斑岩体,旋回层主要发育于岩体南西侧,由压扭性裂面及环状岩体组成,大体向北撒开,向南收敛,平面上呈现较为完整的半环状构造,内旋为反时针向。从遥感影像(图 5-58)上看出,环内环外色调差异大,边界清晰可见。

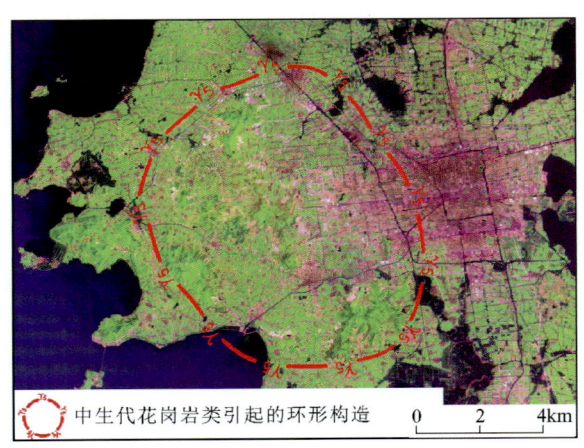

图 5-58 苏州市天平山环形构造遥感影像

3)块要素解译

区内块要素不发育,共有 1 个块要素,主要分布在图幅北东部的第四系出露区内,叠加在北西向断裂之上。

铁、铜、铅、锌、钼、硫铁矿含矿带为石炭系黄龙组、船山组、栖霞组,三叠系青龙组。主要由北东向、北西向、近东西向断裂构造和不规则的接触带,中基性、中酸性侵入岩地段有利于成矿。

3. 构造与矿产的关系

据已有的内生矿床、矿点分布看,铜、铅、锌、钼矿位于木渎倾伏向斜西北翼,花岗岩与大理岩的接触带。二叠系孤峰组—龙潭组、长兴组与花岗岩接触处已蚀变为矽卡岩,为主要含矿层位。产于花岗岩与大理岩的接触带或其附近的层间裂隙破碎带矽卡岩型含多金属硫化物磁铁矿床。背斜由于近似封闭构造,加上有利岩组和断裂,往往是内生矿产赋存地段。

4. 遥感异常特征

苏州预测工作区遥感异常分布情况如图 5-59。

1)遥感羟基异常特征

工作区内较集中的羟基异常有苏州观山—砚台山一带,呈北东向带状展布;黄毛山—胥口-清明山一带,呈东西向带状展布;苏州城区西侧,呈南北向带状展布。异常带呈点状重叠展布,分布地层有志留系茅山组,泥盆系五通组,石炭系高骊山组—船山组,二叠系栖霞组—长兴组,三叠系青龙组,第四系。断裂构造发育,主要有北东向、北西向、北北东向、北西西向断层及推覆构造。侵入岩主要有闪长玢岩、石英斑岩、花岗斑岩等。异常区有铁、铜、铅、锌矿床、优质高岭土矿床。

其他零星分布的羟基异常有大贡山、西头山等地,异常呈点状分布。大贡山、西头山异常点有水泥灰岩矿床、煤矿床。

苏州城区西侧南北向异常位于城区,可能属假异常。

2)遥感铁染异常特征

遥感铁染异常主要沿浒光运河北东向展布,沿光福-太湖东岸不规则分布,沿茅山—银顶山—灵岩

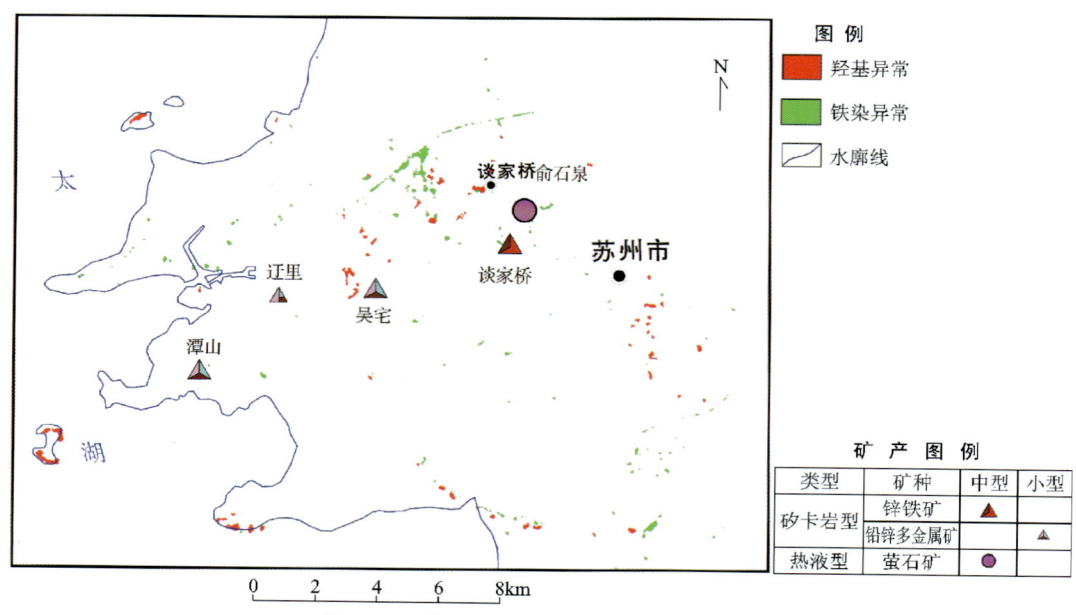

图 5-59　苏州预测工作区遥感异常分布图

山一带呈半圆形展布,沿黄毛山-胥口-陆幕山东西向展布。零星分布的异常有苏州城、西头山等地,铁染异常呈点状分布,异常呈带、点状重叠展布,分布地层有志留系茅山组、泥盆系五通组、石炭系高骊山组—船山组、二叠系栖霞组—长兴组、三叠系青龙组、第四系。断裂构造发育,主要有北东向、北西向、北北东向、北西西向断层及推覆构造。侵入岩主要有闪长玢岩、石英斑岩、花岗斑岩等。异常区有铁、铜、铅、锌矿床、优质高岭土矿床。西头山异常点有水泥灰岩矿床、煤矿床。

5. 遥感在矿产预测中的作用分析

据已有的内生矿床、矿点分布看,铁、铜、铅、锌、钼矿位于木渎倾伏向斜西北翼,花岗岩与大理岩的接触带。二叠系孤峰组—龙潭组、长兴组与花岗岩接触处已蚀变为矽卡岩,为主要含矿层位。产于花岗岩与大理岩的接触带或其附近的层间裂隙破碎带矽卡岩型含多金属硫化物磁铁矿床。背斜由于近似封闭构造,加上有利岩组和断裂往往是内生矿产赋存地段。

通过对区内异常的处理,结合已有的地质资料分析,显示在苏州观山—砚台山一带的羟基异常、黄毛山—胥口—清明山一带的羟基+铁染组合异常的成因,有待进一步工作予以证实。

五、宜溧预测工作区

(一)宜溧预测工作区地质概况

宜溧预测区位于苏南南部,苏、浙、皖三省交界处的宜兴—溧阳地区,大地构造上位于扬子板块江南隆起东北倾伏端的西北翼,西侧以江南断裂为界与下扬子陆块相邻,北侧为金坛凹陷掩盖,向东北及东侧延伸与苏锡地区地质矿产特征基本相似,其间被太湖凹陷分割,向南与安徽省内皖南褶断带为一体。

1. 地层

宜溧预测区属江南地层分区常州—宣城小区,区内地层发育具有过渡性特征,兼具下扬子地层分区与江南地层分区地层的特点。下奥陶统仑山组为一套局限碳酸盐台地相瘤状碳酸岩-泥晶灰岩-硅质岩沉积建造;下志留统坟头组、中志留统茅山组及上泥盆统—下石炭统五通组、高骊山组主要为滨浅海-三角洲相陆源碎屑沉积建造;上石炭统黄龙组、上石炭统—下二叠统船山组和中二叠统栖霞组主要为白云质-灰质碳酸盐岩沉积建造。中上二叠统孤峰组、龙潭组、大隆组、长兴组为三角洲相-滨海相-陆架泥相碎屑沉积建造。下三叠统青龙组为一套碳酸盐岩台地相化学沉积建造,中三叠统周冲村组为一套咸化潟湖相的含蒸发岩的碳酸盐岩沉积建造。预测区未见中、下侏罗统,上侏罗统西横山组为河湖相陆源碎屑沉积建造;龙王山组、大王山组为一套中—酸性火山岩建造;上白垩统浦口组、赤山组及第三系则主要为河湖相含砾碎屑沉积建造;第四系广泛分布于预测区北部广阔的平原内和南部山间盆地河谷沿岸。

2. 岩浆岩

预测区内岩浆活动强烈,岩浆岩分布广泛,具"多旋回、多期次"的特征,其中以燕山晚期为主,喜马拉雅期仅有微弱的基性岩浆喷发。燕山晚期岩浆活动早期表现为大规模的火山喷发和溢流,晚期则以酸性—中酸性的岩浆侵入为主。中生代火山活动以中心式喷发为主,经历了溢流-爆发(火山灰流)-溢流多次反复的过程,岩浆性质也经历了由中性—酸性循环演化过程。新生代火山活动微弱。侵入岩主要受北北东向、北西向断裂构造及火山喷发构造带控制,岩石类型主要为中酸性岩类、酸性—中酸性岩类。

3. 矿产预测类型

本区域包括5种矿产预测类型:韦岗式矽卡岩型铁矿、安基山式矽卡岩型斑岩型铜矿、土包山式侵入岩体内及接触带型金矿、新桥式铁帽型金矿、吴宅式矽卡岩型铅锌银矿。

(二)宜溧预测工作区遥感分析

1:5万江苏省宜溧预测工作区位于江苏省南部,与浙江省交界,行政区划属于江苏省溧阳县、宜兴市,地理坐标为东经119°15′—120°00′,北纬31°07′—31°30′,遥感影像(图5-60)采用ETM$^+$ 15 m分辨率数据。

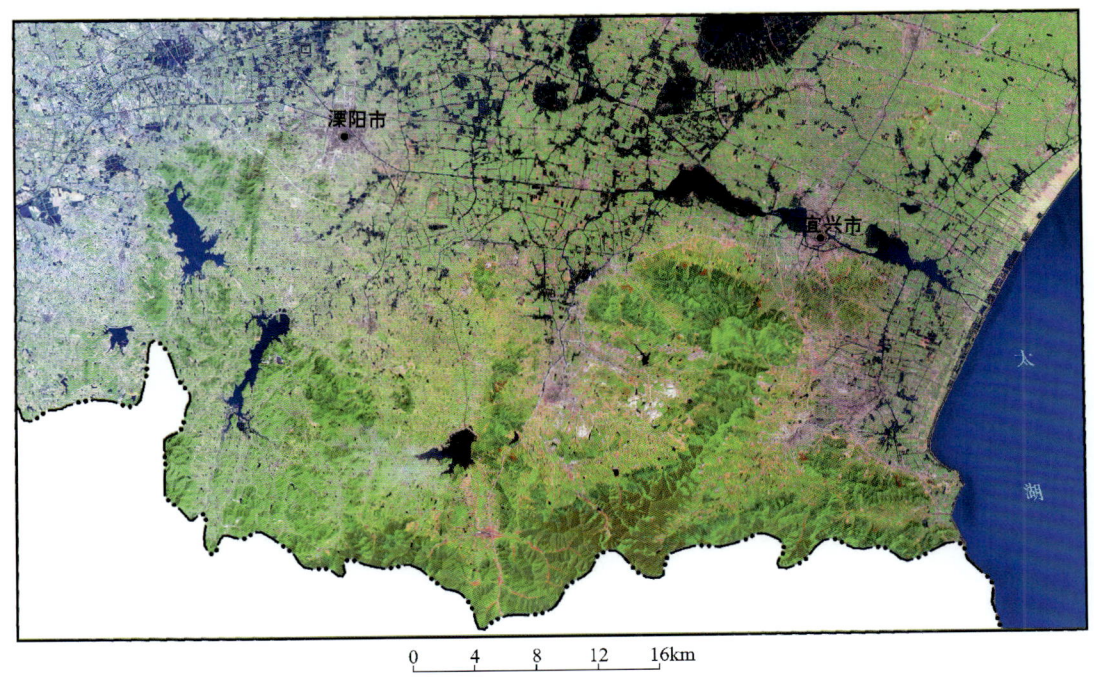

图5-60 宜溧预测工作区ETM$^+$遥感影像

1. 遥感矿产地质特征

宜溧预测区大地构造上位于扬子板块江南隆起东北倾伏端的西北翼,区内地质构造复杂,褶皱与断裂构造均较为发育。褶皱构造轴向多样,形态复杂,主要有近东西和北北东两组,多为复式背、向斜,由志留系—三叠系组成,被后期构造复杂化和火山岩覆盖,显得残缺不全。断裂构造形迹主要有北东向、北北东向、近东西向、北西向、近南北向5组,组成区域网络状构造格局。

另外宜溧地区作为苏、浙、皖一带巨大推覆体的一部分,推覆构造发育也是区内构造的重要表现形式,推覆构造以倾角平缓、规模较大的低角度逆掩断裂构造为主,构造线多呈"S"形变化,宜溧地区西部戴埠-社渚火山岩发育地区火山构造较为发育,主要表现为环状构造的存在,该类构造主要受北北东向、北东向断裂构造的控制,也是区内重要的控矿构造之一。预测工作区遥感矿产地质特征如图5-61。

铅锌矿遥感最小预测区分布在省庄,区内石炭系高骊山组、黄龙组、船山组,二叠系。

1) 线要素解译

区内以北北东向、北西向、南北向、东西向构造为主,其次为北东东西向构造。而北东东向构造数量不多,不占主导地位。

(1) 北北东向构造。北北东向构造分布在本区的南部,占据区内大部分地区。现将北北东向主要断裂描述如下。①茅东断裂:位于茅山山脉东侧山麓,辗转曲折向北北东方向延展,向北穿过宁镇山脉、长江,延至兴化附近。断裂在布伽重力异常图上显示为北北东向的线性梯度带;航磁异常图上大致以这一界线分隔,西侧为反映火山岩分布的杂乱磁异常区,东侧反映为红层(上白垩统—古近系)有关的正磁异常带。遥感影像图上为明显的线状构造。②胡桥-前峰山断裂:位于溧阳火山岩盆地内胡桥—前峰山一带,断裂长30km,断裂走向北北东,倾向北西,倾角30°～50°。大部分地区被第四系覆盖。在前峰山、金山一带见孤峰组、栖霞组由北西向南东逆冲于火山岩之上;在狮子山、功德山切割火山机构,断裂具左行扭动特征。遥感影像图上为明显的线状构造。

(2) 北西向构造。北西向构造分布在本区的西北、南部,现将北西向主要断裂描述如下。①南渡-溧阳断裂:溧阳火山岩盆地北界断裂,断裂长20km。断裂主要表现为一组向北倾,倾角与地层相近的逆冲断层,使志留纪—泥盆纪地层逆冲于晚侏罗纪—早白垩世地层之上。是一条中生代以来多期活动断裂,早期以挤压为主,晚期为张扭性,近地质时期控制第三纪玄武岩分布。现以遥感影像清晰醒目的北西向狭窄线状构造为主。②上沛-平桥断裂:溧阳火山岩盆地内,自上沛—平桥一带,断裂长40km。为隐伏于火山岩及第四系之下的隐伏断裂,在伍员山北端表现为北东盘下落,南西盘抬升的正断层,上沛附近有第三纪玄武岩分布。

(3) 南北向构造。南北向构造分布在本区的中、南部一带的周城—戴埠—宜兴市张渚—丁蜀镇等地,形成时间较早,现以遥感影像清晰醒目的南北向狭窄线状构造为主。

(4) 东西向构造。区内北西向构造不甚发育,只有图幅南部的戴埠—宜兴市张渚—丁蜀镇一带;断裂规模不大,在图幅南缘沿推覆构造带叠加展布。

2) 逆冲推覆滑脱构造要素解译

区内逆冲推覆滑脱构造不发育,主要分布在图幅中部的张渚—和桥一线。总体走向呈北东向展布,为区域逆冲构造。逆冲构造北西侧有大面积第四系,南东侧分布有上奥陶统—下志留统高家边组—三叠系范家塘组。

3) 环要素解译

在区内见1个环状岩层的显示,分布于宜兴市丁蜀镇。地表均为第四系覆盖区,第四系之下有泥盆系、石炭系、二叠系和三叠系等含煤、陶瓷黏土矿地层分布。遥感解译为构造穹隆或构造盆地。

4) 块要素解译

区内块状要素有1块,主要分布于中南部的宜兴、张渚一线,总体呈不规则的北东向展布,主要呈块状叠加在断裂带上。

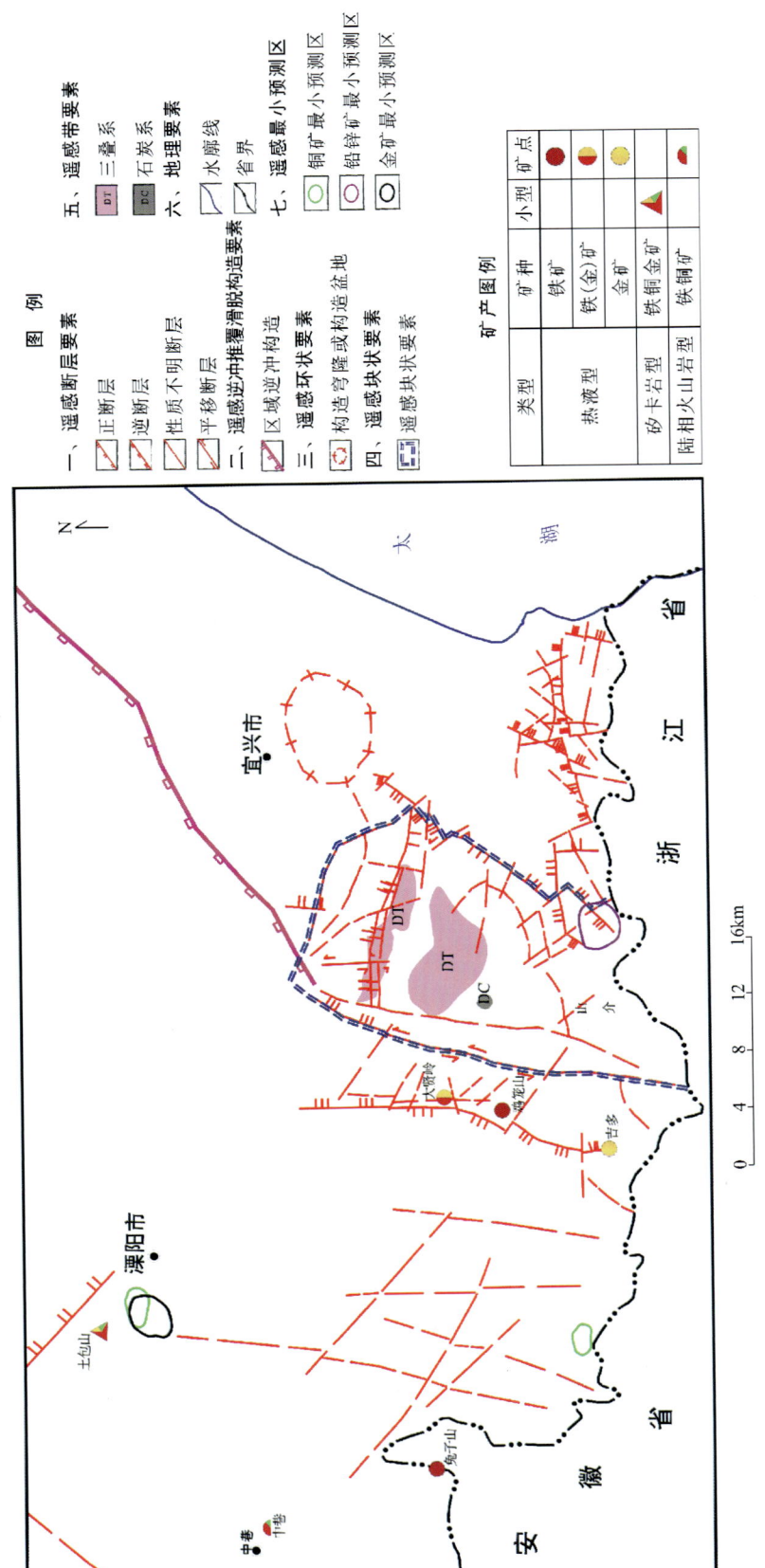

图 5-61 宜溧预测工作区遥感矿产地质特征与近矿找矿标志解译图

5)带要素解译

区内分布地层有上奥陶统—下志留统高家边组—三叠系范家塘组,侏罗系龙王山组、大王山组,断裂构造发育,主要有北东向、北西向、近东西向构造带。岩浆岩活动主要在燕山期,表现为大规模、多期次的岩浆侵入和喷发活动。与成矿关系密切的岩浆岩主要是石英闪长玢岩、花岗闪长斑岩等。本区内有溧阳青山铅锌矿点,大贤岭、吉多卡金矿点等。区内铜、金、铅、锌等内生金属矿产较丰富,它们在空间分布上主要围绕火山岩浆活动中心展布,成因上多属热液型。

6)遥感最小预测工作区

预测区内共圈定金矿遥感最小预测区1处、铜矿遥感最小预测区2个、铅锌矿遥感最小预测区1个。

金矿遥感最小预测区位于溧阳市野猫山,野猫山-土包山预测区内有栖霞组等的碳酸盐岩建造,白垩纪的石英闪长斑岩等中酸性岩体成矿母岩,以北北东向的断裂构造为主,有土包山典型矿床,有1:5万化探铜、金、铅、锌综合异常及重砂自然金异常,成矿条件很好。

铜矿遥感最小预测区分布在焦山—野猫山—仙人山、小梅岭—杨家冲;焦山—野猫山—仙人山预测区,发育栖霞组结晶灰岩-硅质岩-碳质页岩等碳酸盐建造,石英闪长斑岩等中酸性岩体,具有较好的成矿条件,有矿点分布,1:5万铜、金、铅、锌化探异常明显;小梅岭-杨家冲预测区,发育青龙组微晶灰岩-砾屑灰岩-钙质泥岩、栖霞山组结晶灰岩-硅质岩-碳质页岩及船山组-黄龙组生物屑灰岩-亮晶白云岩-粉砂质泥岩建造等碳酸盐建造,花岗斑岩等中酸性岩体,成矿条件较好,有矿点分布,1:5万铜、金、铅、锌化探异常明显。

栖霞组碳酸盐建造与白垩纪花岗斑岩岩体相接触;区内也具备侵入接触构造及北东、北西向成矿断裂以及铜、金、铅、锌化探异常特征,目前发现省庄铅锌多金属矿点;具备较好的成矿条件。

2. 构造与矿产的关系

据已有的内生矿床、矿点分布看,宜溧褶皱山区。该区地表志留纪—泥盆纪碎屑岩广布,并构成一系列的褶皱山系。石炭系—三叠系构成北东向短轴向斜、盆地,区内推覆构造发育,其中,走向北东—北北东、倾向北西的一组逆掩(冲)断裂构成了剖面上的叠瓦状构造。物理场揭示,该区深部构造以北东向为主,与浅深地质构造格架不协调;前震旦系结晶基底面和前志留系密度界面的埋藏深度均较邻区深得多,而重力值则相对偏低,反映该区可能存在两套志系—泥盆系(扬子型和皖南型),其间有滑脱面存在。

综上所述,可认为区内逆冲推覆滑脱构造之下是相对的一级内生矿产成矿带,而北东向、北西向、东西向次级构造复合地段局部发生扭动弯曲部分往往是成矿富集之处,有工业价值的矽卡岩型矿主要为铜、铅锌矿。

3. 遥感异常特征

宜溧预测工作区遥感异常情况如图5-62。

1)遥感羟基异常特征

区内较集中遥感羟基的异常主要分布于溧阳市周城镇、宜兴市张渚镇横山水库、张渚镇东部地区、丁蜀镇;零星分布的异常有溧阳市金家、杨巷等地。羟基异常大多呈不规则面性及星点状分布,极个别异常点呈点状重叠展布,分布地层主要有上奥陶统—下志留统高家边组、坟头组、茅山组,泥盆系五通组、观山组、擂鼓台组,石炭系高骊山组、黄龙组、船山组,二叠系栖霞组、孤峰组、龙潭组、长兴组,三叠系青龙组、周冲村组,侏罗系龙王山组、大王山组,白垩系赤山组,第四系。在局部羟基异常区范围附近,有白垩纪花岗岩、花岗斑岩零星分布。该区羟基异常大多数可能与地层有关。

2)遥感铁染异常特征

遥感铁染异常主要分布于溧阳市周城—社渚—戴埠—宜兴市张渚—丁蜀镇一带;零星分布的异常有别桥、杨巷等地。铁染异常大多呈无规则的点状集中面性分布,极个别异常点呈点状重叠展布,异常

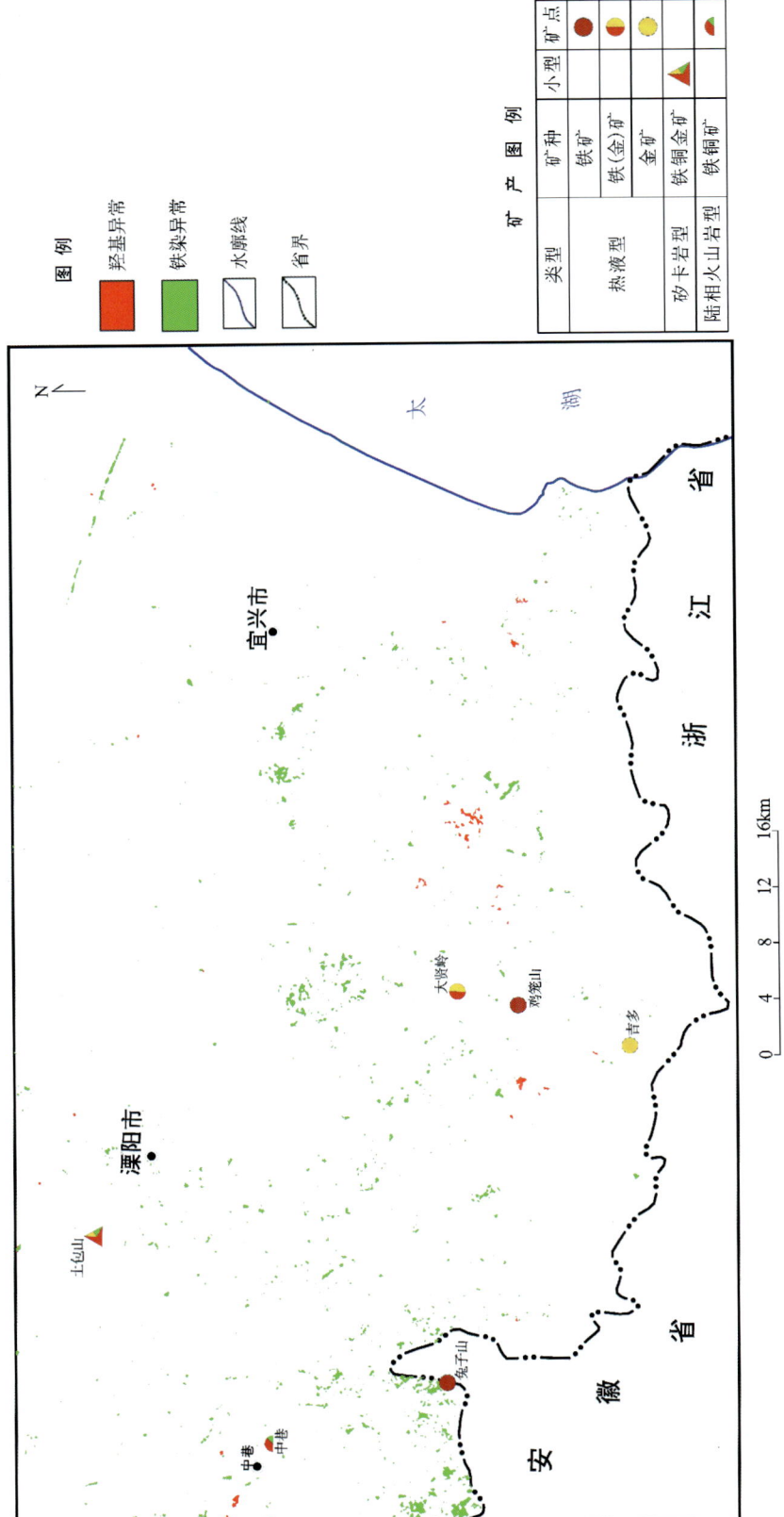

图 5-62 宜溧预测工作区遥感异常分布

位于南京-宜兴北西向断裂南侧,溧阳中生代火山岩盆地南缘的东西向推覆构造带上。其分布地层有上奥陶统—下志留统高家边组—三叠系范家塘组,侏罗系龙王山组、大王山组,断裂构造发育,主要有北东向、北西向、近东西向构造带。岩浆岩活动主要在燕山期,表现为大规模、多期次的岩浆侵入和喷发活动。与成矿关系密切的岩浆岩主要是石英闪长玢岩、花岗闪长斑岩等。异常区有溧阳中巷铁矿床、松岭铁矿床、松岭、青山铅锌矿点,大贤岭、吉多卡金矿点,丁蜀陶瓷黏土矿床,煤矿等。

4. 遥感在矿产预测中的作用分析

根据区域资料显示,区内地处溧阳火山岩盆地南缘,断裂构造发育,主要有北东向、北西向、近东西向断裂构造带。岩浆岩活动主要有燕山晚期,表现为大规模、多期次的岩浆侵入和喷发活动。与成矿关系密切的岩浆岩主要为花岗岩类。异常区内见铁、铜、金矿化点分布。据区域资料分析,其显示在溧阳市周城镇、宜兴市张渚镇横山水库、张渚镇北、东、南一带、丁蜀镇羟基+铁染组合异常分布在溧阳火山岩盆地南缘与沉积岩地层交接部位,推覆构造较为发育,异常分布于有利的成矿带,且见铁、铜、铅锌、金矿点分布,而且异常较集中分布,应进一步踏勘查证。

因为遥感和自然重砂等没有开展大比例尺的工作,所以没有用到典型矿床的预测中。

六、南通预测工作区

(一)南通预测工作区地质概况

1. 地层

南通预测区位于南通-启东隐伏隆起区,处于苏北坳陷南部边缘斜坡带上,地表被厚达260～380m的第四纪沉积物覆盖。据钻孔揭露,中新生代活化阶段沉积地层之下分布有扬子陆块区稳定盖层沉积,主要为古生界寒武系、奥陶系、志留系、泥盆系、石炭系、二叠系及中生界三叠系,其中寒武系—奥陶系主要为灰质-白云质碳酸盐岩建造,志留系—泥盆系主要为砂岩-粉砂岩-泥岩碎屑沉积建造,石炭系—二叠系—三叠系主要为灰质碳酸盐岩建造。中新生代活化阶段沉积地层主要为中生界侏罗纪—早白垩世火山沉积建造、晚白垩统—新生代陆相碎屑沉积建造。受中新生代断拗运动影响,扬子陆块区稳定盖层沉积主要分布于隆起带上,中新生代活化阶段沉积地层则局限分布于中新生代构造凹陷之中。

2. 岩浆岩

区域岩浆活动主要为燕山中晚期的中酸性岩浆的侵入,其次为喜马拉雅期的橄榄玄武岩浆的喷溢(预测区东南)。岩浆活动与东西向及北东向断裂构造活动有关,总体受断裂构造带的控制,岩体多分布于两组断裂构造交切部位。

3. 矿产预测类型

本区域包括1种矿产预测类型:王浩式矽卡岩型铁矿。

(二)南通预测工作区遥感分析

1:5万江苏省南通预测工作区位于江苏省北部,行政区划属于江苏省南通市,地理坐标为东经121°00′—112°30′,北纬31°52′—32°10′,遥感影像(图5-63)采用ASTER 15m分辨率数据。

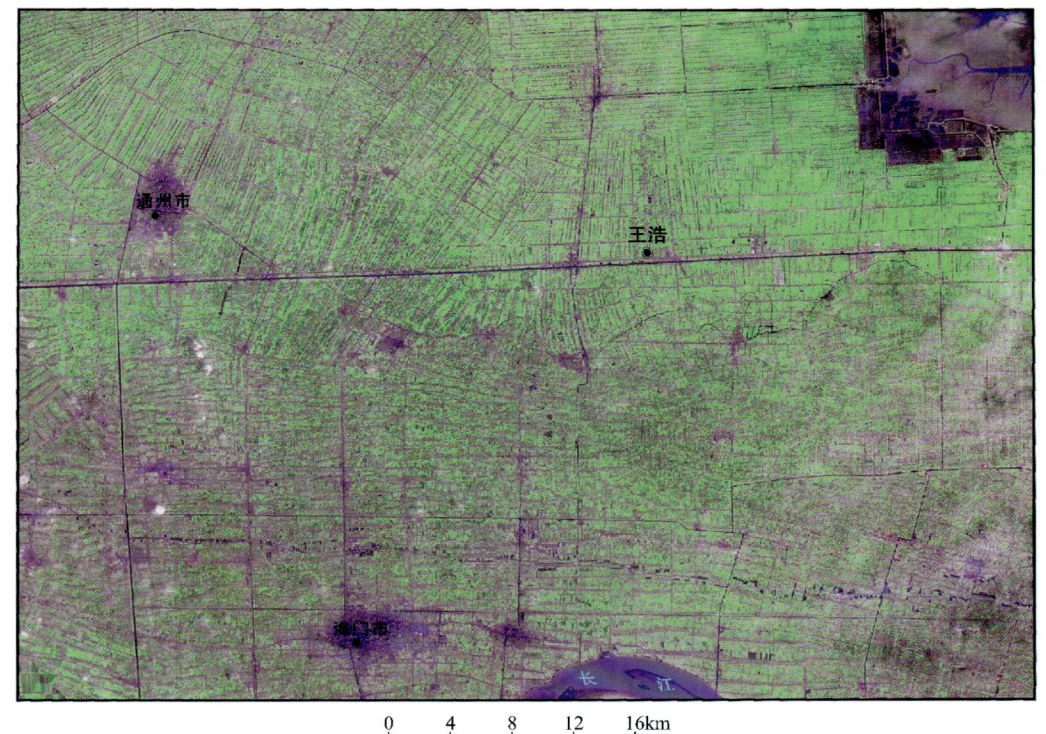

图 5-63　南通预测工作区 ASTER 遥感影像

1. 遥感矿产地质特征

区内基岩中主要褶皱构造为南通-三余断裂隆起带,为南通-启东隐伏隆起的组成部分,主要由 3 个背斜与两个向斜构造构成。隆起构造带总体走向北东东向,向北东翘起。区内断裂构造发育,主要有东西向、北东向、北西向 3 组,东西向断裂构造形成最早,北东向构造发育最为强烈,形成了区域构造基本形态,而北西向断裂构造则形成较晚,切割错断了前两组方向的断裂构造。遥感影像特征如图 5-64。

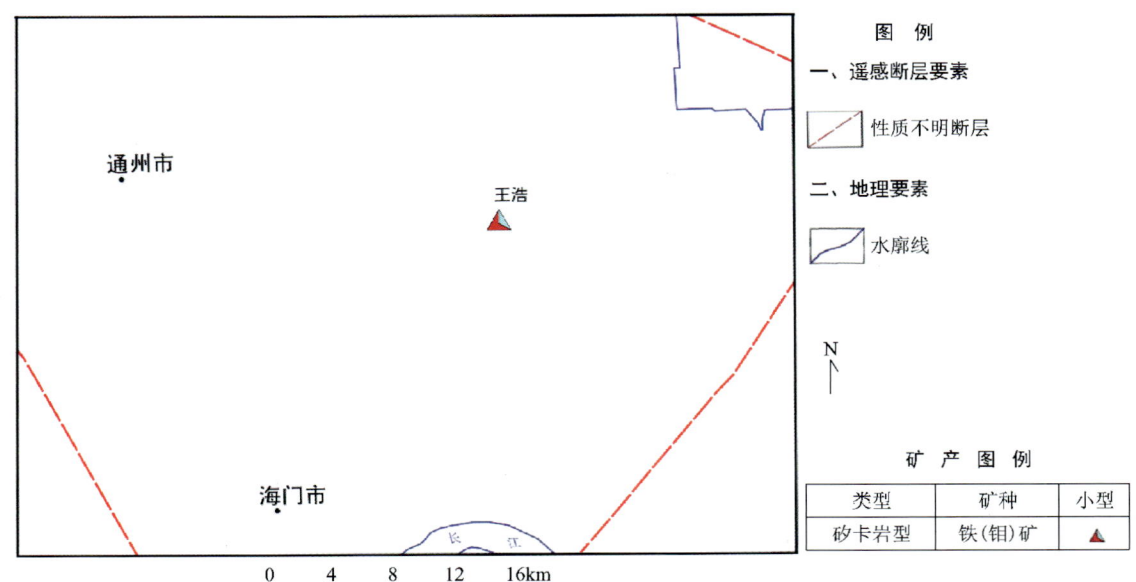

图 5-64　南通预测工作区遥感矿产地质特征与近矿找矿标志解译图

2. 构造与矿产的关系

区内以北西向、北东向构造为主。遥感影像呈清晰醒目的线状构造。

1）北西向构造

北西向构造分布在东北、南西部，仅解译线要素 2 条，占据图内大部分地区。遥感影像呈清晰醒目的线状构造。

2）北东向构造

北东向构造分布在南东部，仅解译线要素 1 条。

在南通地区中，与成矿有关的岩体主要为王浩花岗岩体等燕山晚期中酸性岩，主要控矿构造为北西向、北东东向断裂及侵入接触构造，有利成矿围岩为寒武系-奥陶系以及石炭纪—三叠纪的碳酸盐岩建造，其中特别是寒武系幕府山组的镁质碳酸盐岩建造最为有利。其区内铁矿体主要环王浩花岗岩体分布在与寒武纪镁质碳酸盐岩的接触带中，以王浩铁矿为代表，矿床式则定为王浩式，即王浩式矽卡岩型铁矿。

3. 遥感异常特征

预测工作区遥感异常分布情况如图 5-65 所示。

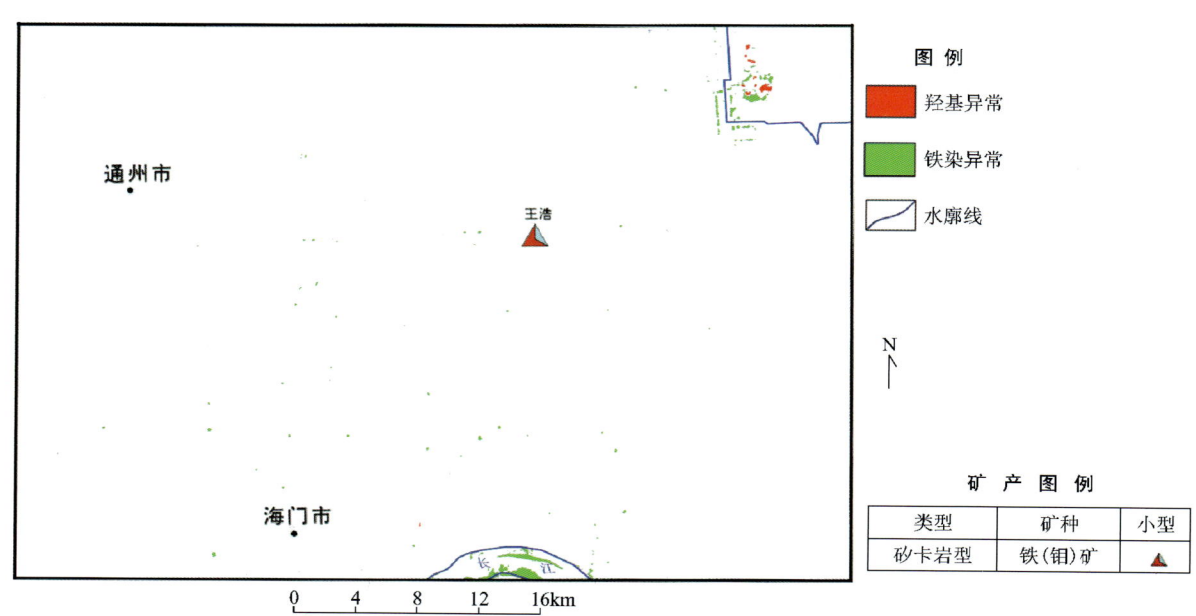

图 5-65 南通预测工作区遥感异常分布图

1）遥感羟基异常特征

遥感羟基异常呈面性或星点状分布，较集中的异常分布于如东农场黄海西岸海滩一带；零星分布的异常有海门市王浩镇、青龙港、启东市头兴港等地。羟基异常大多呈无规则的点状分布，分布地层主要为大面积第四系，海门市王浩镇、青龙港羟基异常位于江南古陆东北部南京-南通断裂带的东端，南京-三余隆起带，分布地层有寒武系—奥陶系、中志留统—上泥盆统、石炭系—二叠系。该区如东农场黄海西岸海滩一带羟基异常可能属假异常。海门市王浩镇点状羟基异常位于南通市王浩矽卡岩型铁矿区。应进一步踏勘查证。

2）遥感铁染异常特征

遥感铁染异常呈面性或星点状分布，较集中的异常主要分布于黄海西岸滩的新开河港—大洋港口一带；崇明岛北西角的青龙港—头兴港一带；海门市三星、王浩、二甲等地。黄海西岸滩的新开河港—大洋港口、崇明岛北西角的青龙港-头兴港铁染异常大多呈带状分布,海门市三星、王浩、二甲等地异常呈点状分布。极个别异常点呈点状重叠展布,分布地层主要为大面积第四系,海门市王浩镇、青龙港铁染异常位于江南古陆东北部南京-南通断裂带的东端,南京-三余隆起带,分布地层有寒武系—奥陶系、中志留统—上泥盆统、石炭系—二叠系。该区黄海西岸海滩新开河港—大洋港口、崇明岛北西角的青龙港—头兴港一带铁染异常可能属假异常。海门市王浩镇点状铁染异常位于南通市王浩矽卡岩型铁矿区。应进一步踏勘查证。

4. 遥感在矿产预测中的作用分析

据已有的内生矿床、矿点分布看,南通市王浩铁矿床位于江南古陆东北部南京-南通断裂带的东端,南京-三余隆起带,产于寒武系大理岩与燕山晚期花岗岩接触带及两侧矽卡岩中,围绕花岗岩体呈"U"字形分布。区内江南古陆东北部南京-南通断裂带的东端,南京-三余隆起带,对应一级内生矿产成矿带,而二者复合地段次级构造局部发生扭动弯曲部分往往是成矿富集之处。

根据区域资料显示,区内提取的遥感蚀变异常均位于苏北平原区,大部分属于假异常。

第六节　Ⅲ-71-⑤天目山-金山铜、铅、锌、银、金、钨、锡、铌、钽、铁、萤石成矿亚带

一、区域地质背景

该成矿亚带是武功山-杭州湾铜、铅、锌、银、金、钨、锡、铌、钽、锰、海泡石、萤石、硅灰石成矿带的一部分。就大地构造单元而言,应属扬子准地台,浙西-皖南台褶带,上海台陷。本区基岩由前震旦系、震旦系、寒武系、奥陶系、晚侏罗世火山岩系及白垩系、第三系组成。断裂构造发育,断陷盆地及断块隆起较多,岩浆活动频繁,矿化现象普遍。本成矿亚带内仅划分出了1个五级成矿远景区,即上海金山预测工作区。金山预测工作区位于扬子准地台浙西-皖南台褶带上海台陷之金山-南汇褶断束南缘,由一系列北东向、北西向和东西向断裂构造切割及其差异性运动形成的断陷与隆起构造组成。

(一)预测工作区分布

本次潜力评价工作主要对该区铜矿进行了评价和预测,选取金山张堰中型铜矿床作为典型矿床进行成矿规律研究,划分出了上海金山预测工作区。根据典型矿床研究,张堰铜矿成矿期为燕山晚期,成矿作用与燕山晚期(119Ma)中酸性岩浆侵入活动有关,矿体赋存于花岗闪长岩体与金山岩群碳酸盐岩接触带矽卡岩或接触带附近岩体中。铜矿在空间分布上相对集中,均与区内燕山期构造岩浆活动有关,属燕山晚期中酸性岩浆侵入活动有关的接触交代矽卡岩型铜矿床。确定其矿产预测类型为金山式矽卡岩型铜矿,矿产预测方法类型为侵入岩体型。预测了预测区内铜矿资源量,结合伴生有铁、铅锌、金矿及本成矿亚带普遍发育铁、铅锌、金、银、钼等矿化,预测了伴生铁矿、金矿、锌矿资源量(表5-18)。成矿区(带)遥感影像如图5-66所示。

表 5-18　Ⅲ-71-⑤成矿亚带矿产预测类型划分及分布范围一览表

预测类型	预测工作区名称	面积（km²）	预测矿种	预测方法类型	典型矿床	成矿时代	分布范围	预测底图
金山式矽卡岩型铜矿	上海金山预测工作区	794	铜（铁、金、锌）	侵入岩体型	张堰铜铁矿	白垩纪（119Ma）	上海金山地区	侵入岩浆构造图（1：10万）

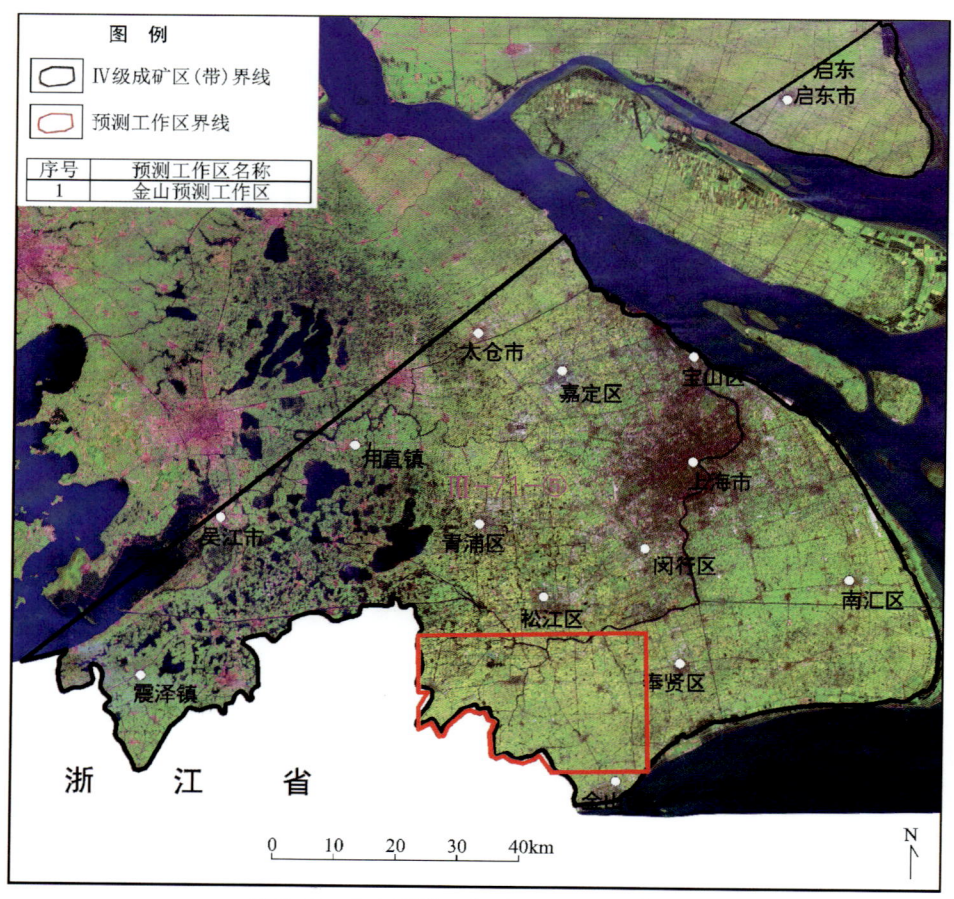

图 5-66　金山预测工作区 ASTER 遥感影像

二、上海金山预测工作区

（一）上海金山预测工作区地质概况

区内发育长城系金山岩群云母片岩-斜长角闪岩-白云质大理岩-矽卡岩建造,石榴石透辉石矽卡岩和透辉石石榴石矽卡岩为本区主要的赋矿岩层。燕山期中酸性岩体主要是花岗闪长岩和花岗岩,该岩体侵入后,与上述围岩发生接触交代作用,使围岩发生强烈的矽卡岩化和角岩化,在外接触带的围岩乃至近接触带的岩体中,发生不同程度的铜、银、锌、钼及金等矿化。本区带构造格局是由一个北东向的大断裂带,即"枫泾-川沙断裂带",将本区划分为两个构造单元,即青浦-宝山凹褶断束和金山-南汇隆褶断束。在这两个构造单元中,发育一系列由基底或地台盖层组成的复向斜、复背斜和向斜、背斜,同时发育有许多次级断裂。其中发育在金山-南汇隆褶断束内的张堰-南汇断裂带,该断裂作北东向展布,为区域重要的控岩、控矿断裂,沿断裂串珠状分布有多个中酸性侵入体,其中的张堰花岗闪长岩体,即为张堰铜矿的成矿岩体。

(二) 上海金山预测工作区遥感分析

1:5万金山预测工作区位于上海市西南部,行政区划属于上海市,地理坐标为东经120°58′—121°30′,北纬31°00′—31°40′,遥感影像(图5-66)采用ASTER 15m分辨率数据。

1. 遥感矿产地质特征

区内构造受北东向枫泾-川沙大断裂带控制,发育有一系列复式褶皱如金山-南汇复背斜、青浦-宝山复向斜等。同时区内发育有许多东西向、北东向、北西向、近南北向次级断裂构造,其中基底构造以近东西向为主,盖层中断裂则以北东向、北西向断裂为主。

2. 构造与矿产的关系

张堰-南汇断裂具明显的控岩、控矿作用。其大地构造位置属下扬子古陆块怀玉山天目山被动陆缘褶冲带,金山-南汇隆褶断束南缘。矿区内未见基岩出露,钻孔揭露的深部地层主要为中元古界金山岩群、上侏罗统劳村组和黄尖组。岩浆岩为张堰花岗闪长岩体,沿张堰-南汇断裂带侵入,岩株状产出。

3. 遥感异常特征

上海市—长江口一带。异常呈北西向点状展布,主要为羟基、铁染异常。个别异常点有羟基+铁染组合异常叠加。异常位于上海市区,分布地层为大面积第四纪冲积海滩。可能为水气影响引起的假异常。

4. 遥感在矿产预测中的作用分析

该成矿区(带)第四系覆盖程度较高,遥感可解释程度低,故本区遥感未起到预想的作用。

第六章 结 论

一、取得主要成果

报告全面收集了江苏省以往各项遥感资料，在典型矿床和预测工作区遥感研究方面取得了一系列成果，共编制 1∶50 万省级图件 3 幅，1∶25 万国际标准分幅图件 44 幅，与矿产预测工作区、典型矿床研究同比例尺遥感图件 134 张，为矿产资源潜力评价提供了遥感信息和基础平台。

（1）全面收集和总结全省以往遥感地质调查成果资料，主要遥感信息源为 Landsat-7 ETM$^+$ 数据、ASTER 数据及 GEOEYE-1 数据。编制完成江苏省及上海市遥感影像图 61 幅。按照一图一库的原则建立了江苏省遥感基础数据库，为今后该区开展遥感研究提供了一个较好的数据平台。

（2）首次利用"遥感找矿五要素"对全省进行了全面的地质特征针对性解译。"线、带、环、色、块"同时出现在某一局部地段，都标志着该部位构造、岩浆岩、矿源层、矿化蚀变和成矿部位同处于最佳组合状态下，是找矿最理想的地段或靶区所在。

（3）首次对江苏省及上海市进行全面的遥感构造解译。编制完成江苏省及上海市构造解译图 51 幅。解译出断裂 767 条，其中大型断裂 27 条，中型断裂 183 条，小型断裂 557 条，脆韧性变形构造带 15 条，逆冲推覆构造 71 条，环形构造 12 个。大型线性构造和环形构造往往控制着沉积环境，也是热液运移通道和导矿构造，加强构造分析，有利于研究构造与矿的成生关系。

（4）首次建立了遥感异常信息提取流程，建立了遥感蚀变异常提取的主要模型。编制完成江苏省及上海市遥感铁染异常分布图和羟基异常分布图各 35 幅，异常组合图 1 幅。江苏省及上海市一共提取羟基异常图斑 1161 个、铁染异常图斑 26 818 个、"羟基＋铁染"组合异常图斑 1272 个。

（5）首次提出圈定遥感最小预测区。共圈定了 34 个最小预测区，其中金矿 6 个，铜矿 20 个，铅锌矿 17 个，磷矿 1 个。这些最小预测区具有清晰的影像标志，处在成矿有利地带，并有良好的矿化显示，可信度高。

（6）本次工作首次初步建立了江苏省及上海市中大比例尺遥感数据库。按照《全国矿产资源潜力评价数据模型规范》要求，按照一图一库的原则共提交除影像图外全省 1∶50 万图件数据库 2 个、1∶25 万分幅图件数据库 33 个、预测工作区图件数据库 81 个、典型矿床图件数据库 4 个共计 120 个，为矿产资源潜力评价工作提供了规范的遥感数据。

（7）本次工作，编写了《江苏省及上海市铁矿资源潜力评价遥感应用成果报告》《江苏省及上海市铜、铅、锌、金、磷矿资源潜力评价遥感应用成果报告》《江苏省及上海市钼、银、硫铁、萤石矿资源潜力评价遥感应用成果报告》《江苏省及上海市遥感预测专题成果报告》以及《江苏省及上海市矿产资源潜力评价遥感资料应用成果报告》。这些报告系江苏遥感工作成果的汇编，较好地反映了江苏省 30 年以来所开展的遥感工作程度及取得的成果。可以为江苏省今后开展遥感工作提供参考。

二、遥感矿产资源勘查意见

（1）遥感技术必须与反映深部地质信息的传统地学方法结合起来。工作前应认真广泛搜集和熟悉工作区1∶20万、1∶5万工作区的地质背景资料和遥感、物化探资料，以及前人研究的成果图件和文字资料报告等，为后期遥感"五要素"解译和遥感异常提取提供相关依据，提高对遥感图像的认识和判读，同时可以通过地质背景资料和物化探结果进行验证提高解译精度。

（2）遥感工作的研究离不开实地的信息采集，在开展图像矿化蚀变信息的同时一定要开展对应地区的地表蚀变信息的波谱信息的采集工作。

（3）解译后期，加强与其他课题工作沟通。对各种解译要素应加强综合分析，例如，在解译与矿源层、赋矿地层相关的带要素和近矿找矿标志时，可以参考原有地质成果和本次编制的预测底图、建造构造图或岩相古地理图等进行合理解译。

（4）遥感解译要利用一切科学技术，利用新手段并借助于计算机强大的数据处理功能，进行必要的计算机解译，然后与人工目视解译相互佐证。

三、存在问题

（1）由于江苏省及上海市很多地区植被覆盖率高，在进行蚀变信息提取的时候对研究区进行了掩膜处理，这必然造成植被覆盖下的地质信息的遗漏，增加了遥感蚀变异常提取的难度，异常提取受到的背景干扰因素增多，导致异常提取的效果相对植被稀少地区有所下降，提取出的异常有一些并不是真正的矿致异常，可能为假异常，真正与矿产有关系的异常的判定仍需根据地质、航磁、化探、矿点等资料综合确定才行。

（2）由于多方面的原因，提取的许多遥感羟基、铁染异常还没有进行详细的对比研究，其与地质构造、地质矿产特征、物化探推断解译异常的关系等，仍有待进一步深入研究。遥感羟基、铁染异常提取获得了不少成果，但其中也存在不少假异常，目前已经过初步筛选，消除了水体边缘、干河道引起的假异常，但因缺少相关资料解读，仍有一些假异常尚未完全筛选，提交的成果因含有未被筛选的假异常，可能会给矿产预测增加难度。此外，遥感羟基和铁染异常对铁矿的响应程度不高，影响铁、铜、铅锌等矿产预测时遥感信息的提供。

（3）遥感成果与物化探等多源数据成果结合深度不够。虽然遥感技术在矿产资源勘查与评价中具有重要的作用，但随着地质勘查工作的不断深入，勘查目标已由地表或近地表转向地下深处的隐伏矿床。因此，需要将遥感技术与反映深部地质信息的传统地学方法结合起来。

主要参考文献

陈光火.中等程度植被覆盖区岩石蚀变信息提取技术及其应用[J].国土资源遥感,1992(3):55-60.

党安荣.ERDAS IMAGINE 遥感图像处理方法[M].北京:清华大学出版社,2003.

甘甫平,王润生.遥感岩矿信息提取基础与技术方法研究[M].北京:地质出版社,2004.

郭华东.中国新疆北部遥感找矿方法与实践[M].北京:科学出版社,1995.

刘燕君.遥感找矿的原理和方法[M].北京:宇航出版社.2004.

童应禧.中国典型地物波谱及其特征分析[M].北京:科学出版社,1990.

于学政,曾朝铭,燕云鹏,等.遥感资料应用技术要求[M].北京:地质出版社,2010.

朱述龙,张占睦.遥感图象获取与分析[M].北京:科学出版社,2000.

朱亮璞.遥感地质学[M].北京:地质出版社,1994.

张玉君,曾朝铭,陈薇.ETM$^+$(TM)蚀变遥感异常提取方法研究与应用—方法选择和技术流程[J].国土资源遥感,2003(2):44-49.

张玉君,杨建民,陈薇.ETM$^+$(TM)蚀变遥感异常提取方法研究与应用—地质依据和波谱前提[J].国土资源遥感,2002(4):30-36.

张玉君,杨建民.基岩裸露区蚀变遥感信息的提取方法[J].国土资源遥感,1998,(2):46-53.

Gilespie A R. Enhancement of multispectral thermal infrared images: Decorrelation contrast stretching[J]. Remote Sensing Environment, 1992, 42:147-156.

Fujisada H. Design and performance of ASTER instrument [A]. In: Proceedings SPIE (International Society for Optical Engineering), 1995, 2583:16-25.

Hunt G R, Ashley R P. Spectra of altered rocks in the visible and near infrared [J]. Economic Geology, 1979, 74:1613-1629.

主要内部资料

江苏省地矿局第一地质大队.江苏省江宁县汤山矿区金矿普查评价报告[R],1988.

江苏省地质调查研究院.长江中下游成矿带江苏段研究成果报告[R],2001.

江苏省地质调查研究院.江苏省溧阳市土包山矿区铁(金)矿详查地质报告[R],2012.

江苏省地质矿产局第二地质大队.江苏省溧阳地区金矿(化)类型及找金方向研究报告[R],1988.

江苏省地质矿产局第二地质大队一分队.溧水地区1:5万区调报告[R],1986.

江苏省地质矿产局第六地质大队.江苏省东海县桃林岩体特征与成矿关系研究报告[R],1985.

江苏省地质矿产局第四地质大队.苏州西部地区多金属矿的成矿条件及预测[R],1990.

江苏省地质矿产研究院.江苏省南京市江宁区汤山金矿区黄栗墅矿段金矿产资源储量检查报告(普查)[R],2003.

江苏省地矿局.溧水地区1∶5万区调报告[R],1984.

江苏省地矿局.宜溧地区1∶5万区域地质调查报告[R],1988.

江苏省地矿局.江苏省铅锌银矿第二轮成矿远景区划报告[R],1994.